闲聊大明三帝

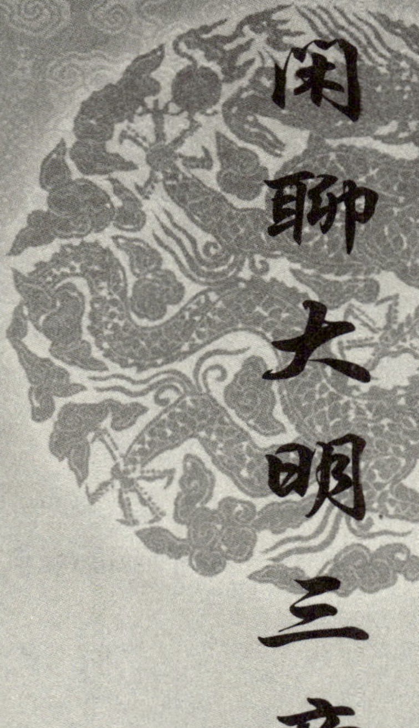

◎赵望晓 著

南京出版传媒集团
南京出版社

图书在版编目(CIP)数据

闲聊大明三帝 / 赵望晓著. — 南京 : 南京出版社，2013.9

(闲聊历代帝王系列)

ISBN 978-7-5533-0263-8

Ⅰ.①闲… Ⅱ.①赵… Ⅲ.①朱元璋(1328～1398)—生平事迹—通俗读物②建文帝(1377～1402)—生平事迹—通俗读物③明成祖(1360～1424)—生平事迹—通俗读物 Ⅳ.①K827=48

中国版本图书馆 CIP 数据核字（2013）第 133354 号

书　　名:闲聊大明三帝
著　　者:赵望晓
出版发行:南京出版传媒集团
南 京 出 版 社

社址:南京市老虎桥 18-1 号　　邮编:210018
网址:http://www.njcbs.com　　淘宝网店:http://njpress.taobao.com
电子信箱:njcbs1988@163.com
联系电话:025-83283871、83283864(营销)　025-83283883(编务)

出 版 人:朱同芳
责任编辑:赵育春
装帧设计:周　涌
责任印制:杨福彬

排　　版:南京南琳图文制作有限公司
印　　刷:南京工大印务有限公司
开　　本:787 毫米×1092 毫米 1/16
印　　张:12.5
字　　数:202.9 千
版　　次:2013 年 9 月第 1 版
印　　次:2013 年 9 月第 1 次印刷
书　　号:ISBN 978-7-5533-0263-8
定　　价:30.00 元

营销分类:文学历史

序言

明代的皇帝,《明史·孝宗本纪》赞语有总体评价,说:“明有天下,传世十六,太祖、成祖而外,可称者仁宗、宣宗、孝宗而已。”这种评价,大体是符合实情的。1964 年正月初一,毛泽东评点《明史》,发表高论,说明朝搞得好的只有明太祖、明成祖两个皇帝,一个是不识字,一个是识字不多。总体考察明朝 16 个皇帝,搞得好的确实就只有这两个皇帝在位时期。

开国皇帝朱元璋(1328～1398 年),在位 31 年,是中国历史上出身最为卑贱的皇帝。他家境特别贫困,缺衣少穿,17 岁时死了爹娘和兄弟,无依无靠。到皇觉寺做和尚,兵荒马乱,又离开寺庙,游方各地。后来参加了农民起义军,从九夫长做起,统帅一方,用了 11 年时间战胜两大劲敌,即西边的陈友谅和东边的张士诚,于 1368 年建立新朝,国号大明,年号洪武,定都南京。后来又经 20 年,南征北战,统一全国。朱元璋一生勤劳,立纲陈纪,精心制定了一系列政策和制度,奠定了明朝 277 年的统治基础,也为 268 年的清朝所继承。他废除沿用了两千多年的宰相制度,废除行中书省;将地方省级行政一分为三,以分财权和人权,直接对皇帝负责;创立五军都督府以分军权,大力加强君主专制。他为了使江山永远掌握在朱姓手中,学习汉高祖刘邦的办法,恢复了周代的分封制度,将自己的 24 个儿子和一个重孙分封到全国各地。他的分封,与历史上的分封有所不同,这些藩王已经没有了封地,地方上的事务归当地政府管。但是藩王都有大小不等的军队,战时可以统领军队,这为后来的皇室自相残杀播下了种子,也为宗室的生计和明朝的财政带来难以克服的隐患。到了两百年后的万历初年,宗室人口已多达 17 万人,用于边兵的开支仅 35 万两,而用于宗室的开支高达 50 万两。他采取荐举、学校和科举三途并用的办法选取官吏,以充实需要迅速补充的官僚队伍。他为科举考试制定了《科举成式》,从此以后,科举考试三年一举,时间、内容、形式以及录取的人数都大体固定了下来。为了选用人才,朱元璋对于那些不愿与他合作的元朝遗臣,威逼利诱,千方百计迫使其出仕。他曾蛮横地说:"寰中士夫不为君用,是外其教者,诛其身而没其家,不为之过。"为了他朱家的一姓江山无后顾之忧,他对开创明朝基业的功臣宿将大开杀戒,是历史上诛杀功臣最为有名的皇帝。为保证封建统治秩序的稳定,朱元璋重视法制建设,花了整整 30 年时间,亲自过问关注,制订了《大明律》。《大明律》不但通行明朝一代,后来清朝也基本沿用不辍。朱元璋又手定《大诰》。所谓《大诰》,是朱元璋采集一万多个罪犯的案例,将其犯罪过程、处罚方式编写成册,广泛散发。他大力恢复发展残破了的社会经济,提出:"天下初定,百姓财力俱困,譬犹初飞之鸟不可拔其羽,新植之木不可摇其根,要在安养生息之。"他制订鱼鳞图册和赋役黄册,建立里甲制度,构筑起高效的基层统治。他大规模迁徙和籍没富豪,削弱江南地主豪强的实力。他关爱小农,试图建立一个自耕自足的小农社会,因而看不起商业,规定商人不能穿丝绸衣服。他制定工匠的轮班匠制度,稍为减轻工匠的服役负担。他大力选拔人才,说"贤才,国之宝也"。他痛恨贪官,严惩贪污,据说凡侵吞民脂到银子 16 两,即"剥皮食草"。他了解民情,屡屡微服察访民间。他大搞文字狱,实行文化专制。他实行交好邻邦的政策,将周边各国定为 15 个"不征之国"。他的防卫重点是"南倭北虏",但重点在北方的"虏"。他对海洋认识不足,有点恐惧,因而实行海禁政策,下令"片板不许入海"。他出身卑贱,因而赋予官员尊贵的地位。规定官员退休在家,只在族内序尊卑如家人礼,若举行筵宴则设立别席,不许坐于无官者之下。

他多子多女,但晚年并不幸福,相濡以沫的马皇后先他 16 年去世,储位的太子先他六年去世,皇宫大殿前高后低,预示出不好的征兆。他心力交瘁,做皇帝 31 年后去世,入葬自己选好的墓地孝陵,孤独地躺在南京。

明朝的第二位皇帝,是按照汉族的嫡长子继承传统登位的太祖朱元璋的皇长孙朱允炆(1377~1402 年),年号建文。朱允炆酷肖乃父,即朱元璋的太子朱标,饱读诗书,推崇儒家的仁恕之道,对于大行皇帝朱元璋的严刑峻法,力图改弦更张,因而深得民心,人称"四载宽政解严霜"。在位期间,致力于发展社会经济,造就了一定时期"家给人足,太仓之粟,至有红腐者"的盛世局面。又采用西汉初年的削藩政策，对日益尾大不掉的藩王势力予以严厉打击，不到一年，先后削除了周、岷、湘、齐、代五王。然而“建文新政”都是在一些书生气十足的官员的建策下实施的，带有浓厚的理想主义色彩，殊难收效。

靠起兵篡位的明成祖（1360～1424年），即明太宗，是朱元璋的第四个儿子燕王朱棣。他通过“靖难之变”的厮杀夺得皇位，又发明“瓜蔓抄”的血腥手段，清除建文势力；对于效忠前朝的旧臣，下敕凡“罪臣家属，亲近的便凌迟了，远的发四散充军，妻女送勋臣家转营奸宿，病死的著狗吃了”；对建文朝的秉政者，“有奸恶齐泰姊并外甥媳妇，又黄子澄妹四个妇人，每一日夜，二十条汉子看守，年少的都怀身孕，除生子令作小龟子”。其残忍行径，惨无人道，史所罕见。当大局稳定后，成祖朱棣却沿用建文陈法，继续削藩，更设置内阁，任用宦官，建立东厂，如其父亲一样，大力加强皇帝集权。对于地方和边疆，大力经营，五次亲征漠北，直至回程时死在榆木川（今内蒙古多伦西北），加强东北、西南统治，用兵交阯。对于周邻各国，继续奉行海禁政策，但比朱元璋时较为灵活，主动交好各国，设立宝船厂，派遣郑和下西洋，陈诚等出使西域，造就成“万国来朝”的局面。为有效控驭北元蒙古，更将都城迁到北平，定为北京。早在永乐七年徐皇后去世时，成祖就令人在北平天寿山找陵址，因此明末人黄景昉认为“迁都之举已肇于此”。为使南方的经济中心能够源源挹注北京政治中心，又全线贯通南北大运河。武功既收，又行文治，集中人力财力，纂修成旷世巨典《永乐大典》，臻至“永乐盛世”。

很明显，上述局面的成就，大明277年的基业，甚至清朝268年的运行，肇纪立极，同历史上国祚300年左右的汉、唐、宋朝一样，其根基是在明初朱元璋祖孙三代在南京53年励精图治、殚精竭虑后打下的。明初三帝的活动，一定程度上决定了以后整整五个世纪中国社会的走向，其重要意义不言而喻。然而至今学界仍无专门探讨或介绍明初三帝的著述，令人不无遗憾

《闲聊大明三帝》一书，以《明史》为主线，辅以其他史料，采录一些民间传闻，系统叙述明太祖、朱允炆和明成祖明初三帝。虽名“闲聊”，却基本上以历史事实为基轴，叙事力求准确客观，描摹人物形象生动，涉及历史上的争议之处，也多作出自己的判断。虽说不上有多少发明，但大致把握到位，拿捏住了分寸。作者坚持以严谨和负责的态度进行历史题材的文学创作，不演义、不戏说、不穿越。全书以平实的口吻，通俗的文字，较为广博的征引，讲述大明王朝前三帝在南京治政的来龙去脉，全力将朱元璋、朱允炆、朱棣三位皇帝的原本形象呈献给读者。

这种实事求是、一丝不苟的创作态度值得称赞。该书写作手法新颖，有引用、有独断、有简析、有短评，表述后大多交代材料出处，以便征信。南京素有“六朝古都”和“十朝都会”之称，大明王朝是在南京建都的第八个王朝，与前面七个王朝不同，是南京历史上唯一一个大一统王朝。作者长期在南京工作，写作本书，凡涉及南京的人地事物，轻车熟路，更描述细致，一一坐实，此又非他地作者所能轻易做到者。凡此，对于历史小说的创作形式，所作有益尝试，也值得借鉴。

范金民

2013年9月8日

目　录

洪武篇

建文篇

永乐篇

“百花发时我不发，我若发时都吓杀。要与西风战一场，遍身穿就黄金甲。”[①]

关于朱元璋的出生地问题，680多年来史学界一直争论不休，谁都说不清楚，谁都无法说清楚。好在争来争去地域范围不大，主要在安徽和江苏两省相邻的一带。有明光说、凤阳说、灵璧说、五河说、沛县说，以及盱眙说、句容说等等，这与后来地名的变化也有一定关系。其实除了个别过于牵强的说法外，大多数说法都有一定道理和相关依据，只是由于这些依据的权重相同，所以谁也说服不了谁。应该相信正史，至少应该相信正史的权威性。

清人赵翼在《陔余丛考》中的记载，似可间接证明朱元璋是凤阳人。（凤阳丐者）“江苏诸郡，每岁冬必有凤阳人来，老幼男妇，成行逐队，散入村落间乞食，至明春二三月间始回。其唱歌则曰：‘家住庐州并凤阳，凤阳原是好地方，自从出了朱皇帝，十年倒有九年荒。’”

“时有谢寿子扮花鼓妇，鼓锣间敲，音节凄婉，令人神醉。”[②]明清时期，这段歌谣在民间广为流传。还有一首流传甚广的歌词是：“左手锣，右手鼓，手拿锣鼓来唱歌，别的歌儿我也不会唱，只会唱个凤阳歌。得儿铃咚飘一飘……”

朱元璋“先世家沛，徙句容，再徙泗州。父世珍，始徙濠州之钟离（今安徽凤阳）。生四子，太祖（朱元璋）其季也”。[③] 此说表明朱元璋出生于钟离。文中“太祖其季也”，“季”为最幼。这里说，朱元璋最小。

下面两块碑文的记载，也对朱元璋的出生地作了具体描述。

第一，至正二十三年（1363年）三月，朱元璋到句容朱家巷“谨以闰月三

① 《明太祖集·咏菊花》。
② 《扬州画舫录》卷五。
③ 《明史·太祖本纪》。

日，只谒先垄，焚香告祭，遵旧典也”。[①] 并立石句容，名《朱氏世德碑》。“碑云：本家朱氏，出自金陵之句容，地名朱家巷，在通德乡。上世以来，服勤农业。……先考君（朱元璋父）娶陈氏（朱元璋母），泗州人，长重四公生盱眙，次重六公、重七公皆生于五河（今安徽五河）。某（朱元璋）其季也，先迁钟离，后戊辰所生……于是备书于石，以传言将来，有所考焉。’”[②]

此说为“先迁钟离，后戊辰所生”。

第二，洪武二年（1369 年），朱元璋“诏立《皇陵碑》。先是命翰林侍讲学士危素（前元朝文史大臣）撰文，至是文成，命左丞相宣国公李善长诣陵立碑”。[③] 朱元璋手录大概，“皇考有四子：长兄讳某，生于津律镇（一说津里镇，今安徽明光津里镇）；仲兄讳某，生于灵壁；三兄讳某，生于虹县（今安徽泗县）；皇考五十，居钟离之东乡，而朕生焉”。[④]

此说为“居钟离之东乡，而朕生焉”。

上述两块碑文的记载，都是朱元璋的“手笔”和“讲述”，因此朱元璋出生在“钟离”应该没有问题。曾惟诚的《帝乡纪略》中也有记载：“太祖生钟离之东乡，即盱眙之唐兴灵迹诸乡也。”这些记载与《明史》相同。所以，朱元璋出生在安徽凤阳依据比较充分。

---

① 《翦胜野闻》。

② 《七修类稿》卷七。

③ 《明太祖实录》。

④ 《七修类稿》卷七。

洪武篇

凤阳布衣驱元称雄　定鼎金陵治隆唐宋
——太祖高皇帝朱元璋

太祖开天行道肇纪立极大圣至神仁文义武俊德成功高皇帝，讳元璋，字国瑞，姓朱。濠州钟离（今安徽凤阳东）太平乡人。大明王朝开国皇帝，洪武元年（1368年）正月初四至洪武三十一年（1398年）六月二十四日在位。年号：洪武（31年）。

朱元璋画像

朱元璋祖籍为沛国相县（今江苏沛县，一说今安徽濉溪西北一带）。祖父初一，元朝初为淘金户，因当地不产金，赔纳不起而徙句容（今江苏句容），后徙泗州（今江苏盱眙）。至父亲朱五四时方徙濠州钟离县太平乡孤庄村定居。

据朱元璋撰写的《明太祖御制朱氏世德碑记》中载，朱元璋祖宗五代名字都含数字。“碑云：本家朱氏，出自金陵之句容，地名朱家巷，在通德乡。……五世仲八公（朱元璋五世祖），娶陈氏，生男三人，长六二公，次十一公，其季百六公（朱元璋高祖）。是为高祖考，娶胡氏，生二子，长四五公；次即曾祖考四九公（朱元璋曾祖），配侯氏，生子曰初一公（朱元璋祖父），初二公，初五公，初十公，凡四人。初一公娶王氏，是为祖父母，有二子，长五一公；次先考五四公（朱元璋父亲），讳世珍。”“先考君娶陈氏（朱元璋母亲），泗州人。”[①]由此可知，朱元璋父亲朱五四，又称朱世珍（1283～1344年），母亲姓陈（1286～1344年）。

为什么朱元璋的上辈都以数字为名，“‘元制庶人无职者不许取名，止以行第及父母年齿合计为名。’此于《元史》无征（证）。然证以明高皇（朱元璋）所称其兄之名，正是如此，其为元时令甲（第一道诏令）无疑矣。见在绍兴乡间，颇有以数目字为名者，如夫年二十四，妇年二十二，合为四十六，生于（子）即名四六；夫年二十三，妇年二十二，合为四十五，生子或名为五九，五九四十五也。以上并徐君说。余考明勋臣开平王常遇春曾祖四三，祖重五，父六六，东瓯王汤和曾祖五一，祖六一，父七一，亦以数目字为名”。[②]

【按：后来，朱元璋的伯父“五一”（追封寿春王）；父亲“五四”（追封仁祖）。五一、五四各生四子。五一之子名字依序为重一（追封霍丘王）、重二（追封下蔡王）、重三（追封安丰王）、重五（追封蒙城王），五四之子名字依序为重四（封南昌王朱兴隆）、重六（盱眙王朱兴盛）、重七（临淮王朱兴祖）、重八（太祖朱元璋）。朱元璋在家族兄弟中排行第八。朱元璋还有两位姐姐，后来封的太原长公主、曹国长公主。】

---

① 《七修类稿》卷七。

② 《春在堂随笔》卷五。

第一章

生来疑有天子相　云游四方不寻常

【本章自天历元年(1328年)～至正十一年(1351年)。朱元璋1～24岁。主要讲述:生在钟离太平乡,奇骨异象不寻常。灾荒接连失三亲,家无寸土难安葬。沦为小僧去流浪,云游三载回庙堂。】

朱元璋(1328～1398年)的父母生了四个儿子,朱元璋最小。母亲陈氏刚怀他时,梦见神仙送给她一粒药丸,放在手掌中有光亮,就吞服了它。醒来后,嘴留余香。等到分娩,红光满屋。从此,夜里多次有亮光闪出。乡邻望见,感到惊恐,以为着火了,每每赶来相救,却无火烛。等到朱元璋长大,姿容雄伟,有奇骨贯于头顶。志向远大,人们都测度不出。

据史书记载:"朱氏,世居沛国相县;其后有徙居句容者,世为大族,人号其里为'朱家巷'。……太后(朱元璋母)常谓仁祖曰:'人言吾家当生好人。今吾诸子皆落落,不治产业。'指上(朱元璋)曰:'岂在此乎?'"[①]由此可见,其母亲将希望寄托在朱元璋身上,一心企盼他以后能够成为"好人"。

朱元璋出生于元朝泰定帝泰定五年、天顺帝天历元年(1328年)九月十八日,属龙,故民间传有"真龙天子"诞生之说。朱元璋在家排行第四,上面有三个

① 《明太祖实录》。

哥哥，两个姐姐。

朱元璋出生时，其父约46岁，其母约42岁，相加正好是88岁，故名“重八”。

朱元璋十二三岁时，父母曾送他到私塾读书。仅过了几个月，因交不起学费，只好让他退学，去给田主刘德放牛。

据说，朱元璋放牛常常带着一把伞，将牛赶上山以后，自己就找个地方躺下睡觉。路人看到他睡觉的姿势很奇特，有人他像个“大”字；有人说像一个“天”字，因为他头下枕了一把伞。这时，朱元璋翻了个身，大家一看，又说像“子”字。于是“朱重八有天子命”由此传开。

朱元璋17岁之前的有关情况，《明史》、《明太祖实录》等史籍几无收录。而《龙兴慈记》和《七修类稿》却记载了朱元璋诞生时的异象和儿时的几件奇事。

据《龙兴慈记》记载：“圣祖始诞，屋上红光烛天。皇觉寺僧望见之，惊疑回禄（失火）也。”一次，朱元璋被“主僧（住持）禁，缚之阶下。（朱元璋）口占一诗曰：‘天为罗帐地为毡，日月星辰伴我眠；夜间不敢长伸脚，恐踏山河社稷穿。’”

此外，还记载了朱元璋幼时“与群牧儿戏”、“杀小犊”、“发去三千里”的故事。这些记载，在民间早已流传并演绎为带有神话性质的故事。

其一，“与群牧儿戏”。朱元璋用草绳将车辐板绑在头上做成平天冠（皇冠），用一些碎木板做成笏板。笏板是大臣上朝觐见皇帝用的，用来记事和说话时掩住自己的嘴巴，以表示对皇帝的礼貌和尊重。朱元璋头戴着平天冠，坐在高处，“令群儿朝之”，俨然一副天子模样。

其二，“杀小犊”。朱元璋与汤和、周德兴等伙伴一起在山上放牛，实在饿得厉害，众人纷纷出主意，一定要弄点儿吃的。有的说：“下河抓鱼去。”有的说：“天下大旱，河塘都干涸了，哪里还有鱼？”有的说：“要不，上山抓野兔去。”另一个又说：“走都走不动了，哪里有力气撵野兔。”朱元璋一直没说话，眼睛死死盯着一头白花牛犊。他突然起身，用牛绳将小牛犊前后腿捆住，一旁的周德兴立刻抄起砍柴斧，对着白花牛犊当头就是一斧子。大家一起围上来，七手八脚就把牛皮剥了，然后拾来干柴枯叶，就地生火烤牛肉吃。不一会儿就只剩牛头和牛尾巴了。

太阳下山时，众人守着一张牛皮、一堆骨头、一个牛头和一条牛尾巴，面面相觑，不敢回家。朱元璋说：“把牛皮、牛骨埋了，再将牛尾巴插在山上的石头缝里，将牛头放在山的另一边，就说小牛钻进山洞了，怎么拽也拽不出来。”大家都说好主意。朱元璋回去后，还是遭到田主一顿毒打，被赶回了家。

其三，“发去三千里”。一天，朱元璋发现佛像的前面有一个蜡烛台，被老鼠咬坏了，心想：你这个佛有什么用？能管什么事？蜡烛台放在你面前，老鼠来吃了，你都管不了。一怒之下，朱元璋就在这尊佛的背后写了五个字“发去三千里”，意思是让这尊佛到三千里外去反省。当晚，很多和尚都做了同样一个梦，梦见那尊佛向他们告别，说要离开寺庙。和尚们问，你为什么要离开寺庙？佛说我要被发往三千里以外。和尚们又问，谁要发你到三千里以外呢？佛说是当世主发遣我。当世主指的就是朱元璋。第二天，众和尚发现了这尊佛的背后写了“发去三千里”几个字。朱元璋说，这只是个玩笑，现在我已经赦免他了。结果到了晚上众和尚又做了个梦，梦见这尊佛前来感谢被赦免。

此外，还有“朱洪武扫地——各归原位”的歇后语，在南京流传最广。说的是当年朱元璋来到皇觉寺当和尚，他打扫卫生特别认真且力气大，不像其他小和尚只掸掸菩萨塑像的浮尘，而是先将菩萨塑像挪开，打扫完了再挪回原位。有一天，他刚刚把菩萨塑像挪开，忽闻方丈前来查看，这时要让菩萨回到原位已来不及了，他急中生智，大吼“各归原位”，菩萨竟然立马各就各位。

另据《七修类稿》(卷七)记载：“盱眙县唐兴、灵迹二乡，即皇陵碑所谓钟离之东乡也。前有光明山，后有红庙，今封神为都土地，乃太祖龙飞之地。”

“太祖龙飞之地，旧有二郎庙一所，当时仁祖(朱元璋父)寓居其侧。太祖生时，邻里远望火光烛天，至晓视之，庙徙东北百余步矣。仁祖因取西河水澡浴太祖，忽有红罗浮水上来，遂用之以衣太祖，于是乡人名其地为红罗幛，世皆传之。”

据此民间又有“明光山”、“跃龙冈”、“香花涧”、“尿布滩”、“古红庙”、“赵府”等记载和传闻。

至正四年(1344年)，朱元璋17岁。由于干旱和蝗灾，造成了家乡严重的饥荒和瘟疫。四月六日、九日、二十二日，朱元璋的父亲、长兄、母亲相继去世，因为家贫没有土地，无法安葬。邻居给了他一块地，去世的父母、兄长才得以安葬。就是后来的凤阳皇陵。

当时，朱元璋和二哥正准备安葬父母，还没到达坟地，抬尸体的绳子就断了，紧接着雷电交加下起了大雨，兄弟两人在树下避雨，好像听见空中有神在说话……不久暴风扬沙折木，本色昏暗，等到雨霁天晴，两人再到坟地一看，土地裂开，尸体已经陷入其中。民间称之为“神葬”。[①]

后来“太祖到濠州，曾经提议改葬，没有结果。于是增培泥土以堆高坟墓，命令陵墓旁的故人汪文、刘英等20户守护。洪武二年，进尊号为英陵，后来改称皇陵。设置皇陵卫和祠祭署，奉祀一人、祀丞三人，都是由勋旧之臣世代承袭。礼生24人。洪武四年，建立祖陵庙”。[②] 朱元璋的大哥大嫂、二哥二嫂、三哥三嫂和两个侄子也袝葬于此。

朱元璋安葬父母之后，孤身无所依，便进入皇觉寺削发为僧。过了一个多月，独自外出云游求食去了。

朱元璋这次出行先后到过光州（今河南潢川）、固州（今湖北云梦）、汝州（今河南汝州）、颍州（今安徽阜阳）等地。三年后，即至正七年（1347年），又回到皇觉寺。

在这一时期，元朝政事十分紊乱，盗贼纷起。**至正十一年（1351年）五月**，刘福通拥戴韩山童，冒充宋朝皇帝后代在颍州起事。刘福通（？～1366年），颍州（今安徽阜阳）人。当时，韩山童鼓吹说：“天下将大乱，弥勒佛投胎转世。”刘福通就和他的同党杜遵道、罗文素、盛文郁等人说：“韩山童是宋徽宗（赵佶）第八世孙，将要作中原的君主。”于是宰杀白马黑牛，对天地起誓，准备起兵，也以红巾为号，称红军，又因其烧香拜弥勒佛，也称香军。不久，韩山童被俘，随即被杀。

徐寿辉僭称帝号在蕲州（今湖北蕲春）起事。徐寿辉（1320～1360年），又名真一，罗田（今湖北罗田）人，以贩布为业。元末盗贼兴起，袁州（今江西宜春）僧人彭莹玉凭借妖术和麻城（今湖北麻城）邹普胜聚众作乱，众人见徐寿辉相貌奇特，于是推举他为王。这年九月，徐寿辉攻占蕲水（今湖北黄冈浠水）和黄州路（今湖北黄州），打败了元朝威顺王宽彻不花。于是以蕲水作为首都，称皇帝。国号天完，表示盖住“大元”。年号治平。

当时，李二、彭大、赵均用在徐州起事，部属各有几万人，设置将帅，杀害官吏，侵掠郡县。方国珍也已率先在海上起事反元。其他各路人马拥兵占地，四处抢劫掠夺。一时间，群雄蜂起，天下大乱。

---

① 《明朝小史》。

② 《明史》。

第二章

占卦投奔郭子兴　攻取应天平江东

【本章自至正十二年(1352 年)～至正十九年(1359 年),朱元璋 25～32 岁。主要讲述:求神问卜投红军,回乡巧遇李善长。幸得廖帅舟船助,直趋集庆渡长江。浙右江左全平定,虎视眈眈窥友谅。】

至正十二年(1352 年)二月,定远(今安徽定远)人郭子兴和其同党孙德崖等人在濠州(今安徽凤阳)以红巾为号起兵。元朝将领彻里不花畏惧郭子兴的部队,不敢前来攻打他们,每天只是捉拿一些良民向朝廷邀功请赏。

是年朱元璋 25 岁,他为了谋求逃避兵祸的办法,于是到庙里向神问卜,得到的结果是逃走和留下都不吉利。朱元璋自言自语地说:“莫非应该发动大事吗?”并以此为由,重新占卦,结果很吉利。朱元璋非常高兴。

是年三月初一,朱元璋来到濠州,谒见郭子兴。郭子兴见到朱元璋认为他相貌不凡,就留他做随从护卫。后升为什夫长①。这时,朱元璋将朱重八改为朱元璋。璋,是一种状如半圭的玉器,朱元璋,即为诛灭元朝的利器。

郭子兴见朱元璋打仗总是获胜,就将自己抚养的马公的女儿马氏嫁给了朱元璋。这就是后来的高皇后。这年马氏 21 岁。

---

① 率领十人左右的小队长。

当初，郭子兴与孙德崖不和睦，朱元璋多次从中调解并保护郭子兴。是年九月，元军又夺回了徐州。彭大、赵均用逃奔到濠州，孙德崖等人收留了他们。郭子兴对彭大比较礼遇而有些轻视赵均用。赵因此怨恨郭子兴。一天，孙德崖与赵均用合谋，将郭子兴抓了起来，并戴上镣铐，关押在孙德崖家中，准备处死。这时朱元璋正在淮北，听到这一消息后，飞马赶回濠州，将情况告诉彭大。彭大发怒，召集士兵同往孙德崖家中，朱元璋也穿上铁甲，拿着盾牌，打开牢门放了郭子兴，让人将郭子兴背回去。郭子兴因而免遭祸难。这年冬天，元军将领贾鲁围攻濠州。朱元璋和郭子兴奋力抵抗。

至正十三年(1353 年)五月，元将贾鲁去世。濠州的包围也随之解除。

六月，朱元璋回乡募兵 700 人，回到濠州后，郭子兴十分高兴，提升朱元璋为镇抚。当时，彭大、赵均用的部队强暴凶横，郭子兴的部队兵力弱小。这时，朱元璋开始犹豫，不想与郭子兴继续共事，就将部队托给其他将领，自己与徐达、汤和、费聚等人向南攻打定远，朱元璋用计降服了张家堡驴牌寨 3 000 民兵。[①] 然后向东进发。一天夜里在横涧山(今安徽定远西北)，袭击了元朝将领张知院，收降了他的 20 000 名士兵。途中遇见定远人李善长，李善长以汉高祖刘邦为例劝说朱元璋，只要效法刘邦知人善任，不乱杀人，很快便可以平定天下。朱元璋认为李善长是个人才，于是留李善长做了幕府的书记。

朱元璋攻下滁州以后，其侄子朱文正、姐夫李贞带着外甥保儿(李文忠)前来投靠他。此时，朱元璋才得知二哥、三哥、姐姐都已经去世了，不免伤心。其时还有定远孤儿沐英，甚是可怜。于是，朱元璋将三个孩子都收作养子。

是年，张士诚占据了高邮(今江苏高邮)等地。次年正月，在高邮自称诚王，建国号大周，以天祐为年号。

至正十四年(1354 年)十月，元朝丞相脱脱在高邮打败了张士诚，又分兵围攻六合(今南京六合)。朱元璋说："六合一破，滁州(今安徽滁州)也将不保了。"于是朱元璋与耿再成驻军瓦梁垒(今南京六合西古瓦梁城)，一边奋力作战，一边保护老弱撤退到滁州。不久，元军蜂拥而至，进攻滁州，朱元璋设伏打败了元军。然而考虑到元军势力强大，有可能再次卷土重来，于是归还了俘获元军的马匹，派父老乡亲宰牛备酒向元军道歉，说道："我们守卫滁州城只是为了防备其他的

---

① 田主武装。

盗贼，你们为何抛开了盗贼不打却来杀我们良民呢?”于是元军退走。滁州城得以保全。

至正十五年、龙凤元年(1355 年)正月，郭子兴采用朱元璋的计谋，派遣张天祐等人一举攻克了和州(今安徽和县)。消息传来，郭子兴下文书，让朱元璋统领部队，任总兵官，镇守和州。

这时，元军十万人前去攻打和州，朱元璋守了三个月，粮食即将吃完，而元朝太子秃坚、枢密副使绊住马、民兵元帅陈埜先分别屯驻在新塘(今安徽和县西南)、高望(和县东北)、鸡笼山(旧名亭山，和县西北)一带，以断绝朱元璋的粮道。但是朱元璋率部众顽强抵抗，最终击败元军。

三月，郭子兴去世。当初，郭子兴散发家中财产，与豪壮勇猛之士结交。刘福通在亳州(今安徽亳州)迎立韩山童的儿子韩林儿为帝，称小明王，国号为宋，年号龙凤。任命郭子兴之子郭天叙为都元帅，张天祐为左副元帅，朱元璋为右副元帅。朱元璋心中很不平衡:“大丈夫宁能受制于人耶!”拒绝接受诏令。但考虑到韩林儿势力强盛可为依托，就利用他的“龙凤”年号在军中发布号令。

郭子兴病逝后，送归滁州安葬。郭子兴有三个儿子。长子战死，次子郭天叙、第三子郭天爵。还有一个女儿是张夫人所生，后来侍奉朱元璋，封为惠妃，诞育了蜀王朱椿、谷王朱橞、代王朱桂三子。

《明史》赞曰:“郭子兴占有濠州，地形偏僻势力弱小。然而明朝的基业，实起于滁阳的这支军队。郭子兴追封王号，建立祭祀的宗庙，享受祭祀时间长久，确实是有原因的。”

有诗赞曰:倾家散财郭子兴，占据濠州抗朝廷。从容接纳明太祖，一代恩德万世铭。

四月，常遇春前来归附朱元璋。五月，朱元璋谋划渡过长江，但愁于没有舟船。恰逢巢湖(今安徽巢湖)统帅廖永安、俞通海带领水军和 1000 艘船前来归附，朱元璋大喜，亲自前往抚慰将士。这时，元朝南台御史中丞蛮子海牙扼守在铜城(今安徽含山)闸、马场河等险要之处，巢湖的水军一时受阻。关键时刻，忽然天降大雨，朱元璋大悦:“天助我也!”于是趁着水势上涨，从小港放舟返回。在峪溪口(今安徽芜湖境内)打败了元将蛮子海牙，然后制定计划准备渡江。诸将领主张直趋集庆(今南京),朱元璋说:“取集庆必自采石矶(今安徽马鞍山)开始。采石矶是重镇,防守必定坚固,牛渚(今安徽马鞍山采石镇)前临大江,元军难以防备,必然可以攻克。”

六月初一,朱元璋乘风引帆,直抵牛渚。常遇春率先登岸,攻取了牛渚,采石矶的元军四处溃散,沿江的元军营垒全部归附。朱元璋的众将因为和州饥荒,争着掠取资财粮食,并打算返回和州。朱元璋对徐达说:“渡江幸而成功了,如果舍弃这里回去,江东就不属于我们了。”于是将船上缆绳全部砍断。朱元璋又对众将说:“太平(今安徽当涂)离这里很近,我应该与各位前往夺取它。”于是朱元璋率众乘胜攻克太平,捉住元朝万户纳哈出。太平路总管靳义投水而死。朱元璋发布告示,禁止抢掠,有士卒违令者,枭首示众,于是军中纪律严明。朱元璋将太平路改称为太平府,设置太平兴国翼元帅府,自己统掌元帅衬诸事务。

其时,朱元璋渡江,来到太平府不惹庵(今安徽当涂城北五祥寺)。“僧问诘不已。(朱元璋)题诗壁上曰:‘腰间宝剑血星星(腥腥),杀尽南蛮百万兵,老僧不识英雄汉,只管刀刀(叨叨)问姓名。’”[①]

当时太平府四面都是元军,元朝右丞阿鲁灰、中丞蛮子海牙等率众堵截姑孰口(今安徽当涂),民兵元帅陈埜先的水军统帅康茂才率数万人攻城。朱元璋派徐达、邓愈、汤和正面迎战,另派将士潜行其背后夹击,擒获陈埜先并收降其部,阿鲁灰等退军而去。

九月,郭天叙、张天祐[②]率军进攻集庆(今南京)。由于陈埜先叛变,郭天叙、张天祐两人都战死,原先郭子兴部将尽归朱元璋指挥。不久,陈埜先被民兵所杀,其侄子陈兆先收编了陈埜先的部众,屯驻方山(今南京江宁方山),和蛮子海牙形成犄角,暗中窥视太平。

至正十六年、龙凤二年(1356年)二月二十五日,朱元璋在采石矶大破蛮子海牙的元军。三月初三,朱元璋率军攻打集庆,擒获陈兆先,收降其部众36 000人。初十,朱元璋再次在蒋山(今南京紫金山)打败元军。元朝御史大夫福寿奋力作战而死,蛮子海牙逃奔归附张士诚;康茂才投降朱元璋。朱元璋进入集庆城后,告谕官吏父老说:“元朝政治腐败,战乱蜂起,我来只是为民众消除祸乱罢了,

---

① 《龙兴慈记》。

② 郭子兴妻弟。

望你们各自像过去一样安居。贤能之士我聘用他们，旧政不适宜的就废除它，官吏不许贪婪残暴而祸害我的民众。”朱元璋改集庆路为应天府，征用夏煜、孙炎、杨宪等十多人。然后，朱元璋厚葬元朝御史大夫福寿，以旌表他的忠贞。

福寿是唐兀（今甘肃宁夏）人。至正十五年，任元朝江南行台御史大夫。次年三月，朱元璋部攻破集庆，福寿独自坐在凤凰台（今南京中华门内西南隅）下的胡床上。有人劝他离去，他呵斥道：“我是国家重臣，城存则存，城破则死，我还往哪里去！”不久被朱元璋的士兵所杀。

是时，元将定定扼守镇江（今江苏镇江），别不华、杨仲英屯驻宁国（今安徽宣城），元朝青衣军（田主武装）张明鉴占据扬州（今江苏扬州），八思尔不花（忽必烈后裔）驻扎徽州（今安徽歙县），参知政事石抹宜孙驻守处州（今浙江丽水），其弟石抹厚孙驻守婺州（今浙江金华），宋伯颜不花驻守衢州（今浙江衢州），而池州（今安徽池州）已被徐寿辉据有，张士诚自淮东攻陷平江（今江苏苏州）后，转而侵略浙西地区。朱元璋既定集庆，担心张士诚、徐寿辉势力强大，江左、浙右各郡已为他们所吞并，为图自保，于是派徐达进攻镇江大获全胜，元将定定战死。

【按：至此，朱元璋以应天府为中心，与元朝军队、张士诚、徐寿辉等部形成对峙局面。】

六月，邓愈攻占广德（今安徽广德）。七月初一，诸将奉戴朱元璋为吴国公。设置江南行中书省，朱元璋自己总管省务，设置属官。

至正十七年、龙凤三年（1357 年）二月，耿炳文攻克长兴（今浙江长兴）。三月，徐达攻克常州。四月二十三日，朱元璋亲自率军攻克宁国，元朝将领别不华投降。朱元璋在攻打宁国途中，写下了《军行》这首诗：“忙着征衣快着鞭，转头月挂柳梢边。两三点露不为雨，七八个星尚在天。茅店鸡鸣人过语，竹篱犬吠客惊眠。等闲拥出扶桑日，社稷山河在眼前。”

六月，赵继祖攻克江阴（今江苏江阴）。七月，徐达攻克常熟（今江苏常熟），胡大海攻克徽州（今安徽歙县），元将八思尔不花逃跑。十月，常遇春攻克池州（今安徽池州）。缪大亨攻克扬州（今江苏扬州），元青衣军将领张明鉴投降。这一年，徐寿辉的将领明玉珍占据重庆路（今重庆）。

当朱元璋攻下徽州时，经邓愈推荐，他亲自到石门向人称枫林先生的朱昇请教夺取天下的计策。朱昇提出了“高筑墙、广积粮、缓称王”的“九字”方针。朱元璋点头称道，如获至宝。

至正十八年、龙凤四年（1358 年）三月，邓愈攻克建德（今浙江建德）路。四月，徐寿辉的大将陈友谅派赵普胜攻陷池州。是月，陈友谅占据龙兴路（今重庆渝北区东）。五月，刘福通攻破汴梁城（今河南开封），将韩林儿迎至汴梁（今河南开封）为帝，号称小明王。

十二月，胡大海进攻婺州（今浙江金华），久攻不下。朱元璋亲自率军攻打，元将石抹宜孙派将领统帅车战的部队由松溪（今福建松溪）前来增援。朱元璋命令胡大海的养子胡德济在梅花门（今浙江金华赤松门）迎击，将其打败，收复婺州。朱元璋入城，发放粮食救济贫民，改婺州为宁越府。

朱元璋初到婺州时，范祖干与叶仪一同被召见。范祖干手持《大学》进见，朱元璋问治理天下的办法以何为先，他回答说：“帝王之道，从修身齐家到治国平天下，一定要上下四周，均衡公正，使万物各得其所，然后才可以谈治理。”朱元璋说：“这就是圣人之道成为万世楷模的原因。我自起兵以来，号令赏罚，若有不平，怎能服众？武力是用来平定祸乱，而文道带来太平。都是这个道理。”

至正十九年、龙凤五年（1359 年）正月十二日，朱元璋谋划夺取浙东尚未攻下的各路，他告诫诸将领说：“攻克城池凭借勇武，平乱依靠仁德。我前些时候进入集庆，秋毫无犯，所以一举就平定了。每当我听说诸位将领夺取一座城市而又不胡乱杀戮，总是高兴得不能自已。军队的行动如同烈火燃烧，不加制止，将要烧遍原野。身为将军能以不杀戮为‘武’，这不仅有利于国家，子孙也能享受到其福荫。”十七日，胡大海攻陷诸暨（今浙江诸暨）。

三月二十六日，方国珍以温州、台州、庆元前来进献，派其子方关作为人质，朱元璋不接受。四月，俞通海等收复池州。当时耿炳文驻守长兴，吴良驻守江阴，汤和驻守常州，都屡次打败张士诚的军队。这使朱元璋得以在宁越府久驻。六月初，返回应天府。

八月，元将察罕帖木儿收复汴梁（今河南开封），刘福通带着韩林儿退守至安丰（今安徽寿县）。九月，常遇春攻克衢州（今浙江衢州），擒获元朝守将宋伯颜不花。

十月，朱元璋授予方国珍福建行省平章，方以生病为由推辞。十一月十三日，胡大海攻克处州（今浙江丽水），石抹宜孙逃跑。经过一番征战，江左、浙右各郡一一被攻克，所占地盘的西边与陈友谅相接。

第三章

鄱阳湖战决胜负　灭汉称王征东吴

【本章自至正二十一年(1360 年)五月～至正二十五年(1365 年)三月。朱元璋 33～38 岁。主要讲述:友谅弑主称汉皇,发兵应天战龙江。趁雨御敌获大胜,诏封国公朱元璋。玉珍称帝号大夏,福通安丰把命丧。鄱阳水战灭汉主,士诚平江称吴王。借用龙凤发号令,一举挥军图四方。】

至正二十年、龙凤六年(1360 年)二月,元朝福建行省参政袁天禄率福宁(今福建霞浦)归降朱元璋。三月初一,朱元璋征得青田人刘基、浦江人宋濂,龙泉人章溢,丽水人叶琛四位贤士。

五月,徐达、常遇春在池州击败陈友谅的汉军。闰五月十四日,陈友谅攻陷太平,守将皆死于此役。

不久,陈友谅在采石矶(今安徽马鞍山西南)弑杀其主徐寿辉,自称皇帝,国号汉,改年号为大义。其部占有江西、湖广(湖北、湖南)之地。陈友谅约张士诚联合进攻应天府,人人惶恐。众将计议先收复太平以牵制他们,朱元璋说:“他们处在上游,其水军是我方的十倍,仓促之下难以收复啊!”有人请求朱元璋亲自率军迎击,他说:“不行。他们用小股部队牵制我们,而令全部水军直趋金陵(今南京),顺水半天即可到达,我们的骑兵、步兵难以很么快地回防。何况行军百里赶去作战,这是兵法上所忌讳的,这样不妥。”于是派人飞马传谕胡大海,让他攻打信州(今江西上饶信州)以牵制陈友谅的后方,又命令康茂才用书信智诈陈友谅,让他快来进攻应天。陈友谅果然上当,领军向应天开赴。这时常遇春埋伏在石灰山(今南京幕府山);徐达在南门外(今南京城南门外)布好阵势;杨璟屯兵于大胜港(今南京雨花台区大胜关村一带);张德胜等人率领水军出龙江关(今南京下关)迎战,朱元璋亲自在卢龙山(今南京下关狮子山)督战。

二十三日,陈友谅率军来到龙湾(狮子山以北江面,楚威王埋金之处)。众人准备开战,朱元璋说:"天要下雨了,赶快吃饱饭,然后乘雨迎击他们。"不一会儿,果然下起大雨,将士们竞相奋起搏战,水陆夹攻,大败陈友谅的汉军。陈友谅乘小船逃走。朱元璋取得了龙湾大捷。朱元璋又乘势收复太平,攻下安庆,而胡大海也攻克了信州。

这年秋天,朱元璋征战浙江中部大获全胜,返回应天,途经宁国县(今安徽宁国),县令胡惟庸大摆庆功宴。朱元璋见南门山坡上菊花盛开,遂作诗一首:"百花发时我不发,我若发时都吓杀。要与西风战一场,遍身穿就黄金甲。"

当初,朱元璋让康茂才用诈计诱骗陈友谅,李善长对此感到疑惑,朱元璋说:"两方敌人联合,我腹背受敌,只有让陈友谅先来攻我,我先将他打败,那么张士诚就胆怯了。"后来张士诚果然没有出兵。

二十五日,朱元璋设置儒学提举司,任命宋濂为提举。六月,耿再成在庆元(今浙江庆元)打败元将石抹宜孙。

九月,徐寿辉旧将欧普祥献袁州(今江西袁州)投降。十二月,朱元璋再派夏煜用书信晓谕方国珍投降。

至正二十一年、龙凤七年(1361年)正月,大宋国皇帝、小明王韩林儿封朱元璋为吴国公。

三月二十六日,朱元璋改枢密院为大都府。元将薛显献泗州投降。二十七日,方国珍派使者前来谢罪,献上饰有金玉的马鞍。朱元璋拒绝了,直言:"如今要经营四方,所需要的是人才,以及粮食和布帛,珍宝赏玩之物不是我的所爱。"

七月,陈友谅的将领张定边攻陷安庆(今安徽安庆)。八月,朱元璋向元朝平章察罕帖木儿派遣使者。当时察罕帖木儿平定山东,收降田丰,军势大振,故朱元璋向他示好,以便全力征伐陈友谅部。二十日,朱元璋攻克安庆,陈友谅部将领丁普郎、傅友德主动投降。二十四日,朱元璋进击湖口,在江州(今江西九江)将陈友谅打败,陈友谅逃奔武昌。朱元璋又分兵攻取了南康(今江西南康)、建昌、饶州、蕲州、黄州、广济。十一月十二日，又攻克了抚州（今江西抚州）。

至正二十二年（1362 年）正月，陈友谅的江西行省丞相胡廷瑞派郑仁榤请降，献上龙兴（今江西南昌）城。初八，朱元璋前往龙兴，改龙兴为洪都府。拜谒孔庙，告谕父老说，废除陈友谅的苛政，免征各种军需物资，慰问救济贫困无助的百姓。接着，朱元璋相继攻克袁州（今江西宜春）、瑞州（今江西宜丰）、临江（今江西樟树）、吉安（今江西吉安）。

二月，朱元璋返回应天，留邓愈驻守洪都（今江西南昌）。十七日，叛贼蒋英杀害金华守将胡大海，投降张士诚。

胡大海是虹（今安徽泗县）人。身长面黑，智谋力量过人。朱元璋起兵之初，胡大海前来投奔，朱元璋命他为前锋，跟随渡江，以功授右翼统军元帅，守护帐下。攻克信州以后，晋升为江南行省参政知事，镇守金华。

后来，李文忠攻打杭州，抓住蒋英，朱元璋将其诛杀，刺其血以祭奠胡大海，并追封胡大海为越国公，谥武庄。塑肖像于功臣庙，位列第七。祔祭于太庙，这是后话。

有诗赞曰：铁面前锋胡大海，渡江杀敌授元帅。孰料叛贼谋暗算，配享太庙常祭拜。

三月，元朝降将祝宗、康泰反叛，攻陷洪都，邓愈逃回应天府。洪都知府叶琛、行省都事万思诚死于此役。是月，原徐寿辉部将明玉珍在重庆称帝，国号夏。

四月初四，明军邵荣收复处州。十九日，徐达收复洪都。五月初二，朱元璋又派朱文正、赵德胜、邓愈镇守洪都。

六月初五，察罕帖木儿以书信来回复朱元璋，并扣留朱元璋的使者不遣还。察罕帖木儿不久被田丰所杀。

察罕帖木儿（？～1362 年），字廷瑞，畏兀儿（元朝西北族名）人。汉姓李，又称李察罕。祖籍北庭（今新疆吉木萨尔北）。扩廓帖木儿（王保保）的舅父（义父）。

朱元璋听说察罕帖木儿被杀，大声感叹道："天下无人矣！"这既是为李察罕的被害感到痛惜，又是为从此无人可以阻挡自己成就大业感到庆幸。

十二月，元朝派尚书张昶走水路到庆元，授朱元璋为江西行省平章政事，朱元璋不接受。察罕帖木儿之子扩廓帖木儿[①]送来书信并遣返朱元璋的使者。

至正二十三年(1363年)正月二十五日,朱元璋派大都督府都事汪河为使者回报扩廓帖木儿。二月初一,朱元璋命令将士屯田积蓄粮食。是月,陈友谅的将领张定边攻克饶州(今江西鄱阳)。张士诚的将领吕珍攻破安丰,杀了刘福通。

当年,韩山童被杀,韩林儿随母亲逃往武安山(今江苏徐州境内)中。至正十五年二月,刘福通在砀山(今江苏徐州属县)的夹河找到韩林儿,将他迎到亳州(今安徽亳州),立他为帝。刘福通历任平章政事、丞相,加授太保,大权在握。不久,元军在太康(今河南太康)打败刘福通,进军围困亳州,刘福通挟持韩林儿逃往安丰。至正十八年五月,刘福通攻下汴梁(今河南开封),于是接韩林儿至汴梁建都。元军会师汴梁城下,刘福通又挟持韩林儿逃回安丰,直至被杀。

三月初一,朱元璋亲自率军救援安丰,张士诚大将吕珍败逃,朱元璋将韩林儿带回滁州,然后返回应天府。四月二十三日,陈友谅起兵包围洪都。二十六日,诸全守将谢再兴叛变,归附张士诚。

七月初六,朱元璋亲率水军20万救援洪都。十六日进抵湖口(鄱阳湖通长江的出口),预先在泾江口(今江西九江口)及南湖嘴(鄱阳湖口)设伏,切断陈友谅的退路,命令信州军队把守武阳渡(今江西南昌)。陈友谅听说朱元璋的大军来到,立即解除了洪都的包围,在鄱阳湖迎战朱元璋。陈友谅的军队号称60万,联结大船作为战阵,船上作战的楼台高十多丈,绵延几十里,其旌旗戈盾,看上去如同山峰一般。

二十日,朱元璋和陈友谅两军在康郎山(鄱阳湖中岛屿)相遇。朱元璋只有小船木橹,他将舰船分为11队来抵御陈友谅的军队。二十一日,双方交战,朱元璋派徐达攻击陈友谅的先锋部队,俞通海用火炮摧毁了陈友谅几十艘战船,双方死伤大致相当。这时,陈友谅的骁将张定边直冲朱元璋的座船,情急之中,座船搁浅在沙滩里,不能撤退,情况万分危急。就在这千钧一发之际,常遇春及时赶到,用箭射中张定边,张定边慌忙退走。俞通海又赶来救援,朱元璋才得以逃脱。

二十二日,陈友谅出动全部巨舰作战,朱元璋的众将船小力薄,从下朝上进攻遭到挫折,士兵们脸上露出恐惧的表情。朱元璋亲自指挥他们,仍不肯向前,斩了十多个退缩者,士兵们才拼死作战。恰逢黄昏来临,大风从东北刮起,朱元

---

① 又称王保保。

璋命令不怕死的勇士驾驶七条战船，装满裹着火药的芦苇发起冲锋，用来焚烧陈友谅的战船。风猛火旺，烟雾火焰弥漫天空，湖水全都映红了。陈友谅的汉军大乱。朱元璋的将士乘势袭击汉军，斩首2000多人，烧死淹死的不计其数，陈友谅气势大挫。

二十四日，两军再度交战，陈友谅又大败。于是，陈友谅收拢战船进行防卫，不敢出战。朱元璋转移部队扼守左蠡（今江西都昌西北），陈友谅也退守渚矶（今江西星子南）。双方相持了三天。

八月二十六日，陈友谅军队的粮食殆尽，于是逃往南湖嘴，遭到朱元璋驻守在南湖的军队拦截，于是陈友谅又冲击湖口。朱、陈两军顺着水流搏战，一直打到泾江。朱元璋军队猛烈攻击陈友谅，陈友谅突然中流矢而死。军中一时无帅，陈友谅的汉军狼狈溃逃。陈友谅的长子陈善儿被俘，太尉张定边带着陈友谅的次子陈理连夜载着陈友谅的尸体逃回武昌。

陈友谅（1320～1363年），沔阳（今湖北仙桃）渔家子弟。原本姓谢，祖父入赘到陈家，于是随陈姓。陈友谅少时读过书，略通文字。有术士察看他祖先的墓地，说："按道理将要有后人富贵。"陈友谅曾做过县衙小吏。徐寿辉起兵，陈友谅投靠徐寿辉的将领倪文俊，佐掌文书、钱粮。至正十七年九月，陈友谅杀了倪文俊，兼并了他的部队，自称宣慰使，不久称平章事。后来，陈友谅杀了徐寿辉，以采石五通庙作为行殿，登皇帝位，国号为汉，改年号大义。

在鄱阳湖之战中，陈友谅从大船中探出头来指挥作战，突然被流箭射中，贯穿眼睛和头盖骨而死。

陈友谅生前十分炫富奢侈，曾经制造镂金床，宫中器物亦非常精巧。陈友谅死后，江西行省将镂金床进献。朱元璋叹息说："这和孟昶[①]七宝溺器[②]有何不同！"即命毁之。

【按：鄱阳湖之战，从七月二十日一直持续到八月二十六日，历时37天，其时间之长、规模之大、兵舰之多、战况之烈，实属空前。最终朱元璋乃以小击大、以弱战强、以少胜多，创造了我国古代水战史上的著名战例。鄱阳湖

① 五代后蜀后主。

② 用七宝制成的夜壶。

之战虽然只是一场“内战”，但它奠定了朱元璋平定江南的基础，并为以后北伐攻灭元朝，创造了极为有利的条件。】

九月，朱元璋返回应天府，评定功劳颁行赏赐。十六日，朱元璋亲自率兵征讨占据于武昌的陈理。是月，张士诚在平江自称吴王，史称东吴。

至正二十四年、龙凤十年（1364年）正月初一，李善长等率群臣劝朱元璋即皇帝位，朱元璋不答应。再三请求，朱元璋才就了吴王之位，史称西吴。这年朱元璋36岁。设置百官，任命李善长为右相国，徐达为左相国，常遇春、俞通海为平章政事。朱元璋告谕说：“建立国家之初，应当先正法度。元朝皇帝昏庸懦弱，作威作福之权转移于臣下，逐渐至于天下大乱，如今应该以此为鉴戒。”立长子朱标为世子。仍以龙凤纪年，以“皇帝圣旨，吴王令旨”的名义发布命令。

二月初一，朱元璋再次亲征武昌，陈理投降，朱元璋尽得汉、沔、荆、岳等地。此前，陈友谅战死鄱阳湖，张定边带着陈理逃回武昌，立十岁的陈理为帝，改元德寿。当年冬天，朱元璋亲征武昌未果。这次再征，朱元璋派遣陈友谅的旧臣罗复仁入城招降，陈理投降。返回应天后，朱元璋封陈理为归德侯。

三月初一，朱元璋回到应天府。开始设置起居注①官。撤销各个翼元帅府，设立17卫亲军指挥使司。命令中书省征召文武人才。

七月十六日，徐达攻克卢州。十七日，常遇春攻取江西。八月初七，收复吉安，包围赣州。徐达攻取荆州、湘州各路。九月二十四日，夺取了江陵，继而夷陵（今湖北宜昌东南）、潭州（今湖南长沙）、归州（今湖北秭归）都降顺了。

至正二十五年、龙凤十二年（1365年）正月初十，徐达攻下宝庆（今湖南邵阳），湖湘平定。常遇春攻克赣州，熊天瑞投降。于是进军南安（今福建南安）。招徕晓谕岭南各路，取得了韶州、南雄（今广东韶关南雄）。二十五日，朱元璋前往南昌，逮捕了大都督朱文正。

朱文正是朱元璋长兄、南昌王朱兴隆的儿子。朱元璋起兵时，朱兴隆已经亡故，其妻王氏带着朱文正依附朱元璋。朱元璋将朱文正当作自己的儿子抚养。至正二十三年，朱元璋为吴王时，命朱文正为大都督，节制中外诸军事，以及再定江西，镇守洪都。按察使李饮冰上奏朱文正有异心，朱元璋亲赴南昌将朱文正押

---

① 帝王的言行录。

解回京。后来贬谪到桐城（今安徽桐城），没多久去世。

三十日，福建行省平章陈友定侵犯处州，参军胡深将他击败，收复浦城（今福建浦城）。

二月十七日，张士诚部将李伯升进攻诸全的新城，李文忠将他打败。四月二十三日，常遇春巡行襄、汉各路。五月初七，攻克安陆（今湖北安陆）。十一日，攻下襄阳（今湖北襄阳）。六月十四日，朱亮祖、胡深进攻建宁（今福建建宁），战于城下，胡深被杀。七月，朱元璋下令说，那些跟从渡江的士兵因受伤而残废有病的，要抚养他们，死了的要赡养他们的妻儿。

十月十四日，朱元璋下令讨伐张士诚。是时，张士诚所占据的地盘，南到绍兴，北有通州、泰州、高邮、淮安、濠州、泗州，再北面直到济宁（今山东济宁）。朱元璋命令徐达、常遇春等先策划攻取淮东。闰十月，包围泰州，并攻克。十一月，张士诚率军侵犯宜兴，徐达将他击败。于是徐达回军，从宜兴攻打高邮。

第四章

称帝南京建制度　乘胜北伐克大都

【本章自至正二十六年(1366年)四月～洪武元年(1368年)。朱元璋39～41岁。主要讲述：士诚战败玉珍死，徐达率军平淮东。回乡祭扫察民意，钟山之阳建新宫。攻克平江大周灭，奉天讨元气势宏。国珍投降大局定，诸子命名规则同。登位下诏仿唐制，编修女诫治内宫。应天更名为南京，百年蒙元寿寝终。】

至正二十六年、龙凤十一年(1366年)正月初一，张士诚以舟舰数百艘，伺机进攻江阴，朱元璋亲自率军救援，张士诚逃走，其部下被俘2000人。康茂才追赶至浮子门(今江苏巫山港、张家港一带)，将张士诚打败。二月，明玉珍去世，儿子明昇自立为帝。

明玉珍(1331～1366年)，随州(今湖北随县)人。身高八尺有余，每只眼睛有两个瞳孔。家世务农。徐寿辉起兵，明玉珍和乡里的父老集聚1000多人，驻扎在青山。徐寿辉自称为帝后，明玉珍率部投降他，任元帅，守沔阳。至正二十年，陈友谅杀了徐寿辉自立为帝。明玉珍说："我和陈友谅一起做徐氏的臣子，但是他竟然如此大逆不道。"于是命令守卫瞿塘峡，断绝与陈友谅往来。至正二十二年，明玉珍在重庆宣布登上皇帝位，国号夏，年号天统。这年明玉珍去世，时年36岁。

三月十四日，徐达攻克了高邮（今江苏高邮）。四月初四，在淮安（今江苏淮安）袭击并打败了张士诚将领徐义的水军，徐义逃走，梅思祖献城投降。濠州、徐州、宿州三州相继取得，淮东平定。

四月十三日，朱元璋回到离开了13年的濠州，祭扫父母坟墓，设置了20户守墓的人家，赏赐给旧友汪文、刘英粮食与布帛。设置酒席召请父老乡亲宴饮，极尽欢乐之情。朱元璋说："我离开家乡十多年了，经历艰难，多次作战，才得以回来祭扫坟墓，与父老及年轻后辈再次相见。如今苦于不能久留与大家欢聚畅饮。希望父老要教导年轻后辈孝顺父母、敬爱兄长、致力耕作，不要远行经商。临近淮水的郡县仍然遭受寇掠之苦，父老们要好生保重。"命令官府免除租赋。父老乡亲皆磕头谢恩。

朱元璋祭扫父母坟墓后返回邸舍，对博士许存仁等说："吾昔微时，自谓终身田野间一农民尔。及遭兵乱，措身行伍，亦不过为保身之计。不意今日，成此大业。……及吾自率兵渡江，克取诸郡，禁戢士卒，不许剽掠，务以安辑为心，上天鉴之，幸底成事。"①

二十日，徐达攻克安丰，分兵在徐州打败扩廓帖木儿。五月初一，朱元璋从濠州回到应天府。

八月初一，朱元璋改筑应天城，在钟山南面建造新的宫殿。由于当时朱元璋尚未称帝，故新宫建筑规模有限，东西宽790米、南北长750米，有门四座，南为午门、东为东华门、西为西华门、北为玄武门、入午门为奉天门、内为正殿奉天殿、殿前左右为文楼、武楼。后为华盖殿、谨身殿，内廷有乾清宫和坤宁宫，以及东西六宫。

初二，朱元璋命徐达为大将军，常遇春为副将军，率师20万讨伐张士诚。朱元璋亲临宫门誓师说："攻下城池时，不要杀掠，不要拆毁庐舍，不要挖掘坟墓。张士诚的母亲葬在平江城外，不要侵害毁坏她的坟墓。"继而召问徐达、常遇春，要先怎样用兵。常遇春想直捣平江，朱元璋说："湖州张天骐、杭州潘原明是张士诚最得力的部下，如果平江陷于困境，两人尽力赶来援助，难以取胜。不如先攻湖州，让敌人疲于奔命。羽翼折损了，平江势孤，立刻可以破了。"二十五日，朱元璋先在湖州（今浙江湖州）打败张天骐，张士诚亲自率军来救援，又在皂林（今浙

---

① 《明太祖实录》。

江桐乡)将张士诚打败。

九月十六日,李文忠攻打杭州。十月初三,常遇春在乌镇(今浙江乌镇)击败张士诚的军队。

十一月初六,张士诚部将张天骐等人以城投降。十三日,李文忠攻下余杭(今浙江杭州),守将潘原明投降,附近郡州均被收复。十五日,包围了平江。

这年,俞通海中流箭而死。俞通海(1330～1367年),字碧泉,濠州(今安徽凤阳)人。元末,盗匪起于汝州(今河南汝州)、颍州(今安徽阜阳),父亲俞廷玉与俞通海、俞通源、俞渊兄弟三人同赵普胜、廖永安等在巢湖结寨。朱元璋正驻军和阳,谋划渡过长江,但没船只。俞通海等率舟师前来归降。吴元年,俞通海跟从平定武昌。拜任中书平章政事。又晋升为江淮行中书省事,镇守庐州。围攻平江,大战灭渡桥(今江苏苏州南隅葑门外),直捣桃花坞,不幸中流箭,伤势很重,不久去世,时年38岁。追封为豫国公,祔祭太庙,塑肖像于功臣庙。赐葬于应天府江宁县聚宝山之原。

"虢国公俞通海墓,在中华门外雨花台北(原南京晨光机器厂内),碑亡,有华表、石马、石羊、石虎各一对,文臣武将各一。"①

相传,原虢国公俞通海府(今南京升州路浮桥东)前,有一个"百猫坊",又叫"石猫坊"。建于洪武年间,是朱元璋为了防止"鱼"(俞)入海成龙,以"猫"吃"鱼"(俞)的寓意,正对俞府建了这座汉白玉石坊,上面雕刻了100只千姿百态的石猫以镇之。

有诗赞曰:巢湖结寨俞通海,舟师渡江不徘徊。克汉平吴身先死,赐葬应天雨花台。

至正二十六年十二月,朱元璋命令廖永忠到亳州迎接韩林儿回应天,到了瓜埠(今南京六合瓜埠),船翻沉江中,大宋国皇帝、小明王韩林儿不幸溺水身亡。至此,龙凤政权灭亡。

《明史》赞曰:"元朝末年,群雄蜂起。……韩林儿占据中原,纵兵攻城略地,横行江、淮十多年。太祖能够从容建立基业,是借助他的力量。帝王的兴起,必

① 《金陵古迹图考》。

然有先驱者帮助他来成就事业，这难道是偶然的吗？”①

有诗赞曰：红巾首领韩林儿，纵横江淮称豪雄。国称大宋号龙凤，一朝船翻沉江中。

十二月，朱元璋定明年为吴元年。建立庙社宫室，祭祀山川之神并呈情。主管官吏献上宫殿建筑的图样，朱元璋下令去掉其中雕琢奇丽的部分。

是年，廖永安在吴（今江苏苏州）去世。廖永安是德庆侯廖永忠的兄长。朱元璋当初起兵，廖永安兄弟两人同俞通海等率水军从巢湖来归降。不久，从长江口出发，下牛渚、破采石、克太平，授予管军总管。率水军攻破蛮子海牙水栅，擒获陈兆先，进入集庆。升任建康翼统军元帅。廖永安偕同俞通海攻取江阴的石牌戍，降服张士诚守将乐瑞，提升为同知枢密院事。后入太湖与张士诚的部将吕珍作战，不幸被俘。廖永安被囚禁八年，最终死于吴。吴平定，丧柩归来，朱元璋到郊外迎接祭拜。赐葬于南京钟山。

至正二十七年、吴元年（1367 年）正月二十一日，朱元璋告谕中书省说：“东南长期遭受战争，民生凋敝，我很怜悯他们。况且太平、应天各郡，都是我渡江开基创业之地，供应物资极多，力役烦劳，已经很久了。如今户户空乏，官吏急切地催交租税，使我的百姓更加困苦，他们将怎样经受得了！望赐免太平田租两年，应天、镇江、宁国、广德各一年。”

二月初一，傅友德在徐州击败并活捉扩廓帖木儿的将领李二。三月初一，朱元璋开始设立文武二科，以考试来选取人才。四月，方国珍暗中派人与扩廓帖木儿和陈友定联系，朱元璋去信责备方国珍。五月二十四日，朱元璋开始设立翰林院。是月，朱元璋因为旱灾而减少膳食并吃素，免除受灾和新归附地区三年田租。六月二十三日天降大雨，群臣请求朱元璋恢复膳食。朱元璋说：“虽然下雨，但是庄稼遭到了损害，还是免除百姓今年的田租吧。”二十八日，命令朝贺时撤除女子歌舞。八月初九，应天的圜丘、方丘、社稷坛建成。九月初一，太庙建成。

是月，朱亮祖率领军队讨伐方国珍。初八，徐达攻克平江，捉住张士诚，吴地平定。

---

① 《明史·韩林儿传》。

张士诚(1321～1367年),小字九四,泰州白驹场亭(今江苏大丰大龙乡张家墩)人,有三个弟弟,都以驾船贩盐为业,多受权贵凌辱,愤而举义。至正十三年(1353年),张士诚带领其弟张士义、张士德、张士信及李伯升等18人杀死盐警丘义和许多富豪,放火烧了他们的房子,招募年轻人起兵,史称“十八条扁担起事”。

至正十六年二月,张士诚攻陷平江(今江苏苏州)等地,将平江改为隆平府,从高邮迁来平江建都。这一年,朱元璋也攻下集庆,派杨宪与张士诚互通友好。朱元璋在信上说:“过去隗嚣(东汉人物)在天水(今甘肃天水)称雄,如今足下也在姑苏自立国号,情势相同。我深深地为足下高兴。睦邻友好,共守边境,是古人所推崇的,我私下里十分向往那种情形。从今信使往来,不要被谗言所迷惑,以产生边境争端。”张士诚得到朱元璋的书信,扣留杨宪不作答复。

不久,张士诚之弟张士德被朱元璋俘获,朱元璋想以他来招降其兄。张士德却秘密送信给张士诚,让他投降元朝。元朝江浙右丞相达识帖睦尔替张士诚向朝廷进言,拜授张士诚为太尉,赏给他手下将吏大小不同的官职。张士诚少言寡语,好像很有气量,实际上并无远大抱负。据有吴中富庶之地以后,安于享乐,奢侈放纵,懒于过问政事。

至正二十六年十一月,朱元璋率大军进攻,围困平江,张士诚据守了几个月。朱元璋致信招抚他说:“古代的豪杰,以敬服天意顺应民心为贤德,以保全自身和宗族为明智,汉代的窦融、宋代的钱俶就是这样的人。你应该仔细考虑考虑,不要自取灭亡,被天下人耻笑。”张士诚不作答复,多次突围决战,都不顺利。至正二十七年九月,平江城被攻破,张士诚仓皇逃回府第,闭门悬梁自尽。老部将赵世雄将他救下。大将军徐达多次派李伯升、潘元绍等去劝说张士诚,张士诚闭目不答。徐达部下将张士诚抬出葑门,放入船中,张士诚绝食。到了金陵,最终自己上吊而死,时年47岁。大周政权灭亡。

此前,张士诚的臣属黄敬夫、蔡彦文、叶德新三人当权,吴人知道张士诚一定会失败,遂有“黄菜叶(指黄、蔡、叶)”这首17个字的民谣:“丞相做事业,专用黄菜(蔡)叶,一朝西风起,干瘪”。事后终于应验。“士诚自起至亡,凡十四年。”[①]不幸应验。

① 《明史》列传第十一。

【按：据传，苏州民间至今还保留烧"狗屎香"的习俗。由于张士诚统治前期，江浙地区，政通人和，百姓安居乐业。为感激张士诚的"德政"，每年七月三十日（张士诚生日），家家都烧"狗屎香"的习俗。（"九四"是张士诚的字，古语谐音"狗屎"）】

二十五日，朱元璋派遣使者送书信给元朝皇帝妥欢帖睦尔，送其宗室神保大王等北还。二十八日，朱元璋评定平吴的功劳，封李善长为宣国公，徐达为信国公，常遇春为鄂国公，将士依次都给予赏赐。三十日，新宫殿[①]建成。

十月初一，朱元璋派起居注吴琳、魏观到各地用礼物征聘未出仕的贤士。初三，命令百官礼仪以左为尊。改任李善长为左相国，徐达为右相国。十四日，任命汤和为征南将军，吴祯为副将军，征讨方国珍。十五日，制定法律令条。

二十一日，朱元璋召集众将商议北征，他说："山东有王宣怀着反逆之心，河南有扩廓帖木儿专横跋扈，关中（今陕西西安）、陇州（今陕西陇县）有李思齐、张思道疯狂猜忌，元朝的国统将要灭亡，中原灾难深重。如今即将北伐，拯救百姓于水火之中，用什么办法来取得胜利呢？"常遇春说："以我们历经百战的军队，对付他们长期放逸的士兵，直捣元朝都城，这是破竹之势啊。"朱元璋说："元朝建国百年，守御防备必然坚固，孤军深入，军队的粮饷供应不上，而他们的援军从四面八方会集起来，我们将十分危险。我打算先夺取山东，除掉他们的屏障；再把军队转移到两河，破除他们的藩篱；然后攻克潼关（今陕西渭南）并把守住，扼住他们的门槛。这样，我们就掌握了有利的形势，然后进军，元朝首都形势孤单、援兵断绝，不战自破。再继续向西进军，那么，云中（今内蒙古托克托东北）、九原（今内蒙古包头西）、关中、陇州就可以全部席卷无余了。"

二十三日，朱元璋发布了由宋濂起草的《奉天北伐讨元檄文》。檄文说："古云：'胡虏无百年之运，验之今日，信乎不谬。'当此之时，天运循环，中原气盛，亿兆之中，当降生圣人，驱逐胡虏，恢复中华，立纲陈纪，救济斯民……"[②]

在这篇檄文中朱元璋提出了一个著名的口号："驱逐胡虏，恢复中华。"

二十五日，朱元璋任命徐达为征虏大将军，常遇春为副将军，率领军队25

① 南京皇宫。

② 《明太祖实录》。

万，由淮水驾船进入黄河，向北夺取中原。胡廷瑞为征南将军，何文辉为副将军，攻取福建。湖广行省平章杨璟、左丞周德兴、参政张彬攻取广西。三十日，朱亮祖攻克温州。

十一月初九，汤和攻克庆元，方国珍逃到海上。初十，徐达攻克沂州（今山东临沂），斩了守将王宣。十五日，廖永忠为征南将军，从海路与汤和会合讨伐方国珍。二十七日，徐达攻克益都（今山东益都）。十二月初二，朱元璋颁布法律条令。初五，方国珍投降，浙东平定。

方国珍（1319～1374 年），又名谷真，黄岩（今浙江台州黄岩洋屿）人。当时台州有“洋屿青，出海精”的谣谚。“洋屿”，就是洋屿山；“海精”指方国珍。方国珍家世代都以贩盐航海为业。

方国珍后来降元，进升行省参政，元廷派他带兵进攻张士诚，方国珍七战七捷。

吴元年九月，朱元璋攻陷平江后，命参政朱亮祖进攻台州，方国珍之弟方国瑛迎战，惨败而逃。朱亮祖进军攻克温州。征南将军汤和率大军长驱直入抵达庆元。方国珍率部下逃到海上。汤和追赶到盘屿（今福建莆田东埔镇东南部），打败了方国珍，方国珍派儿子方关奉上奏表，乞求投降。

朱元璋看信后很同情方国珍，赐信说：“你违背我的谕令，不马上束手归顺，在海上犹豫徘徊，辜负了我的恩情。现在途穷窘迫无所依赖，言辞悲伤恳切，我应该把你的表白当作你的诚意，不把你的过失当作过错，你不要再心怀疑虑了。”于是催促方国珍入朝，当面责备他说：“你来得是不是太晚了吧！”方国珍磕头谢罪。

这时，明军大都督府佥事张兴祖取得东平（今山东东平），兖州（今山东兖州）以东州、县相继归降。十二月初七，徐达夺取济南，胡廷瑞夺取邵武（今福建邵武）。

十一日，李善长率领百官劝朱元璋即帝位，上了三次表章，朱元璋才答应。二十二日，朱元璋向天帝祭告，曰：“惟我中国人民之君，自宋运告终，帝命真人于沙漠入中国，为天下主，其君臣父子及孙百有余年，今运亦终……明年正月初四于钟山之阳，设坛备仪，昭告帝祇，惟简在帝心，如臣可为生民主，告祭之日，帝祇来临，天朗气清，如臣不可，至日当烈风异景，使臣知之。”①

朱元璋就要当皇帝了，多年来，他一直忙于打仗，七个儿子至今都还没有起名。吴元年十二月二十四日，朱元璋祝告太庙，给诸子命名，“长子命名曰标，次曰樉、曰棡、曰棣、曰橚、曰桢、曰榑，从孙一人曰炜（后更名守谦），敢告知之。”②

到了洪武年间，朱元璋因为子孙繁衍众多，担心名字有重复，于是为东宫太子、亲王世系，各拟定20个字，每字为一代。子孙刚出生，宗人府依照世系传承的先后立双名。以上一个字作为依据，下一个字便取五行的偏旁字，以火、土、金、水、木为顺序，只有靖江王不拘限。

至正二十八年、吴二年、明洪武元年（1368年）正月初四（公元1368年1月23日），41岁的朱元璋穿戴衮冕，在南京南郊祭祀天地，登上了皇帝之位，是为明太祖。国号为“大明”，年号洪武。

朱元璋追尊已故的高祖父为玄皇帝，庙号德祖；已故的曾祖父为恒皇帝，庙号懿祖；已故的祖父为裕皇帝，庙号熙祖；已故的皇父为淳皇帝，庙号仁祖；他们的妻子都追尊为皇后。立王妃马氏为皇后，世子朱标为皇太子。

朱元璋常常对群臣讲述皇后马氏的贤德，同于唐朝李世民的长孙皇后。退朝后朱元璋将这件事告诉马氏，马氏说：“妾听说夫妇相保容易，君臣相保艰难。陛下不忘记妾同遭贫贱，希望不要忘记与群臣共度艰难。况且妾怎么敢与长孙皇后相比。”可见马皇后是一个十分谦虚而且低调的人。古代妇女皆缠足，马氏因故未能裹足，被称为“大脚马娘娘”。

朱元璋又任命李善长、徐达为左、右丞相，众有功之臣依次晋升爵位。初五，朱元璋向全国颁布即位诏书。

初十，朱元璋命李善长、徐达等兼东宫官。二十一日，胡廷瑞攻克建宁。二十九日，邓愈为征戍将军，攻取南阳以北州郡。汤和攻克延平，捉住元朝平章（为丞相之贰）陈友定，福建平定。

是月，全国州府县官来朝见，朱元璋告谕他们说：“国家刚刚安定，百姓财力人力都很困乏，重要的任务在于休养生息，只有廉洁的人才能约束自己而为别人谋利。为此而勉力吧。”朱元璋认为：“国以民为本，民以食为天。”

---

① 《明太祖实录》。

② 《明太祖实录》。

二月初一，朱元璋制定祭祀天地与宗庙的礼仪，将皇上每年必须亲自祭祀作为经久不变的规定。初二，汤和提调督理海上运输。廖永忠为征南将军，朱亮祖为副将军，由海路攻取广东。十一日，朱元璋下诏规定衣冠的样式，与唐代的制度相仿。十二日，常遇春攻克东昌（今山东聊城），山东平定。十三日，杨璟攻克宝庆（今湖南邵阳）。

三月初一，朱元璋鉴于前代女人造成的祸害，设立纲常法纪，首先严肃内宫的教戒，命文官编修《女诫》。朱元璋谕令翰林学士朱昇说："治理天下，端正家规为先。端正家规的办法，开始于谨严夫妻关系。后妃虽然是天下母亲的仪范，但是不可使她们干预政事。……您等编撰女诫以及古代可以效法的贤妃事迹，使后代的子孙知道坚持守护的原则。"于是朱昇等人编撰《女诫》敬献。

不久，周德兴攻克全州（今广西全州），邓愈攻克南阳（今河南南阳），徐达攻取汴梁（今河南开封），左君弼（元末南方红军将领）投降。四月初一，廖永忠到达广州，元朝守臣何真投降，广东平定。初八，徐达、常遇春在洛水以北打败元军，梁王阿鲁温投降，河南平定。十七日，杨璟攻克永州（今湖南永州）。二十四日，朱元璋驾临汴梁。二十六日，冯胜攻克潼关。五月初十，廖永忠取得梧州、浔州、贵州、容州、郁林（今广西桂平西）各州。二十二日，朱元璋将汴梁路改为开封府。

六月初一，徐达到朱元璋行幸所在的开封府朝见。初七，海南、海北诸道投降。二十五日，杨璟、朱亮祖攻克靖江（今江苏靖江）。七月二十日，廖永忠取得象州（今广西象州），广西平定。

这时，朱元璋准备从开封府返回京城，告谕徐达等说："中原的百姓，长期被称雄的豪强所困厄，流离失所的人充满道路，前后相望，所以我派遣将领征伐，从水火之中拯救百姓。众将攻克城池时，不要肆意烧抢、胡乱杀人。元朝的皇室外戚，全都要加以保全。这样也许可以对上报达天意，对下告慰百姓，以符合我讨伐有罪者安抚人民的本意。"二十八日，命令冯胜留守开封。

闰七月，朱元璋回到京城。十一日，徐达在临清（今山东临清）汇集众将的军队。十四日，常遇春攻克德州（今山东德州）。二十八日，攻克通州（今北京东南）。元顺帝携后妃、太子爱猷识理达腊仓皇奔往上都（今内蒙古锡林郭勒盟正蓝旗，多伦县西北闪电河畔）。至此，统治中国 98 年的蒙元被赶出了中原，元朝覆亡。是月，朱元璋征召天下贤才以担任州、县的行政长官，免征受灾地区的田租。

八月初一，朱元璋将应天府定为南京，开封府定为北京。初二，徐达进入元大都(今北京)，封存府库、地图与户口册，守卫宫门，禁止士兵侵扰施暴。初四，京城发生火灾，四方发生水旱灾害。朱元璋下诏，命令中书省集会讨论如何赈济百姓。初九，制定六部官制。御史中丞刘基致仕。

十一日，朱元璋下诏：大赦死罪以下的罪犯；将士出征抚恤从征将士家人，逃跑的人允许自首；新近攻克的州郡不准乱杀；输送赋税道路遥远的，官府代为转运；受灾和歉收的地区灾荒要据实报告朝廷；免去镇江租税；逃难外出的百姓重新复业的，任其开垦荒地，免除三年赋税徭役……鳏寡孤独，以及残疾有病的人，要慰问抚恤他们；年纪70以上者，免除一个儿子的赋役。没有包括在此诏书内的其他应当兴办革除的事情，官吏要一一报上来。朱元璋的这份诏书，非常诚恳大度，惠及民众甚是细微、宽广。

十四日，朱元璋驾临北京(今河南开封)，改大都路为北平府，征召元朝旧臣。十五日，命令徐达、常遇春进取山西。二十六日，遣放元朝宫女。

九月二十日，朱元璋下诏书说："治理天下，要靠天下之贤士共同努力。如今贤士多隐居在山野，朝廷要以礼相待，请他们出山。天下刚刚安定，朕希望与儒士们研究、阐明治国之道。有能够辅佐朕救助百姓的，地方官员按礼节遣送上来。"

二十八日，常遇春攻下保定，于是直下真定。十月初三，冯胜、汤和相继取得怀庆(今河南沁阳)、泽潞(今山西泽潞)。初十，朱元璋从北京(开封府)来到京城(北平府)。十一日，因为元朝首都被平定，下诏将此事告知全国。

十一月初二，派遣使者分头巡行天下，访求贤才。二十六日，下诏召回刘基。这年八月初九，刘基刚告老还乡。三个月后，朱元璋又将他召回。

十二月初一，徐达攻克太原，扩廓帖木儿逃往甘肃，山西平定。二十六日，朱元璋用书信晓谕大夏国末代皇帝明昇归降。

第五章

建庙筑宫立明法　空印案发滥诛杀

【本章自洪武二年(1369 年)～洪武十二年(1379 年)。朱元璋 42～52 岁。主要讲述:鸡笼山立功臣庙,祭祀开国众英豪。忽闻报丧常十万,千行铁汁为之抛。两度开局修元史,诏令筑宫建临濠。扬王徐王滁阳王,追封祭拜皆少牢。初封十王九御边,元帝病逝孙难逃。明昇降封归义侯,北征南伐剿残妖。治理内宫订规诫,告示诸王莫逍遥。一朝颁布大明律,规范臣民守法条。刘基病卒疑被害,空印案发何蹊跷。邓公不幸逝寿春,当朝宰相一命消。】

洪武二年(1369 年)正月初十,朱元璋在鸡笼山建立功臣庙。鸡笼山,又名北极阁(今南京市中心),是钟山西延伸入城中的余脉。春秋时期,因其山势浑圆,形似鸡笼而得名。明初,曾在山上设观象台,又名钦天山。当时,朱元璋敕中书省臣说:"元末政乱……每念诸将相从,捐躯戮力,开拓疆宇。有共事而未睹其成,建功而未享其果。追思功劳,痛切朕怀。……生建忠勇之节,死有无穷之荣,身虽殁而名永不磨矣。其命有司立功臣庙于鸡笼山,序其封爵,为像以祀之。"

朱元璋评述功臣二十一人(六王、十五公),去世的人塑像,活着的人空出位置。

当初,胡大海等人死后,命令在卞壸(kǔn)、蒋子文的庙宇画肖像。等到功臣庙建成，移到功臣庙祭祀。卞壸庙，今南京朝天宫附近；蒋子文庙，即蒋王庙，今南京太平门外。

十五日，朱元璋下诏书，在全国大范围地减免租税。二十五日，常遇春攻克大同（今山西大同）。这个月，倭寇侵犯山东沿海的郡县。

倭寇，即日本海盗。据《明史》载：日本，古称倭奴国。唐咸亨初年，改称日本，因靠近东海日出而得名。宋朝以前都与中国有交往，朝拜进贡不断。到了元朝，元世祖忽必烈多次派使者赵良弼招日本前来，他们不来，于是命忻都、范文虎等率水军十万征讨他们，到五龙山遭遇暴风，全军覆没。明代建立，朱元璋即位，方国珍、张士诚等相继被诛杀征服，众豪强逃亡，经常纠结岛上居民入侵山东滨海州县。明人薛俊在《日本国考略》中斥责日本是："狼子野心，剽掠其本性也。"为了防止刁民擅自出入海上，勾引倭人和佛朗机等国人前来互相贸易，"明初，太祖（朱元璋）定下制度，一船一板不准入海"。[①]

二月初一，朱元璋下诏修纂《元史》。三月初六，徐达到达奉元（今陕西西安），张思道逃跑。十二日，常遇春到达凤翔（今陕西凤翔），李思齐逃往临洮（今甘肃临洮）。四月初二，常遇春回兵北平。初五，朱元璋的众王子向博士孔克仁学习经籍。命令功臣子弟入学。十一日，编纂《祖训录》，制定分封众王的制度。徐达取得巩昌（今甘肃陇西）。十三日，冯胜到达临洮，李思齐投降。二十一日，徐达在西安袭击并打败元朝豫王阿剌忒纳失里。

五月初四，徐达取得平凉（今甘肃平凉）、延安。六月十七日，常遇春攻克开平府（元上都，今内蒙古正蓝旗东闪电河畔），元朝皇帝妥欢帖睦尔向北逃走。二十日，封陈日煃为安南（今越南）国王。

七月初七，鄂国公常遇春在军中去世，时年 40 岁，下诏李文忠统领他的部众。

常遇春（1330～1369 年）字伯仁，号燕衡。怀远（今安徽怀远）人。容貌奇特雄伟，果敢有力，无人能比，手臂很长，善于射箭。至正十五年四月，在和阳归顺朱元璋。于是跟随拔取采石，进军太平。拜授为总管府先锋，晋升为总管都督。至正二十三年，朱元璋即位称吴王，进升常遇春为平章政事（协助行省丞相，管理一省事务）。洪武二年三月，常遇春率军径取元朝上都开平，元朝皇帝妥欢帖睦

---

① 《明史》。

尔向北逃去。七月初七，常遇春自开平南归，行至柳河川（今河北龙关西），突发重病死于军中，时年40岁。常遇春曾自称能率领十万部众，横行天下，军中称他“常十万”。朱元璋赞誉他：“虽古名将，未有过之。”并写诗悼念他：“朕有千行生铁汁，平生不为儿女泣。忽闻昨日常公薨，泪洒乾坤草木湿。”

八月，常遇春的柩车至龙江（今南京下关江边），朱元璋亲自前往祭奠。“敕葬开平王常遇春于钟山之阴，给明器九十事，纳之墓中。”①

常遇春墓，位于南京太平门外白马村。现神道石刻保存完好，有石柱一，石马、石羊、石虎、武将各二。墓碑上所镌刻“明故世祖开平王遇春常公之墓”。

今南京常府街，因常遇春府第在此而得名。常府中亭台楼阁，一应俱全，池塘就有九个，人称“九莲塘”，后作为地名。正是：今日常府名犹在，何人记得开平王。

有诗赞曰：率军十万常遇春，天下奇男第一人。直下开平元帝遁，柳河长哭英雄魂。

十九日，元将扩廓帖木儿派将领韩札尔攻破原州（今甘肃镇原）、泾州（今甘肃泾川北）。二十九日，冯胜打跑了扩廓帖木儿。八月初四，元军进攻大同，李文忠将其击败。初七，制定宦官的官制。朱元璋告谕吏部说：“宫内之臣只备使唤之用，不要太多的人。自古以来他们这类人专权的事，可以作为鉴戒。”

八月十一日，《元史》编修完成。全书二百一十卷，是记载自元太祖成吉思汗统一漠北，建立大蒙帝国至元朝灭亡这100多年史事的纪传体史书。从洪武元年十二月朱元璋诏谕开修，到“合成前后二书，复厘分而附丽之”，综计仅有331天。清代史学家钱大昕讥讽为：“古今史成之速，未有如《元史》者”。

是年八月，康茂才病卒于回军途中。追封蕲国公，谥曰武义。“九月二十一日葬于应天府上元县钟山乡之幕府山（今南京下关）。”现整体迁移至太平门外白马公园内。

有诗赞曰：水军元帅康茂才，诈降耻笑友谅呆。经略中原民皆颂，一朝还军魂归来。

---

① 《明史》。

是年八月，朱元璋派遣使者持金印文诰，封王颛（zhuàr）为高丽（今韩国、朝鲜）国王。二十一日，徐达攻克庆阳，斩元将张良臣，陕西平定。九月十二日，朱元璋下令以临濠为中都。由左丞相李善长负责，大将汤和等督领大批军队与工匠民夫修建中都皇城。这样，明初就形成了南京、北京（今河南开封）两京和中都并存的局面。

南京明城墙

“凤阳府元代为濠州，属安丰路。太祖吴元年，升为临濠府。洪武二年九月设立中都，设置留守司于此地。洪武六年九月称中立府。洪武七年八月称凤阳府。”洪武二年九月建中都城于旧城西面，洪武三年十二月才建成。

中都皇城，是“取中天下而立，定四海之民之义也”，素有“东方巴比伦”之称，其规模之大、布局之妙、规划之好、工艺水平之高，“规制之盛，实冠天下”。（《（成化）中都志》）。

朱元璋在建造中都的同时，也在南京建造新城。这样，南京城垣，宫城内外各有六个门；京城 13 个门、外廓 16 个门，加上近现代新开的 13 座城门：草场门、丰润门（今玄武门）、海陵门（今挹江门）、武定门、汉中门、中央门、中华东门、中华西门、新民门、雨花门、小北门、解放门、集庆门，共计 54 个城门。

朱元璋一边营建皇宫，一边修筑京城城墙。明代的南京城墙，是一座“高坚甲天下”的砖城。南京明代城墙，建于元至正二十年（1366 年），完成于明洪武末年，前后历时约 30 余年。京城城墙长 35.267 公里（巴黎城长 29.5 公里），共有

明南京城宫城的正门——午朝门

城门13座，其中聚宝门(今中华门)、三山门、通济门最为壮观。另有水关两座，垛口13 616个，窝铺200座，以供军事防守之用。城墙高约14～26米，顶宽2.6～19.75米，可称为当时世界第一大城。

相传，当年朱元璋建好了都城和紫禁城，亲率其子及左右群臣登上紫金山，观察都城形势，问道："朕的都城建得如何？"众人一片叫好声。唯独14岁的燕王朱棣指着山下的皇宫说："紫金山上架大炮，炮炮轰进紫禁城。"朱元璋听了大怒，随即赐予朱棣一盘橘子①。马皇后闻之大惊，对朱棣说："父皇要剥你皮抽你筋，你赶快逃走吧。"此时城门已全部关闭，朱棣从清凉山后山的水门逃出京城。

刘基万万没有想到，自己精心设计的城墙，竟然被一个孩子看出破绽。洪武二十三年(1390年)，朱元璋下令再造一道外廓城，并于第二年基本建成。外廓城垣号称180里，实际约120里。城垣以丘陵岗埠、垒土为主，只在城门等一些防守的薄弱地段加筑城砖。这就是南京人俗称的"土城头"。

任凭南京的城墙多么坚固，依然没有挡住燕王朱棣。20多年后，朱棣以"靖难"为名，从北京一直打到南京，取代了其侄子的帝位。

如今，南京的明朝宫殿早已人去物非，现仅存午门、东华门、西安门门阙，以及内外五龙桥、柱础、碑刻等建筑遗迹。

后来，朱棣迁都北京，南京明朝皇宫逐渐冷落。到了清咸丰、同治年间，皇宫

---

① 意为剥皮、抽筋。

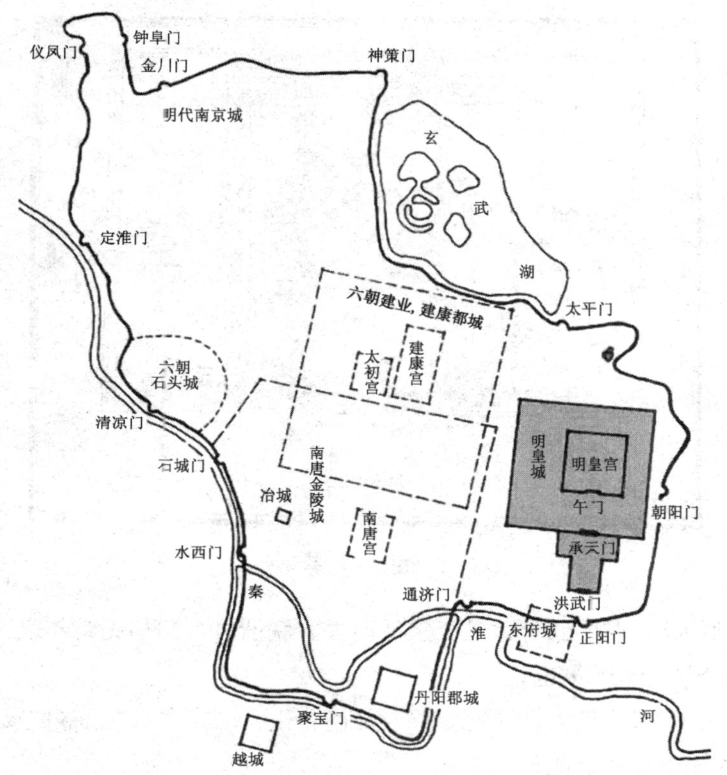

（图中黑色实线为城墙，酷似一个人的头像）

明朝南京城墙示意图

又遭到太平军的破坏，只剩下一片残垣废墟。如今明故宫遗址，已建成午朝门公园。

十月初一，朱元璋派遣派平章杨璟告谕明玉珍之子明昇归顺，不从。杨璟又致信明昇说："古代夺取国家政权的人，武力相同就比德行，德行相同就比仁义，所以能够自身和全家都得到保全，美誉流芳百世，反之就失败。"明昇最终没有听从。

三十日，朱元璋下诏书，命令全国郡县设立学校。又派使者送信给元朝皇帝妥欢帖睦尔。朱元璋在信中说："朕本布衣，昔在田里，赖承平之乐，忽妖人倡乱，海内鼎沸，当是时出师者，将非不勇，兵非不众，城郭非不坚，器械非不利，终无成功，妖人愈炽，遂致豪杰并起，此天运昭然，不言可见……朕乃命大将军自前岁出

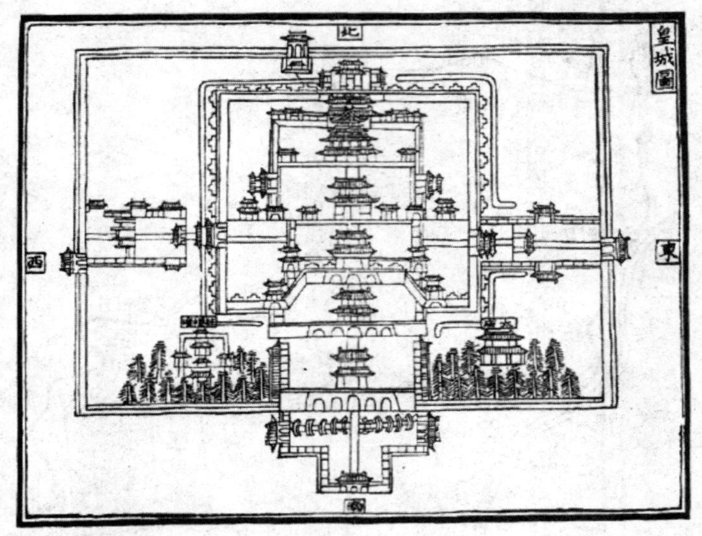

《洪武京城图志》载南京皇城图

师……我师未至，君（元顺帝）已弃宗社而去。朕谓君自知胡无百年之运，能顺天道，归我中国故土，上策也。”①

洪武二年，朱元璋大赏平定中原及征南将士。二十九日，元将扩廓帖木儿围攻兰州，指挥于光死于此役。

到这时，朱元璋开始为家人分封。他首先追封陈公（朱元璋的外公）为扬王，其妻为王夫人，在太庙之东为他们立祠堂。“陈公，不知其名字，淳皇后（朱元璋母）的父亲。……洪武三年，有人说扬王墓在盱眙，中都临濠府的守臣进行考察，认为可信。于是太祖命中书省在墓地立庙，设置祠祭署，奉祀一人，守墓户二百一十家，世世代代免除赋役。太祖自己撰写《扬王行实》一文，谕令翰林学士宋濂撰写碑文。”

扬王没有儿子，生了两个女儿，长女嫁给季家，次女就是皇太后（陈氏，朱元璋生母）。扬王晚年以季家长子为嗣子，99 岁去世，于是葬在那里，就是现在的墓地。

这年，朱元璋又追封马公（朱元璋岳父）为徐王，郑氏为王夫人。“马公，无从

① 《明太祖实录》。

得知其名字，是高皇后（马氏）的父亲，宿州（今安徽宿州）人。元代末年杀了人，逃到定远。与郭子兴交好，将小女儿托付给郭子兴，后来嫁给朱元璋。”

洪武四年，命令礼部尚书陶凯在宿州马公墓旁修庙，朱元璋亲自写文祭祀。祭文说：“朕想古代创业的君主，必定有贤德的皇后为内助，共同创建国家大业，等天下已经安定，必要追封尊崇皇后家，以报答其恩德。是岳父、岳母所生的贤惠儿女，成为正宫皇后，朕即追封岳父为徐王、岳母为王夫人……现选择吉祥时辰，派礼官在新庙安放牌位，但愿神灵降临。以此为证。”

洪武三年（1370年）正月初三，朱元璋任命徐达为征虏大将军，李文忠、冯胜、邓愈、汤和辅助他，分路北征。二月二十四日，朱元璋追封郭子兴为滁阳王。

是月，李文忠取得兴和（今河北张北），进兵察罕脑儿（今内蒙古乌审旗西南），捉住元朝平章竹贞。

四月初七，朱元璋封朱樉为秦王、朱棡为晋王、朱棣为燕王、朱橚为吴王、朱桢为楚王、朱榑为齐王、朱梓为潭王、朱杞为赵王、朱檀为鲁王、侄孙朱守谦为靖江王。为此，朱元璋以封建诸王告太庙。朱元璋谕廷臣曰：“朕躬率师徒，以靖大难，皇天眷祐，海宇宁谧，然天下之大，必建藩屏，上卫国家，下安生民。今诸子既长，宜各有爵封，分镇诸国。……为久安长治之计。”①

朱元璋将九个皇子封王后派驻至边关，守卫东起辽东、西迄甘肃的据点，保卫边疆。史称“九王御边”。

是月，徐达在沈儿峪（今甘肃定西以北）大败扩廓帖木儿，其部众全部投降，扩廓帖木儿逃往和林（今蒙古国哈剌和林）。二十八日，元朝皇帝妥欢帖睦尔在应昌（今内蒙古克什克腾旗西北达里诺尔西）逝世，时年51岁，在位37年。太子孛儿只斤·爱猷识理达腊继位，是为元昭宗。改明年为宣光元年。

五月初一，徐达攻取兴元。十六日，李文忠攻克应昌，元朝继位之君爱猷识理达腊向北逃跑，李文忠俘获他的儿子买的里八剌，降服50 000多人，并竭力追赶至北庆州（今内蒙古赤峰林西）。二十三日，邓愈攻克河州（今甘肃临夏）。

二十九日，朱元璋下诏：开国时将帅没有子嗣的以其俸禄供养他的家属。是月天旱，朱元璋斋戒，皇后、皇妃亲自掌管炊事，皇太子及众王进献食物到斋祀之所。

六月初一，朱元璋穿白衣草鞋，步行到祭祀山川的祭坛上祈祷，露宿三天，回

① 《明太祖实录》。

宫后在西边廊屋斋祀。十六日，买的里八剌一行到达京城，群臣请求将俘虏献于宗庙社稷。朱元璋说："武王讨伐殷朝时用过这种礼吗?"省臣拿唐太宗曾行这种礼来回答。朱元璋说："太宗只是以此来对待王世充罢了。如果对待隋朝的子孙，恐怕不会这样的。"断然不应。又因为报捷的奏章中多有夸大之词，对宰相说："元朝作为中国君主100年，朕与你等的父亲都依赖它生存养育，怎么可以说这些轻浮浅薄的话，赶快改掉。"十八日，朱元璋封买的里八剌为崇礼侯，谥元朝国君妥欢帖睦尔为顺帝。庙号惠宗。十九日，在南郊举行祭祀以向天帝报告战争胜利。二十日，在太庙祭祀以报告祖先，以诏书告示全国。二十四日，迁徙苏州、松江、嘉兴、湖州、杭州无常业的百姓到临濠(今安徽凤阳)种田，供给费用、粮食、牛、种子，免除三年徭役。

是月，倭寇侵犯山东、浙江、福建近海的州县。由于倭寇屡屡来犯，早在洪武二年三月，朱元璋就派遣行人[①]杨载传诏告谕倭国，责问其入侵的缘由。朱元璋说："认为应该朝拜就来朝廷，不然就整军自卫。如果一定要做寇盗，朕就命令将军征讨你们，国王要三思而行。"日本王良怀不服从命令，"又侵犯山东，转而抢掠温州、台州、明州近海人民，还侵犯福建沿海各郡"。当时，朱元璋态度十分强硬，日本王也不示弱。倭寇盘踞在海岛上，"其俗狙诈而狼贪，自唐以至近代，已常为中国疥癣矣"。

七月三十日，大夏国末位皇帝明昇的将领吴友仁侵犯汉中，参政傅友德击退他。中书左丞杨宪有罪被处死。杨宪(? ～1370年)，字希武，阳曲(今山西太原)人。至正十六年，朱元璋攻克集庆(今南京)，他投奔居幕府，掌文书。尝出使张士诚、方国珍，因办事干练，为朱元璋所宠信。洪武元年，任中书参知政事，二年七月，迁中书左丞。杨宪的外甥科考抄袭被朱元璋抓个现形，朱元璋在不知情的情况下让杨宪审理。最后杨宪被胡惟庸查出审理舞弊，被处决。

十月初一，朱元璋下诏聘请儒士在午门轮流值班，为武臣讲解经书史书。初八，任命周德兴为征南将军，讨伐覃垕[②]，覃垕逃跑。十七日，送书信给元朝继位之君爱猷识理达腊。

十一月，北伐的部队返回。在郊宫祖庙向天地祖先报告军事胜利。十一日，

① 掌管朝觐聘问的官。

② 土家族土司。

大封功臣。晋升李善长为韩国公，徐达为魏国公，封李文忠为曹国公，冯胜为宋国公，邓愈为卫国公，常遇春之子常茂为郑国公，汤和等28人封为侯。十四日，设坛祭祀战死的将士。二十六日，命户部设置户籍、户贴，每年统计其增减数据上报，并将此立为法令。

三十日，封中书左丞汪广洋为忠勤伯，御史中丞刘基为诚意伯。十二月初八，朱元璋又送信给元朝继位之君爱猷识理达腊，并晓谕赫林(和林)各部。

洪武四年(1371年)正月初二，李善长被罢免丞相之职，汪广洋为右丞相。初三，中山侯汤和为征西将军，江夏侯周德兴、德庆侯廖永忠辅佐他，率领水军经由瞿塘峡，颍川侯傅友德为征虏前将军，济宁侯顾时辅助他，率领步、骑兵经由秦州(今甘肃天水)、陇州(今陕西宝鸡)伐蜀(成都)。魏国公徐达在北平练兵。初四，卫国公邓愈督运粮饷供给征蜀军队。

二月二十日，朱元璋驾临中都(今安徽凤阳)。二十八日，从中都到达京城。元朝平章刘益献辽东投降。三月初一，朱元璋第一次对来自全国的贡士举行策问考试，赐吴伯宗等人进士及第、进士出身不等。

三月二十三日，诚意伯刘基致仕[①]。四月初四，傅友德攻克阶州(今甘肃阶州)，文州(今甘肃文县西)、隆州(今四川龙州)、绵州(今四川江油)三州相继得手。六月初一，傅友德攻克汉州(今四川广汉)。初十，廖永忠攻克夔州(今重庆奉节)。十七日，明昇的将领丁世贞攻破文州，守将朱显忠死于此役。

二十二日，汤和到达重庆，明昇投降，大夏灭亡。七月初一，徐达在山西练兵。十二日，傅友德取得成都，四川平定。明昇到达京城，朱元璋封他为归义侯。

十一月初七，征蜀的部队返回。十一日，朱元璋发布命令：官吏犯了贪赃罪的不准宽免。是年，日本等国前来进贡。

洪武五年(1372年)正月初五，待制王祎出使云南，用诏书晓谕元朝梁王把匝剌瓦尔密，不幸遇害。

王祎(1321～1372年)，字子充，义乌(今浙江义乌)人。幼时灵敏、聪慧，成年后气度非凡。朱元璋征讨江西时，王祎献上颂词。朱元璋高兴地说："江南有两位大儒，是您和宋濂。学问渊博，您不如宋濂。才思雄健，宋濂不如您。"朱元璋创设了礼贤馆，把王祎召来。又多次提拔，升迁至侍礼郎，负责记录皇上的日

---

① 退休。

常起居。洪武二年修《元史》，任命王祎和宋濂为修史的主管官员。不久，王祎被提拔为翰林待制。这年被害。

十七日，朱元璋将陈理、明昇迁徙到高丽；将陈普才等迁徙到滁阳。是年，陈理18岁、明昇22岁。

二十六日，朱元璋任命魏国公徐达为征虏大将军，出雁门关，直奔和林；曹国公李文忠为左副将军，自应昌出发；宋国公冯胜为征西将军，夺取甘肃，征讨扩廓帖木儿。靖海侯吴桢督理海运，供应辽东军粮。卫国公邓愈为征南将军，江夏侯周德兴、江阴侯吴良辅佐他，分路讨伐湖南、广西洞蛮。

二月初八，安南陈叔明杀害他的君主陈日熞自立为王，派使者前来进贡，朱元璋拒绝了他的贡物。三月二十日，都督佥事蓝玉在土剌河（今蒙古乌兰巴托西）打败扩廓帖木儿。

四月二十三日，邓愈平定了散毛等各洞蛮人。五月初六，徐达与元军在五岭以北作战，大败元军。是月，朱元璋颁发诏书说："天下完全安定了，礼仪风俗不可不纠正。那些遭乱沦为奴隶者恢复为民；挨冻受饿的人，同里的富裕人家应借贷给他们；孤寡残疾者由官府供养，不要让他们流离失所。乡里论年龄定尊卑，相见时拱手下拜，不要违背礼仪。婚姻不要讲钱财。办丧事要衡量家中的贫富，不要迷信阴阳禁忌，停柩暴露，无所遮蔽，不及时下葬。流民复业后各按人力耕种，不要以旧有的田地为限。僧道斋醮各种男女，恣意吃喝，地方官吏要严加管治。闽、粤豪富人家不要阉人之子，作为供驱使的'火者'①，违反者抵罪。"

六月初一，朱元璋制定关于宦官的禁令。又命令礼部大臣商议制定宫中关于女官的制度。

朱元璋规定：宦官不许读书识字，"不得穿戴朝臣的帽子和衣服，官阶不超出四品，月米一石，衣食在宫内。曾镌刻铁牌放置宫门规定：'宦官不能干预政治事务，干预的杀。'"

关于女官制度，礼部大臣奏告："周代礼制，后宫设内官以便辅助内宫治理。汉代设内观十四等，一共数百人。唐代设六局二十四司，官员总共一百九十人，女使五十余人，全都选择良家女子充任。"朱元璋认为所设过多，命重新加以裁定。于是折中以往的制度，设立六局一司。局名尚宫、尚仪、尚服、尚食、尚寝、尚

① 受阉的仆役。

功。司名宫正，品秩都是正六品。内宫七十五人，女史十八人，比唐代减少十余人……整个明代，后宫整肃清净，议论者认为明朝家法的完善，超过汉、唐。

初三，冯胜攻克甘肃，追赶并在瓜州（今陕西安西）、沙州（今甘肃敦煌）打败元军。二十七日，吴良平定靖州（今湖南靖州）蛮人。二十九日，李文忠在阿鲁浑河（今蒙古鄂尔浑河）打败元军，宣宁侯曹良臣战死。三十日，朱元璋造铁榜[①]以告诫功臣。赐安国公，谥忠壮，列位祭祀于功臣庙。

有诗赞曰：抗元骁将曹良臣，退敌立帜鼓相闻。随军北伐身先死，追赠国公慰忠魂。

七月十一日，汤和与元军在断头山（今宁夏宁朔东北）交战，大败。八月二十二日，吴良平定五开（今贵州黎平）、古州（今贵州黎平西北和锦屏一带）诸蛮。三十日，元军侵犯云内（今内蒙古土左旗西北），同知黄里死于此役。九月十四日，周德兴平定婪凤（今广西婪凤）、安田（今广西安田）诸蛮。

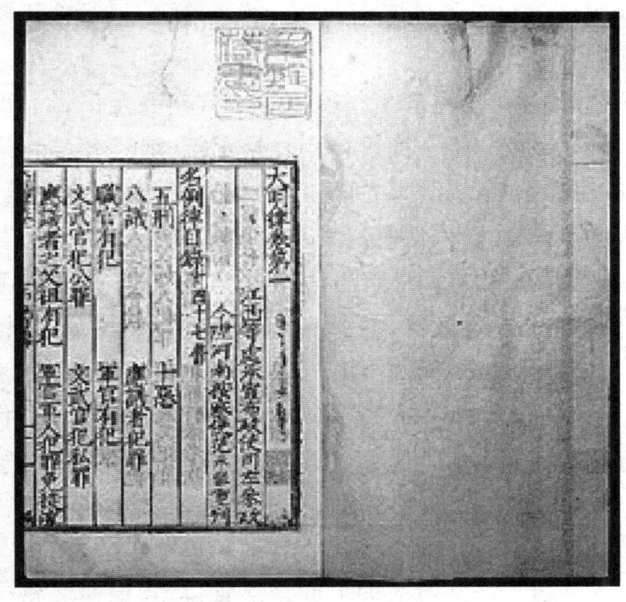
大明律卷第一
名例律目録 四十七條
五刑 十惡
八議 應議者犯罪
職官有犯 軍官有犯
文武官犯公罪 文武官犯私罪

《大明律》

① 即《铁榜书》。

十月二十四日，冯胜的军队回朝。十一月二十一日，征伐南方的军队回朝。纳哈出进犯辽东(今辽宁辽河以东)。是月，征召徐达、李文忠回朝。十二月初八，朱元璋命令百官陈奏事情要启奏皇太子。二十七日，邓愈为征西将军，征讨吐番(bō)(今西藏)。二十九日，送信给元朝继位的国君爱猷识理达腊。朱元璋曾多次遣使送信给爱猷识理达腊，劝其及早归降。

洪武六年(1373 年)正月十二日，朱元璋贬谪汪广洋为广东参政。三月初一，颁布《昭鉴录》，训导和告诫诸王。《昭鉴录》是“太祖命群臣采汉唐以来藩王善恶可为劝戒者，著为书，曰《昭鉴录》，以赐藩王”。

初六，朱元璋大规模阅兵。初十，任命徐达为征虏大将军，李文忠、冯胜、邓愈、汤和辅佐他，到山西、北平防备边患。二十二日，任命指挥使于显为总兵官，防备倭寇。六月二十二日，元将扩廓帖木儿遣兵进攻雁门(今山西代县)，被指挥吴均击退。

七月十三日，朱元璋以胡惟庸为右丞相。十月十三日，召徐达、冯胜回朝。十一月十五日，扩廓帖木儿进犯大同，徐达派遣将领将其击败，并留下镇守。闰十一月初八，录用已故功臣子孙未嗣者 209 人。十五日，行祭于圜丘。二十三日，朱元璋颁布确定《大明律》。

一部《大明律》倾注了朱元璋 30 多年的心血。早在至正二十四年(1364 年)平定武昌之后，朱元璋就与臣下商议律令。吴元年(1367 年)十月，朱元璋命左丞相李善长为律令总裁官，参知政事杨宪、傅瓛(huán)、御史中丞刘基、翰林学士陶安等 20 人为议律官，告谕他们:“法律贵在简洁恰当，使人容易明白。若是条目头绪繁多，或者同一罪有两种判法，可轻可重，司法官吏就会籍机谋私作弊，这不符合法律的意旨。鱼网太密，则水中没有大鱼;法网太密，则国内没有不犯法受刑的臣民。诸位悉心比较研究，每天写出些刑名条目奏上来，我亲自斟酌裁择。”十二月，律书写成，共有令 145 条，律 285 条。朱元璋又怕小民不能都知道法律，命令大理卿周桢等取出所定律令，除了礼乐、制度、钱粮和选法之外，凡是与民间事务有关的条文，分类编辑成册，解释其意义，颁发给郡县，称之为《律令直解》。朱元璋翻阅此书，高兴地说:“我的臣民可以少犯过错了。”

洪武元年，朱元璋又命令儒臣四人同执法官讲习《唐律》，每天上奏 20 条。洪武五年，制定宦官禁令及亲属们互相隐瞒的法律。洪武六年夏，刊印《律令宪纲》，颁发给各部门。当年冬天，朱元璋下诏刑部尚书刘惟谦详细制定《大明律》。

每天上奏一篇，朱元璋让人张贴在两边廊庑下，亲自加以裁夺。等律书修成，翰林学士宋濂上表进奏道："臣于洪武六年冬十一月受诏，次年二月律书修成。篇目完全以《唐律》为准，称作卫禁、职制、户婚、厩库、擅兴、贼盗、斗讼、诈伪、杂律、捕亡、断狱和名例。"

洪武九年，朱元璋发现律条还有不当之处，命令胡惟庸、御史大夫汪广洋等详细讨论，改正了13条。洪武十六年，又命令刑部尚书开济制定诈伪罪的律条。洪武二十二年，刑部官员说："近年来条例增损不一，以致断案失当。请求将律条按类编印颁行，使朝廷内外都知道应遵守的规则。"于是朱元璋命令翰林院会同刑部官员，取近几年增加的条文按类附入《大明律》，改《明例律》，放在首篇。《大明律》共分30卷，460条。

洪武三十年做成《大明律诰》。朱元璋驾临午门，告谕群臣说："朕效法古人治国，修明礼制来引导人民，制定法律来约束凶顽，刊印为法令。施行已久，触犯法律的人仍然很多，所以写作《大诰》昭示下民，使他们明白趋向吉利避免凶祸的办法……除了谋逆罪及《律诰》载列的全部罪行以外，那些大小杂罪，一律依赎罪条例判处。现编排成书，刊发于朝廷内外，使天下人都知道应该遵守的法规。"

洪武七年(1374年)正月初八，靖海侯吴桢为总兵官，都督于显辅佐他，巡视海域捕捉倭寇。

吴桢，江阴侯吴良之弟。初名国宝，赐名桢。洪武元年，进军攻陷延平，擒获陈友定，闽海全部平定。回军驻于昌国(今浙江宁波象山昌国镇)，遭遇倭寇劫夺兰秀山(今浙江舟山岱山)，被吴桢剿平。洪武三年，朱元璋任命吴桢为靖海将军，在海上练兵，又封为靖海侯。这年，海上有警报，朱元璋任命吴桢为总兵官，与都督佥事于显统领江阴四卫舟师出海追捕倭寇，一直追到琉球大洋(即琉球海沟)，缴获倭寇兵船，到京城献俘虏。从此吴桢常来往于海道，统理军务数年，海上再无倭寇侵扰。

三月，方国珍病死于京师钟山里之私第，终年56岁。朱元璋亲自设祭，命翰林学士宋濂作《故资善大夫广西等行中书省左丞方公神道碑铭》为祭。当年，方国珍归降后，朱元璋授予他资善大夫、广西行省左丞。赐第南京。

方国珍是反元先驱，比刘福通、徐寿辉等约早二三年，比郭子兴约早四年左右。方国珍又名谷珍，是归降明后避朱国瑞(朱元璋)的讳而改名。

四月初四，都督蓝玉在白酒泉(今甘肃酒泉)打败元军，攻克兴和。七月初一，李文忠在大宁（今内蒙古赤峰宁城）、高州（今内蒙古赤峰东南）打败元军。

八月初八，朱元璋下诏："军队士兵阵亡后，其父母妻子不能自己养活的，由官府抚养。百姓因逃避兵患而与家属离散或者客死他乡的，所遗留的老人与小孩，一并给予资费遣送还乡。到远方做官死在任上，他们的妻儿不能回乡的，官府给予车船费用送回。"

九月十五日，朱元璋打发崇礼侯买的里八剌回去，送信给元朝继位的国君。十一月初一，元将纳哈出侵犯辽阳（今辽宁辽阳），千户吴寿将他打败。

洪武八年（1375 年）正月十一日，在鸡笼山功臣庙祭祀的功臣增加 108 人。十三日，命令官府检察贫民无依靠的，供给房屋和衣食。二十日，邓愈、汤和等 13 人在河南、陕西、北平守备屯田。二十七日，诏令天下设立社学。是月，黄河在开封决口，朝廷动员百姓堵塞。二月初四，宽恕各种犯死罪以下和官犯私罪的罪犯，罚他们去凤阳做苦役、屯垦种田以赎罪。二十三日，朱元璋耕藉田①。召徐达、李文忠、冯胜还京，傅友德留守坐镇北平。

三月，德庆侯廖永忠去世。廖永忠（1323～1375 年），巢县（今安徽巢湖）人。楚国公廖永安的弟弟。跟随其兄在巢湖迎接朱元璋。朱元璋说："你也想要富贵吗？"廖永忠说："能够侍奉圣明君主，扫除贼寇祸乱，垂名青史，是我的心愿。"

鄱阳湖之战，廖永忠乘风纵火，焚烧汉军楼船几百艘，陈友谅战死。跟随大军征讨陈理，陈理投降。廖永忠返回京城，朱元璋在木牌上书"功超群将，智迈雄师"八个字赐予他，悬挂在门上。洪武三年，封为德庆侯。洪武六年，廖永忠率水军出海捕捉倭寇，不久返京。

当初，韩林儿在滁州。朱元璋派廖永忠迎韩林儿到应天，韩林儿的船到达瓜埠时，翻船而死。朱元璋将此事归咎于廖永忠，因此"只封侯而不封公"。是年三月，廖永忠被赐死，时年 53 岁。

有诗赞曰：功超群将廖永忠，智迈雄师承父兄。瓜埠渡江明王死，只封侯爵不封公。

四月初二，朱元璋驾临中都。二十八日，从中都回到京城后，下令停止营建

---

① 皇帝、诸侯耕种的田。

中都。致仕的诚意伯刘基去世。

刘基(1311～1375 年),字伯温,青田(今浙江文成)人。元至顺年间中进士,拜授高安(今江西高安)丞,有清名。刘基博通经史,无书不看,尤其精通星象谶纬之学。当初,朱元璋攻下金华,平定括苍(今浙江丽水东南),听到刘基及宋濂等的名声,故礼聘。刘基陈述关于时务的 18 条策略。朱元璋非常高兴,建礼贤馆让刘基居住,恩宠备至。朱元璋询问征伐攻取的计谋,刘基说:“张士诚是自我保全的武夫,不值得忧虑。陈友谅劫持君主,要挟臣下,名号不正,据守上游,他心里没有一天忘掉我们,应先谋取他。陈氏灭亡,张氏势力孤单,一下就可以平定。然后北进中原,王业即可成就了。”朱元璋十分高兴地说:“先生有最好的计策,不要吝啬全说出来。”

之后,朱元璋与陈友谅大战于鄱阳湖,一日数十次交手。当时两军在湖中相持三天未决出胜负。刘基请求移军湖口扼守,在金木相犯之日[①]决战,陈友谅中流箭而亡。

吴元年,朱元璋任刘基为太史令,上呈《戊申大统历》。不久,拜授御史中丞兼太史令。一次,朱元璋说:“我将要任你为相了。”刘基磕头说:“这就像更换柱子,必须要大木头。如将小木头捆在一起作柱子,房子就会立刻倾覆。”待到李善长被罢免,朱元璋打算任用杨宪为相。刘基极力进言说不行,说:“杨宪有做宰相的才能而没有做宰相的器量。”朱元璋问汪广洋如何?刘基说:“这个人狭隘浅陋,大概超过杨宪。”又问胡惟庸如何?刘基说:“把他比作拉车的马,怕他翻车呀。”朱元璋说:“我的丞相,实在没有超过先生的。”后来杨宪、汪广洋、胡惟庸都败落。洪武三年十一月大封功臣,授予刘基开国翊运守正文臣、资善大夫、上护军,封为诚意伯[②],俸禄 240 石。

第二年,刘基告老还乡。从此,刘基归隐山中。然而,终究被胡惟庸所害。

当初,胡惟庸指使官吏攻击刘基,朱元璋虽然没有怪罪刘基,但很有些心动,就剥夺刘基的俸禄。刘基惊惧,入朝谢罪,并留在京城,不敢回去。不久忧愤病发。洪武八年三月,朱元璋亲笔拟文赐给刘基,派使者护送刘基还乡。过了一个月刘基去世,时年 65 岁,谥曰文成。刘基在京城患病时,胡惟庸派医生来,刘基

① 按五行学说,朱元璋为金命,陈友谅为木命。金木相犯即金克木之日。

② 《大明律》规定,文官不许封公侯。

服了他的药，有像拳头般大小的石头积郁腹中。后来涂节告发胡惟庸有逆反图谋，并称他毒害刘基，致其死亡。

刘基连鬓胡须，相貌高大魁伟，气势慷慨，有高尚的节操，朱元璋常常称刘基为老先生，并对他说："你就是我的张子房啊。"刘基与宋濂同为一代宗师。

有诗赞曰：堪比子房刘伯温，学识渊深料如神。立国安邦辅大业，功成隐退谥文成。

相传，刘基曾作《烧饼歌》流传于世。当初，朱元璋曾问："今京城筑得坚固、严密，何妨之有？"刘伯温答道："除非燕子飞入京，永享山河乐太平。"句中"燕子"指燕王朱棣，"飞入京"指燕王篡位。"永……乐太平"，指朱棣年号"永乐"。不意，一语成谶，后来朱棣果然谋反篡权。

五月初十，永嘉侯朱亮祖和傅友德共同镇守北平。六月十四日，指挥同知胡汝平定贵州蛮人。

七月初四，朱元璋召傅友德、朱亮祖回朝，李文忠、顾时镇守山西、北平。初十，下诏：百官父母在原籍逝世，应立即奔丧，不必等待答复。八月二十二日，扩廓帖木儿去世。

扩廓帖木儿（? ～1375 年），沈丘（今河南沈丘）人。原本姓王，小名保保，俗称王保保。父亲是中原人，母亲是元朝平章察罕帖木儿的姐姐。因此，他是察罕帖木儿的外甥，后为察罕帖木儿收为义子。元末动乱，扩廓帖木儿跟从察罕帖木儿组织田主武装，镇压红军，元朝皇帝妥欢帖睦尔赐名扩廓帖木儿。至正二十五年，扩廓帖木儿入京为左丞相，封河南王，总领天下兵马。至正二十八年，元都陷落，扩廓帖木儿败走甘肃。是年，扩廓帖木儿死于哈剌那海（今蒙古和林北）的衙庭。

十月初一，朱元璋下诏推举富民中品行端庄明达时务之人。二十六日，命皇太子诸王在中都研讨练习武功。十一月，纳哈出进犯辽东，指挥马云、叶旺大败纳哈出。

至正十五年六月，朱元璋攻克太平时曾俘获了纳哈出，因其是名人之后，又不肯归降，于是朱元璋将其释放。元朝灭亡后，元朝皇帝北逃，封纳哈出为丞相，继封太尉。不久，纳哈出领兵踞开元路（今辽宁开原），屯兵 20 万于金山（今吉林双辽东北一带)与明朝对峙。随后进犯辽东。

洪武九年(1376年)正月,中山侯汤和,颍川侯傅友德,都督佥事蓝玉、王弼,中书右丞丁玉,在延安防备边患。三月二十五日,朱元璋下诏说:“连年西征敦煌,北伐沙漠,军队的给养与兵器,都由山西、陕西供给,又因为秦王、晋王两府建造宫殿之役,使我的百姓更加困乏。天下平定以来,平民没有得到休息。国都刚开始建设,土木工程多处兴起。京城地区百姓既已极度烦劳,地方各郡又被运输弄得很疲惫。如今国家的储备宽绰有余,淮安、扬州、安庆、徽州、池州五府和山西、陕西、河南、福建、江西、浙江、北平、湖广今年的租赋,全部蠲(juān)免。”

八月二十七日,朱元璋派遣官员察看历代帝王陵墓,禁止在此采樵放牧,设置守墓人户。忠臣烈士的祠堂,要地方官吏按时修葺治理。分派国子监的学生修五岳、五镇、四海、四渎的祠宇。

闰九月初九,因为灾害和变异,朱元璋下诏,征求天下人士对朝廷的直率意见。这年,因天象出现异常,旧世称为星变,朱元璋认为是上天的示警,标志着国家将有大难或天下有不平之事。所以下诏,要天下人士上书朝廷,指出政治得失或不公之处,提出批评或建议。平遥训导叶伯巨读诏书后决心针对朝廷得失,上书劝谏朱元璋,指出弊端。

叶伯巨(?~1376年),字居升,宁海(今浙江宁海)人。精通经术,以国子生身份授官平遥(今山西平遥)训导。他上书《奉诏陈言疏》,大致说:“臣看当今政事,做得太过分者有三:分封太宽泛,用刑太繁多,追求太平太急速……”书呈上后,朱元璋大怒说:“小子离间我的亲人,立即抓来,我要亲手射死他。”叶伯巨被抓来之后,丞相趁朱元璋高兴而奏报,叶伯巨被关进刑部监狱,后死于狱中。

【按:叶伯巨过于率真,皇上求言,你泛泛而言也就罢了,偏偏实话实说,激怒了皇上,结果丢了性命。令人嗟叹!】

这年恰逢考校钱谷册书,空印的事被发觉,凡是主管印章的人判处死刑,辅佐官员以下杖责100,流放远方。郑士元刚直有才学,由进士历官湖广按察使佥事,也因此获罪被关入监狱。当时朱元璋盛怒,以为是欺骗,丞相御史没有人敢劝谏。郑士利(郑士元弟)叹息道:“皇上不知道,将空印看成大罪。如果有人上奏,皇上圣明,哪里有不明白的?”恰逢星相发生变化,皇上求直言,郑士利说:“可以了。”不久看到朱元璋诏书：“有假公事言私事者治罪。”郑士利说：“我想说的，是天子杀无罪的人。我的兄长并非主管印章的人，本来应该放出来。等我兄长杖罚放出后就去上言，即使死也没有遗憾。”

郑士元出狱后，郑士利上书数千言，说了几件事，对于空印的事特别详细，他说：“陛下想严厉治罪空印的人，主要是担心奸吏把空印文册挪作他用，危害百姓而已。但文书必须用完全之印才可以用。现在考校书册，是合并两缝印，而非一印一纸可比。纵然得到，也不能用，何况没有得到呢？钱谷的数目，府一定要对合省，省一定要对合部，数目难以凭空决定，到了部里才能定下来。省、府距离部，远的有六七千里，近的也有三四千里，册子完成以后再用印，往返非一年不可。所以有先印而后书写，这是权宜之计，由来已久，哪里值得这样深究罪责呢？而且国家立法，必须先明白地告示天下，然后才用来治罪犯法的人。自立国至今，不曾有空印的法律。有关部门相承，不知有此种罪。现在一旦诛杀，怎么能让被杀的人诚服呢？朝廷寻求贤士，设置众官，得到贤士很难。官位至郡守，都是努力数十年才成就。通情达理清廉明察的人才，并非如小草一样，可以割去而能重新生长。陛下为什么以够不上罪的罪，而毁坏了足以任用的人才呢？”

郑士利奏书写成后，在旅舍闭门哭泣数天。兄长的儿子问他：“叔叔有什么愁苦的事？”郑士利说：“我有奏书想上呈，触怒天子必引来祸患。然而杀了我而能救活数百人，我有何遗憾呢？”于是入京上奏。朱元璋看后，大怒，交丞相御史会审，追究指使者。郑士利笑道：“只是想看看我的上书能否被采用而已。我的职责是为国家议论政事，自料必死，谁为我谋划？”罪案已定，他与郑士元都被罚到江浦（今南京浦口区）服劳役。

【按：“空印案”为明初四案之一。是朱元璋严惩地方奸吏预持空白官印账册至户部结算钱谷的重大案件，也是因空白盖印公务文书而引发的案件。当时，约 1300 多个官员，全部被杀。】

十月初九，太庙建成，从此在这里举行合祭之礼。二十日，朱元璋命令秦王朱樉、晋王朱㭎、燕王朱棣、吴王朱橚、楚王朱桢、齐王朱榑去凤阳练兵。

洪武十年（1377 年）正月十二日，朱元璋调拨羽林军等卫军，增加秦王、晋王、燕王三个王府的护卫。四月初二，以邓愈为征西将军，沐英为副将军，率领军队讨伐吐番，将他们打得大败。五月二十三日，韩国公李善长、曹国公李文忠统管中书省、大都督府、御史台，共议军国大事。二十九日，户部主事赵乾到荆州、蕲州赈灾迟缓，被处死。朱元璋在敕中书省臣曰："向荆、蕲等处水灾，朕寝食不安，亟命赵乾往赈之，岂意乾不念民艰，坐视迁延……民饥死者多矣。……罪不胜诛，其斩之，以戒不恤吾民者。"①

六月十一日，朱元璋下诏：臣民就政事向朝廷陈述意见的，将意见书封好，直接送给皇上。

二十日，朱元璋命令将政事上报皇太子朱标，由皇太子裁决后陈奏皇上。同时，朱元璋告诫太子说："人君治天下，日有万几(机)，一事之得，天下蒙其利；一事之失，天下受其害。自古以来，惟创业之君历涉勤劳，达于人事，周于物理，故处事之际，鲜有过当。守成之君，生长富贵，若非平日练达，临政少有不谬者。……今有人指石以为玉，当辨之曰：'果玉乎？果石乎？'知其为非玉，乃石也。如此，则的然莫敢吾欺。"②对于父皇的告诫，朱标一一悉听。

九月二十六日，朱元璋任命胡惟庸为左丞相，汪广洋为右丞相。十月十三日，封沐英为平西侯。十一月初九，卫国公邓愈去世。

邓愈(1338～1378年)，虹(今安徽泗县龙宿里)人。原名邓友德，字伯颜。朱元璋赐名邓愈。邓愈16岁统领军事，每次战斗一定率先冲锋陷阵，军中都佩服他勇猛。朱元璋起兵滁阳，邓愈从盱眙赶来归顺，授予管军总管。跟从渡江，攻克太平，攻下集庆，晋升广信翼元帅。28岁时，进升江西行省右丞(正二品)。自从朱元璋起兵，众将中早年显达没有比得上邓愈和李文忠的。邓愈为人庄严持重，认真细致，不惧危险劳苦，治军严格。吴元年，主管御史台事务。洪武元年，兼太子谕德。洪武三年，跟从大将军徐达出定西，扩廓帖木儿败逃。论功封卫国公，同参军国事，年禄3000石，授予世代享受特权的铁券。

南京邓府巷，因宁河王邓愈居此而得名。洪武十年，吐番在川藏作乱，邓愈以征西将军身份同副将军沐英前去征讨。获胜返回，十月，到达寿春(今安徽寿县)时病逝，时年41岁。

朱元璋在"追封宁河王邓愈诰"中说："朕昔行赏，与尔有誓：生封公，死封王。

① 《明太祖实录》。

② 《明太祖宝训》。

朕思前劳，特追封尔为宁河王，谥武顺。”赐葬于邓府山。

邓愈墓，位于南京中华门外雨花台西安德门里的西山（今雨花南路邓府山公园内），尚存神道碑、石文臣、石武将、石马、石马夫、石羊、石虎等。

有诗赞曰：早年显达邓伯颜，承父遗志抗蒙元。平乱定邦功卓著，不幸病逝在凯旋。

洪武十一年（1378 年）正月初一，朱元璋封皇子朱椿为蜀王，朱柏为湘王，朱桂为豫王，朱楧为汉王，朱植为卫王。改封吴王朱橚为周王。加封汤和为信国公。

四月，元朝继位国君爱猷识理达腊去世，时年 41 岁。其弟脱古思帖木儿继承君位，是为元益宗。孛儿只斤·爱猷识理达腊是元顺帝的长子，洪武三年四月继位，是为元昭宗。在位九年。六月十二日，朱元璋派遣使者前往祭奠。

元昭宗爱猷识理答腊

九月十七日，追加刘继祖封号为义惠侯。十一月初一，征西将军、西平侯沐英率领蓝玉、王弼讨伐西番。

这年，朱元璋追忆往事，对当年刘继祖慷慨捐地给他安葬父母的善举难以忘怀，在追赠义惠侯刘继祖诰中说：“朕昔寒微，生者为衣食之苦，其死者急无阴宅之难。吁(xū),艰哉!尔刘继祖发仁惠之心,以己之沃壤,慨然惠朕。朕得斯地,乐葬皇考、妣于是,至今难忘,朝夕怀之切切。今怀之极切,特赠尔继祖为义惠侯。其妻娄氏追赠为'义惠侯夫人'。"

洪武十二年(1379 年)正月十六日,洮州(今甘肃临潭)十八族番人叛乱,朱元璋命沐英调动军队去征讨他们。九月初六,沐英大破西番,擒获首领三副使。十一月初一,沐英军队凯旋。封仇成、蓝玉等 12 人为侯。十二月,汪广洋被贬谪到海南,赐其自戕。

汪广洋,字朝宗,高邮(今江苏高邮)人,早年流落他乡,后定居太平(今安徽当涂)。朱元璋渡长江的时候,召汪广洋入元帅府为令史、江南行省提控。历任行省都事、中书右司郎中、江西参政。洪武元年,召汪广洋入京任中书省参政。次年又出任陕西省参政。洪武三年,李善长生病,于是召汪广洋任左丞相。当时右丞相杨宪专断处事,杨唆使御史弹劾汪广洋奉养母亲不依礼法。朱元璋严厉地责备汪广洋,将他放逐还乡。杨宪被诛后,才将汪广洋召回朝廷,被封为忠勤伯。赐封的诰词称赞汪广洋能裁决繁琐庞杂的政务,多次献纳忠心的谋略,将他同汉代的张子房、蜀汉的诸葛孔明相提并论。李善长因病离职回乡后,任命汪广洋为右丞相,胡惟庸为左丞相。

十二月,中丞涂节说刘基被胡惟庸毒死,汪广洋应当知道情况。朱元璋问汪广洋,他回答说:"没有这事。"朱元璋发怒,责备汪广洋合伙欺瞒,将他贬谪到广南(今云南广南)。送汪广洋的船停在太平,朱元璋追想起汪广洋曾在江西多方庇护朱文正(朱元璋侄),在中书省不揭发杨宪的奸诈,于是追下敕书,"差人追斩其首,以示柔奸"。

第六章

怒斩奸臣胡惟庸　无奈贬谪太史公

【本章自洪武十三年(1380 年)正月～十二月。朱元璋 53 岁。主要讲述:涂节告发胡党案,一代丞相难善终。设置五军都督府,皇权高度集手中。燕王就藩赴北平,侍从将士各不同。宋濂殒命流放路,几人悼念太史公。】

洪武十三年(1380 年)正月初六,左丞相胡惟庸谋反,与他的党羽御史大夫陈宁、中丞涂节等被处死。史称"胡惟庸案"①。

胡惟庸(? ～1380 年),定远(今安徽定远)人。至正十五年,胡惟庸在和州归附朱元璋,授元帅府奏差,随即转任宣使,宁国主簿,历次升迁湖广佥事。吴元年,又升为本寺卿。洪武三年,授予中书省参知政事。不久,代替汪广洋为左丞相。六年正月,右丞相汪广洋降官为广东行省参政,朱元璋认为合适的丞相人选很难得到,长久不设置丞相,胡惟庸独掌尚书省。七月,授予右丞相。过了很久,晋升为左丞相,汪广洋为右丞相。

朱元璋认为胡惟庸有才能,崇信于他。而胡惟庸也勉励自己,小心谨慎承受朱元璋的旨意,宠信一天天隆盛,独自担任丞相几年,生杀予夺,有的就不奏报朱元璋,独断专行。朝廷内外各官署呈上的密封奏章,胡惟庸必定先拆阅,对自己

① 明初四案之二。

不利的，就藏匿不上报。各地急于进取的人和失去官职的功臣、武将，都争着奔走他的门庭，馈赠金帛、名马、玩好，数不胜数。大将军徐达深恨胡惟庸奸邪，向朱元璋从容陈述。胡惟庸就引诱徐达的守门人福寿来图谋徐达，被福寿揭发。御史中丞刘基也曾经陈述胡惟庸的过错。刘基死后，胡惟庸更加无所顾忌。同太师李善长结交，将自己兄长的女儿嫁给李善长的侄子李祐。这时，胡惟庸定远旧屋的水井中，突然生出石笋，高出水面几尺，奉承他的人竞相说是吉祥之兆。又说他的祖父三代坟墓上，夜里有火光照耀天空。胡惟庸更加窃喜，从此有了反叛图谋。

太仆侍臣李存义，是李善长的弟弟、胡惟庸女婿李祐的父亲，胡惟庸指使他暗地里说服李善长。李善长已经年老，不能强硬拒绝，起初不同意，不久又迟疑不决。胡惟庸认定事情可以成功，就派明州卫指挥林贤下海去招募倭寇，同他相约会合。又派元朝已归降于明的旧臣封绩，写信向元朝嗣君脱古思帖木儿称臣，请求他派军队作为外应。事情尚未启动，恰逢胡惟庸的儿子在市场驱马奔驰，落马死在车下，胡惟庸杀了拉车的人。朱元璋发怒，命令胡给予赔偿。胡惟庸请求用金帛赔偿他的家人，朱元璋不允。胡惟庸十分害怕，就同御史大夫陈宁、中丞涂节等图谋造反。

这年正月初六，中丞涂节告发胡惟庸。御史中丞商暠当时降官为中书省吏，也将胡惟庸密谋的事告发。朱元璋大怒，交给朝廷大臣再审讯，供词牵涉陈宁、涂节。朝廷大臣说：“涂节本来有预谋，看到事情不成，才向朝廷报告反叛的事，不可不杀。”于是杀了左丞相胡惟庸和他的党羽陈宁、涂节。当年，刘伯温曾经预言胡惟庸：“怕他翻车呀。”到这时，果然一语中的。

《明史》认为：“小人是世上所常有的，不可以一概加上奸邪的名称来。一定要是那些窃取权力、玩弄威势、造成祸乱、动摇祖宗基业、屠杀忠良、内心和行迹都很邪恶、一生阴险凶残的人，才能加上奸臣的恶名。……当太祖建立国家的初期，胡惟庸凶恶狡猾，为所欲为，最后因叛逆获罪被处死。”[①]在《明史》中，具名的奸臣一共有15位，胡惟庸名列第一，其次是陈宁、陈瑛、马麟等。

十一日，朱元璋撤销中书省，废除丞相等官职，重新确定六部的官员品级，改大都督府为中、左、右、前、后五军都督府。

---

① 《明史·奸臣》。

胡惟庸案之后，朱元璋废除丞相之职，取消中书省，并严格规定嗣君不得再立丞相。因此，胡惟庸成为中国历史上最后一位丞相。

这时候，朱元璋在中央设置吏、户、礼、工、刑、兵六部。吏部，掌管全国官吏的任免、考核、升降、调动等事务；户部，掌全国疆土、田地、户籍、赋税、俸饷及一切财政事宜；礼部，掌全国学校事务及科举考试及藩属和外国之往来事。兵部，掌管全国军卫、武官选授、简练之政令；刑部，掌管全国刑罚政令及审核刑名的机构，与督察院管稽查、大理寺掌重大案件的最后审理和复核，共为“三法司制”；工部，掌管全国营造工程事务。

朱元璋为了防范统军将领的专权，又规定五军都督府对军队无调遣权，其调遣之权由皇帝直接掌管；兵部在军队中虽有任免、升调、训练之权，但不统兵。每逢战事，由皇帝临时委派专人担任总兵官，统率卫所部队出征，战事结束，总兵归还将印，军队归还卫所。这样，军队牢牢地掌握在皇帝手中，避免了发生军事政变的可能。

二月初一，朱元璋下诏选拔聪明正直、孝悌力田、贤良方正和擅长文学术数的士人。初七，文武官员年纪 60 岁以上的听任致仕，给他们诰命和敕书。

三月十一日，燕王朱棣前往其封地北平就藩。朱元璋“赐燕山中、左二护卫侍从将士 5770 人，钞 27 771 锭”。两年前，秦王朱樉之国西安，晋王朱棡之国太原，秦王护卫军士只有 3748 人，晋王 3281 人。显然，朱棣的护卫将士比两位兄长要多。

二十一日，沐英在亦集乃(今内蒙古额济纳旗)袭击元将脱火赤，一举擒获了他，并收降了他的部众。

四月二十九日，朱元璋命令群臣各自推举自己所了解的人，这既是朱元璋一贯的主张，也是一种最睿智、最严厉的治政手段之一。在高度集权的统治下，这样有利于相互监督和连坐、连保。

五月初四，雷击谨身殿。初五，实行大赦。初六，释放在京城及在临濠屯田做苦役的人。初九，免除全国田租。官吏因为过失罢免的恢复他们的原职。十二日，都督濮英进兵赤斤站(今甘肃玉门西北赤金堡)，俘获以前元朝的幽王亦怜真及其部属，并将他们带回。是月，朱元璋又撤销御史台①。命令随军出征的士

① 监察机构。

卒中有年老生病的，允许以其儿子代替，老而无子的以及死亡士卒遗下的寡妇，由地方官吏出资遣送回乡。六月初七，雷击奉天门，朱元璋因此避难于正殿，以反省过失。初八，停止修建王府的工役。

八月，朱元璋命令每天供给全国学校师生膳食津贴。九月十八日，朱元璋生日（称天寿节），开始接受群臣的朝见庆贺，在谨身殿赐宴。以后，以此作为通例。十九日，设置四辅官，并以此事而告太庙；任用儒士王本、杜祐、龚敩（xiào）、杜敩、赵民望、吴源分别为春官、夏官。朱元璋在设立四辅官的敕书中说："召尔等来朝，命为四辅官兼太子宾客，位列公、侯、都督之次。必欲德合天人，均调四时，以臻至治。"①

是月，朱元璋将翰林学士承旨宋濂谪迁到茂州（今四川北川茂汶，取"茂县"、"汶川"两名各一字得名），宋濂在路上去世。

宋濂（1310～1381年），字景濂。先祖是金华潜溪（今浙江金华）人，到宋濂才迁到浦江（今浙江义乌）。宋濂自幼机敏强记，就学于梦吉②，通晓《五经》，又跟从吴莱求学。之后，游学到柳贯、黄溍的门下，两人对宋濂都很谦逊，自称不如。元朝至正年间，举荐授翰林编修，宋江濂借口父母年迈推辞不去，入龙门山著书。

朱元璋攻取婺州，召见宋濂。第二年三月，因李善长的举荐，与刘基、章溢、叶琛一起征召至应天，除授江南儒学提举，命令给太子讲授经书，不久改任起居注。

洪武二年，诏令修纂《元史》，命宋濂充任总裁官。这年八月，《元史》修成，拜授为翰林院学士。洪武四年，迁任国子司业。第二年，迁任赞善大夫。宋濂教导太子朱标先后十多年，凡一言一行，都用礼仪法度讽谏规劝，使他归于正道。太子每每脸色严肃赞许接纳，说话一定称师傅。

朱元璋曾问帝王的学问，什么书重要。宋濂推举《大学衍义》。于是朱元璋指着《衍义》中司马迁论说黄老之事，命宋濂讲析。宋濂曾奉旨吟咏鹰，命令走七步就做成。因此，宋濂有"自古戒禽荒"③的句子。朱元璋高兴地说："你可称得

---

① 《明太祖实录》。

② 元朝著名学者。

③ 自古以沉溺于田猎为戒。

上善于进言了。”

洪武六年七月，迁任侍讲学士，掌管朱元璋的诏令，参与修纂国史，兼任赞善大夫。九月，确定散官的资格和品级，授予宋濂中顺大夫。

宋濂性情诚实严谨，在宫廷内做官很久，未曾攻击过他人过失。所居住室，题为“温树”[①]。有客问宫中言语，就指题名给他看。宋濂曾经与客人饮酒，朱元璋秘密派人侦察。第二天，问宋濂昨天饮酒没有，座中客人有谁，下酒菜是什么。宋濂都据实回答。朱元璋笑着说：“确实是这样，你没骗朕。”朱元璋私下召见宋濂询问群臣好坏，宋濂只说好的大臣，说：“好的，与我友好，我了解他；不好的，就不了解了。”朱元璋曾经赞誉宋濂说：“朕听说最高为圣人，其次为贤人，再次为君子。宋景濂侍奉朕 19 年，不曾有一句话是假的，没有嘲笑过一个人的短处，始终无二，不只是君子，也可以称得上是贤人了。”

洪武十年，宋濂辞职退休，朱元璋赐给《御制文集》及绮帛，问宋濂年龄多大，回答说：“68 岁。”朱元璋就说：“收藏这些绮帛 32 年，可以作百岁衣。”宋濂叩头致谢。洪武十三年，宋濂因长孙宋慎定罪为胡惟庸奸党，被流放到茂州。

宋濂一生未曾一日离开书卷，无所不通。写文章醇厚精深气势绵长，可与古代作者媲美。多次被推举为开国文臣第一名。四方学者都称他为“太史公”。

这个月，宋濂死在去茂州的途中夔州（今重庆奉节），时年 72 岁。宋濂著作有《宋学士文集》、《孝经新说》、《送东阳马生序》等传世。

有诗赞曰：文臣之首宋景濂，文章第一誉满天。太史公孙涉胡案，魂断茂州荒野间。

十一月，徐达回朝。二十日，元朝平章完者不花、乃儿不花进犯永平（今河北卢龙），明军指挥刘广战死，千户王轸击败了元军，擒获完者不花。十二月，全国府、州、县所选拔的士人到京师的有 860 余人，授予官职品级不等。南雄侯赵庸镇守广东，讨伐阳春（今广东阳春）蛮人。

① 典出西汉《孔光传》“不言温树”。

第七章

马后驾崩葬孝陵　大诰四编诫臣民

【本章自洪武十四年(1381年)正月～洪武十八年(1385年)。朱元璋54～58岁。主要讲述:儒家经典入学堂,曲靖追杀元梁王。皇后驾崩谥孝慈,宫人作歌德难忘。痛失外甥李文忠,下诏追封岐阳王。第一功臣虽陨落,神功圣德最久长。盗窃官粮郭桓案,株连三万性命丧。颁布大诰戒天下,每户一本避祸殃。】

洪武十四年(1381年)正月初二,朱元璋任命徐达为征虏大将军,汤和、傅友德为左、右副将军,率领军队讨伐元朝残余势力乃尔不花。同时,命令新授官职者各推举自己所了解的人。

这年是辛酉鸡年,朱元璋来到翰林院文华堂,与学士们一起吟诗作赋,并作《咏鸡鸣》诗一首:"鸡叫一声撅一撅,鸡叫两声撅两撅。三声四声天下白,褪尽残星与晓月。"令学士们哗然不已,耳目一新。

初九,朱元璋大祀天地于南郊。二十七日,命令公侯子弟入国子学。三月十六日,在北方学校颁布《五经》、《四书》,藉此来规范国人和子孙的思想及言行。

四月十五日,徐达率众将出塞(边关),到达北黄河,击败元军,俘获了全宁(今内蒙古翁牛特旗)四部落而归。五月,五溪(今湖南怀化)蛮人叛乱,江夏侯周德兴讨伐并平定了他们。

八月二十九日，徐达回朝。九月初一，傅友德为征南将军，蓝玉、沐英为左、右副将军，率领军队征讨云南。徐达镇守北平。二十五日，周德兴调动军队去征讨平定施州（今湖北恩施）蛮人。十月二十八日，延安侯唐胜宗率领军队讨伐浙东山贼。十一月初一，吉安侯陆仲亨镇守成都。二十九日，赵庸讨伐进犯广州的倭寇，击溃并消灭了倭寇。

是年，倭寇又来侵犯广州沿海。朱元璋命礼官送书信斥责倭国国王，并斥责他们的征夷将军，示意要征讨他们。

日本国王良怀上书说："我听说三皇创立帝位，五帝禅让君权，只有中华有君主，难道夷狄没有国君。……我位于偏远弱小的倭国……我听说天朝有与日本开战的策略，鄙国也有御敌的计谋。……哪里肯跪在路上而奉送国土呢？顺从未必能生，违逆未必就死……我怕什么呵。"良怀的气焰十分嚣张。

朱元璋十分恼怒，曾作《倭扇行》诗，怒斥日本"国王无道"，讥讽他们，君臣赤脚，说话就像青蛙叫。

同时，朱元璋亲自主编"祖训"告诫子孙："四方诸夷，皆限山隔海，僻在一隅；得其地不足以供给，得其民不足以使令。……今将不征诸夷国名，开列于后。"

朱元璋将朝鲜国、日本国、大琉球国、小琉球国、安南国、真腊国、暹罗国、占城国、苏门答腊国、西洋国、爪哇国、湓亨国、白花国、三弗齐国、浡泥国等 15 国均列为不征之国。

十二月十八日，傅友德在白石江（今云南曲靖城附近）将元军打败，取得曲靖。二十二日，元朝梁王、云南行省把匝剌瓦尔密逃到普宁忽纳砦山自杀。

明朝平定天下以后，朱元璋因为云南险要偏僻，不打算用兵，数次派人劝降梁王，梁王均不从。朱元璋知道梁王终究难以用劝谕令他投降，于是命傅友德为征南将军，蓝玉、沐英为副将，率领军队征讨云南。洪武十四年十二月，明军攻下普定。梁王逃至普宁州忽纳寨，焚毁了自己的龙袍，将妻儿赶入滇池淹死，自己和左丞达德、右丞驴儿悬梁自缢。

洪武十五年（1382 年）正月初一，朱元璋在谨身殿赐群臣饮宴，开始使用由九支乐曲组成的宫廷宴会音乐。景川侯曹震、定远侯王弼取得威楚路（今云南楚雄）。初二，元朝曲靖宣慰司征行元帅张麟、行省平章刘辉等，以及中庆（今云南昆明）、澄江（今云南澄江）、武定（今云南武定）各路全部投降，云南平定。

二十二日，朱元璋命令全国各地来朝觐见的官员，各推选一位自己所了解的人。二月初四，黄河在河南决口，命令驸马李祺（朱元璋长女临安公主的驸马）去赈灾。初六，将云南平定之事用诏书告知全国。闰二月二十三日，蓝玉、沐英攻克大理，接着分兵巡回鹤庆（今云南鹤庆）、丽江、金齿（今云南保山），各地俱下。

八月十二日，马皇后驾崩，时年51岁。

马皇后生前勤于治理内宫，闲暇时就讲求古训。告谕六宫，因为宋代贤德的后妃很多，命令女史记录其家法，朝夕审查阅读。有人说宋代过于仁厚，皇后说："仁厚不比刻薄好吗？"有一天马皇后问女史："黄老是什么教呢，窦太后[①]那样喜好它？"女史说："清心静养、无为而治是它的根本所在。"马皇后说："忠孝仁慈就是仁义呀，岂有拒绝仁义而能孝顺仁慈的人呢？"马皇后曾经诵读《小学》，探求皇帝的表章。

孝慈高皇后马氏

朱元璋在前殿处理政务，有时非常恼怒，马皇后等他回到宫中，就依据具体事情委婉地劝谏。虽然朱元璋生性严厉，但因马皇后劝谏而缓于刑罚杀戮的人不少。李文忠镇守严州（今浙江杭州），杨宪诬告李文忠有不法行为，朱元璋就想召回李文忠。马皇后说："严州，在敌人边境，随便更换将领不合适。况且李文忠素来贤德，杨宪之言岂可轻信？"朱元璋于是作罢。

学士宋濂因孙子宋慎有罪连坐，缉拿而至，判处死刑。皇后劝谏说："平民百姓为子弟聘请老师，尚且自始至终以礼相待，何况天子呢？况且宋濂居住在家，必定不了解情由。"朱元璋不听劝告。恰逢皇后侍奉朱元璋吃饭，没有敬献酒肉，朱元璋问何故。马皇后回答说："妾为宋先生做福事。"[②]朱元璋隐然伤痛，扔下筷子站起来。第二天赦免了宋濂，安置到茂州。

吴兴（今浙江湖州南浔）富人沈秀，协助建造南京都城的三分之一，又请求犒劳军队。朱元璋发怒说："平民百姓犒劳天子的军队，是一个乱民，应该诛杀。"马

---

① 汉文帝刘恒的皇后。

② 意思是：宋濂快要死了，我不用酒肉，是为他祈祷。

皇后劝谏说："妾听闻法令是用来诛灭不法之徒的，不是用来诛灭不祥之人的。平民百姓富裕可以与国家相当，他自己已经不祥。不祥之人，上天将会降灾于他，陛下何必诛杀他呢。"朱元璋这才放了沈秀，发配云南。

沈秀，也称沈万三（1330～1379 年）又名万山，名富，字仲荣，俗称万三。万三者，万户之中三秀，所以又称三秀。元朝中叶，祖上迁居平江路（今江苏苏州）长洲县东蔡村。民间传说沈万三因获得了一个"聚宝盆"，取之不尽，故而富甲天下。"金陵南门名曰聚宝，相传洪武初沈万三所筑也。"并"以盆埋城门下"，所以称"聚宝门"。就是现在的中华门。后来，沈万三死于云南。

朱元璋曾经命令犯了重罪的犯人修筑城墙。马皇后说："用服劳役来赎罪，是国家最大的恩典。但是疲惫之囚加服劳役，恐怕仍然不能免于死亡。"朱元璋决定全部赦免他们。有一天，马皇后问朱元璋："如今天下的百姓安宁吗？"朱元璋说："这不是你应该问的。"马皇后说："陛下是天下之父，妾辱为天下之母，子民的安宁与否，怎么能不问呢？"遇上年成干旱，就率领宫人粗茶淡饭，协助祈祷；遇上年成不好，就准备麦饭野菜羹。马皇后的规劝矫正，类似于此。

当初，朱元璋想要访察马皇后的族人，给予封赐官爵。马皇后谢绝说："勋爵官俸私授母家，不合于法令。"竭力推辞。

这年八月，马皇后卧病。群臣请求祈祷祭祀，访求良医。马皇后对朱元璋说："死生，是命，祈祷祭祀有什么益处？况且医生如何能够让死的人活命。假使服药无效，该不会因为我的原因而降罪于众医生吧？"病重时，朱元璋问她想说什么。马皇后说："愿陛下求贤纳良谏，善始善终，子孙后代都贤明，大臣百姓各得其所。"马皇后驾崩后，朱元璋十分悲恸，赠谥为孝慈皇后。自此不再立皇后。

洪武十五年（1382 年）九月二十四日，将孝慈皇后葬在孝陵（今南京明孝陵）。

马皇后灵柩准备下葬那天，狂风暴雨，电闪雷鸣。朱元璋很不高兴，召来高僧宗泐，说："太后即将安葬，你为亡灵念经超度。"宗泐（lè）按照朱元璋的旨意念道："下雨是苍天流泪，打雷则遍地致哀，西方的各位众生，同送马氏佛如来。"念毕，朱元璋大悦。顿时天空晴朗，于是开启丧车，将马皇后顺利安葬。下诏赏赐宗泐白金百两。

宫人怀念马皇后，作歌道："我后圣慈，化行家邦。抚我育我，怀德难忘。怀德难忘，于万斯年。毖彼下泉，悠悠苍天。"

十月初一，朱元璋设立都察院。十一月十三日，设置殿阁大学士，以邵质、吴伯宗、宋讷、吴沉担任这些官职。明代都察院是监察、弹劾及建议的机关。朱元璋改前代御史台为都察院，长官为左、右都御史，下设副都御史、佥都御史。又依十三道，分设监察御史，巡按州县，专事官吏的考察、举劾。以殿阁大学士为皇帝的顾问。

洪武十六年(1383年)正月十四日，徐达镇守北平。二月二十二日，初次命令全国学校每年选拔推荐士子到京城。三月初一，召征伐南方的军队回来，沐英留守云南。二十三日，免除凤阳、临淮两县百姓的徭役赋税，世世代代不用承担。九月二十三日，申国公邓愈为征南将军，讨伐龙泉山(今浙江丽水龙泉)盗贼，平定了他们。十月初七，召徐达等回朝。十二月二十五日，刑部尚书开济有罪被处死刑。

当初，开济聪敏有才辩，凡是国家制度、田赋、狱讼、工程劳役、河渠之事，众人不能裁定的，开济一一筹划计算，朱元璋很信任他。开济议定的法律巧妙缜密。朱元璋说："张开密网来网罗百姓，可以吗？"开济又设置簿籍叫"寅戌之书"，以衡量属官出入①。朱元璋严厉地责备他说："古人以卯②酉③为常规，现在使办事的人早上寅时④出，晚上戌时⑤归，侍奉父母，会见妻子儿女，又在什么时候呢？"开济又写好榜文告诫属官，请求张贴在文华殿。朱元璋说："告诫属官的言论，想贴在朝廷大殿上，岂是人臣之礼？"开济惭愧谢罪。不久，开济命令郎中仇衍解脱死囚，被狱官告发，开济会同侍郎王希哲、主事王叔征拘捕狱官并将他打死，因此获罪而死。

洪武十七年(1384年)正月初十，命令徐达镇守北平。二十四日，汤和巡视沿海各城防备倭寇。三月初一，曹国公李文忠去世。

李文忠(1339～1384年)，字思本，小名保儿，盱眙(今江苏盱眙)人，朱元璋姐姐曹国长公主的儿子。在朱元璋的诗中，曾经描写过这样的情景："知仲姊已逝，独存驸马以甥双。驸马引儿来我栖，外甥见舅如见娘。"于是，朱元璋将保儿

① 作息时间。
② 早晨5～7点。
③ 下午5～7点。
④ 3～5点。
⑤ 7～9点。

当作自己的儿子抚养，让他随自己姓朱。李文忠读书聪颖敏捷。19岁时，以舍人[①]身份率领亲军，跟随朱元璋救援池州，击破天完(徐寿辉)的军队，骁勇盖过诸将。

至正二十七年，朱元璋大举征伐张士诚的吴地，命李文忠攻打杭州来牵制张士诚的吴军。李文忠以信招降守将谢五等人，然后直趋杭州。守将潘元明投降，李文忠升任荣禄大夫、浙江行省平章事，恢复姓李。这年李文忠28岁。

洪武二年，李文忠跟随常遇春出塞，逼近上都，赶走元朝皇帝。进军至白杨门(今山阴、朔县之间)，大破敌军，擒获元将脱列伯，俘获斩首10 000余人，一直追到莽哥仓才返回。三年，李文忠与大将军徐达分道北征，率领十万人出野狐岭(今河北张家口张北与万全县交界处)，到达兴和，降服兴和守将。进兵察罕脑儿(今内蒙古乌审旗西南)，擒获元朝平章竹真。驻军骆驼山，赶走元朝平章沙不丁。驻军开平(今内蒙古多伦西北)，降服元朝平章上都罕等。回到京城，朱元璋亲临奉天门接受朝贺。大封功臣，李文忠功劳最大，授予开国辅运推诚宣力武臣，特进荣禄大夫、右柱国、大都督府左都督，封为曹国公，同知军国事，食禄3000石，授予世代享受特权的铁券。

李文忠气量深沉宏大，临阵雄健风发，遭遇强敌更加威壮。他特别爱好学习，常常向金华范祖干、胡翰求教，通晓经书义理，写诗作歌雄浑豪放。

十六年，李文忠患病，朱元璋亲临探视，派淮安侯华中护理治疗。第二年三月李文忠去世，时年46岁。朱元璋怀疑李文忠被华中毒死，贬华中爵位。亲自作文祭奠李文忠，追封为岐阳王，谥武靖，在太庙陪祭，在功臣庙绘画肖像，位列第三。赐葬钟山(今南京)之阴。其父李贞先前去世，赠陇西王，谥恭献。

李文忠有三个儿子，李景隆、李增枝、李芳英，都是朱元璋赐的名字。

李文忠墓，位于南京太平门外蒋王庙街六号。墓前尚存碑、翁仲、石虎、石羊、石马及马夫龟趺、石柱等。坟茔前有李文忠十八世孙李永钦于光绪二十二年(1896年)所立的石碑，上刻“明岐阳王神道”六字。

有诗赞曰：抗元英雄李文忠，身世坎坷志气宏。横枪立马展才略，屡征沙漠建奇功。

---

① 显贵子弟为舍人。

四月十五日，评定平云南之功，进封傅友德为颍国公，封陈桓等四人，大赏将士。五月二十九日，凉州指挥宋晟在亦集乃（今内蒙古额济纳旗）讨伐西番（西羌），打败他们。

七月初二，禁止宦官干预宫外事务，命令各官署不许与宫内负有监察之责的官署有公文往来。十七日下诏，百官迎接父母来赡养的，官府供给船、车。

自从朱元璋废除丞相以后，全国的重大政务都由朱元璋亲自处理。

闰十月十九日，朱元璋下诏：对全国囚禁的罪犯，由刑部、都察院予以详细审议，经大理寺复审定案后奏请裁决。是月又征召大将军徐达回朝。

洪武十八年(1385年)正月十一日，朝觐官员分为五等考核工作成绩，降级升迁不等。二月二十七日，魏国公徐达去世。

徐达(1332～1385年)字天德，濠州钟离（今安徽凤阳东北永丰乡）人，世代以农为业。徐达年轻时志向远大，修长的身材，高高的颧骨，刚强坚毅，威武勇猛。朱元璋为郭子兴部将时，徐达22岁，跟随朱元璋。等到朱元璋向南征讨定远时，率领24人前往，徐达为首选。徐跟随朱元璋在滁州打败元军，又攻取了和州，郭子兴授徐达为镇抚。跟随朱元璋渡过长江，攻下了采石矶、太平。跟随打败并擒获了元朝将领陈埜先。领兵攻取了溧阳（今江苏溧阳）、溧水（今南京溧水），跟随攻下集庆。朱元璋亲自留下镇守，命徐达为大将军，率领各路人马向东进攻，夺取了镇江。

朱元璋称西吴王后，任徐达为左相国。朱元璋商议讨伐张士诚的吴军，徐达说："三吴可以计日平定。"朱元璋很高兴，拜授徐达为大将军。不久，徐达攻破平江，抓获张士诚，送往应天（今南京），被封为信国公。

洪武元年，朱元璋称帝，以徐达为右丞相。八月，徐达攻破元大都（今北京）。三年，朱元璋任命徐达为大将军，以平章李文忠为副将军，分路出兵。攻取了兴元（今陕西汉中）。先后用捷报禀告，朱元璋诏令班师回京。朱元璋亲自到龙江（今南京下关江边）迎接慰劳。于是下诏大封功臣。拜授徐达为开国辅运推诚宣力武臣，特进光禄大夫、左柱国、太傅、中书右丞相参军国事，改封魏国公，每年俸禄5000石，授予世代享受特权的铁券。五年，徐达又大举发兵讨伐扩廓帖木儿。六年，又率军前往边塞，在答剌海（今内蒙古达来诺尔湖）战败敌人。十四年，又率领汤和等人征讨元朝太尉乃儿不花。

徐达每年春季出征，冬季召回，形成常规。回来就上交将印，赐予假期。朱元璋设宴接见痛饮，有布衣兄弟之称。朱元璋曾经说："徐兄的功劳很大，从来没有安居过，可以将朕的旧邸赏赐给他。"旧邸是朱元璋做吴王时居住的地方。徐达坚决推辞。一天，朱元璋和徐达到了旧邸，强行将徐达灌醉，并给他盖上被子，抬到正室的床上。徐达醒来后，惊慌地跑下台阶，俯首跪在地上自呼死罪。朱元璋看着他，心里十分高兴。于是命有司在旧邸前面建造府第[①]，又在府第牌坊上写上"大功"两字。

十七年，徐达背上生了毒疮，渐渐痊愈。朱元璋派徐达的长子徐辉祖携带敕令前往慰劳，不久召回南京。次年二月，徐达去世，时年54岁。朱元璋因此停止上朝，亲临丧礼，悲痛不已。追封为中山王，谥号武宁，赠予他家三代都为王爵。赐葬钟山之北，朱元璋亲笔书写墓道碑文。在太庙陪祭，在功臣庙绘画肖像，位置排第一。

综其一生，徐达为大明王朝开基立业立下汗马功劳，是居功至伟。但他从不夸耀，本色如初。朱元璋曾赞誉他："受命出征，成功凯旋。不骄不夸，不爱女色，不取财宝，正直无暇，如同日月一样皎洁明亮，只有大将军一人罢了。"

徐达有四个儿子：徐辉祖、徐添福、徐膺绪、徐增寿。长女是朱棣的皇后，次女是代王朱桂的妃子，第三女是安王朱楹的妃子。

《明史》赞曰："朱元璋自滁阳奋起，平定四方，虽说是上天授予，但其中二王出力很多。中山王谨慎稳重有谋略，功高而不自夸，自古闻名于世的辅佐大臣没有人能超过他。"

徐达墓，位于今南京太平门外板仓街190号。墓园规制宏伟。入口处竖立着复制的御制明中山王神道牌坊，神道长约300米，牌坊后为神道石刻。现尚存神道碑一块，石马、石羊、石虎、武士、文臣各一对。其中，洪武十九年所立的"御制中山王神道碑"，是明代功臣墓中最大、最有代表性的一块。

有诗赞曰：破虏平蛮徐天德，开疆拓土功第一。正直无暇同日月，功勋卓著与云齐。

三月二十八日，户部侍郎郭桓因犯盗窃官粮罪被处死。这一事件史称"郭桓

---

① 今天的白鹭洲公园是徐达的别业，后来被称为徐太傅园，或徐中山园。

案”，为明初四案之三。

先是，御史余敏、丁廷举告发北平承宣布政使司、提刑按察使司官吏李彧、赵全德等与户部侍郎郭桓、胡益、王道亨等共同舞弊，吞盗官粮，于是东窗事发。朱元璋令审刑司拷讯，牵涉礼部尚书赵瑁等人，发现除侵吞宝钞金银外，仅贪污税粮及鱼盐等即折米2400余万石。于是，赵瑁等皆弃市①，自六部左右侍郎以下一共约30 000余人被斩首示众。于是引起许多田主官僚的不满，纷纷指斥、攻击告发处理此案的御史和法官。为防止矛盾扩大，朱元璋又手诏公布郭桓等人罪状，而将原审法官右审刑吴庸等处磔刑②，以平息众怨。

四月初六，吏部尚书余炊(xì)因为有罪被处死。余炊，字茂本，昆山(今江苏昆山)人。洪武十七年正月任吏部尚书。当时国子监祭酒宋讷以严厉为众所嫉，太学的助教金文征与余炊同乡，暗地里设计陷害宋讷，以宋讷年老为由，擅自下达文书让宋讷致仕。于是宋讷到朱元璋面前辞行，朱元璋十分吃惊，询问缘由。宋讷说不是自己本意。在朱元璋的追究下，余炊交代了实情。朱元璋发怒，谴责余炊专擅权柄，于是杀了余炊、金文征等人，留下宋讷和以前一样任祭酒。

十月初一，朱元璋将《大诰》向全国颁布。《大诰》是朱元璋亲自指导编纂的一部严刑惩治吏民的特别刑法。共四编二百三十六条，其中《御制大诰》七十四条；《大诰续编》八十七条；《大诰三编》四十三条；《大诰武臣》三十二条。这种以诏令形式颁发的，由案例、峻令、训导三方面内容组成的法规文献，在中国法律史上堪称首创。

洪武中期，由于官吏贪赃枉法、豪强兼并、逃避粮差日趋严重，朱元璋遂将“官民过犯”典型案例辑录成帙，仿周公《大诰》之制。于洪武十八年十月朔，刊布《御制大诰》。

《大诰》的处罚比《大明律》严厉，法律效力也在《大明律》之上。大诰使用了很多的法外酷刑，如族诛、凌迟、枭首、斩、死罪、墨面文身、挑筋去指、挑筋去膝盖、断手、斩趾、刖足、枷令、常号枷令、枷项游历、重刑迁、充军、阉割为奴等几

① 在闹市执行死刑并将犯人暴尸街头。

② 俗称“千刀万剐”。

十种。

朱元璋还规定:学校课士和科举策试也以《大诰》为题。当时各地讲读《大诰》的师生来京朝见者达19万余人。

十五日,朱元璋诏令冯胜回朝。是月,楚王朱桢、信国公汤和讨伐平定了五开蛮人。十二月二十六日,云南麓川平缅(今陇川、瑞丽)宣慰使思伦发反叛,都督冯诚(冯国用之子)大败,千户王升死于此役。

第八章

诏修祖陵伐北元　胡蓝党案大株连

【本章自洪武十九年(1386 年)～洪武二十六年(1393 年)。朱元璋59～66岁。主要讲述:赈济灾荒免徭役,诏令盱眙修祖陵。八征北元除边患,统一战争暂告停。胡案株连韩国公,同党获罪皆受刑。太子朱标刚殒命,沐英哀痛伴随行。册立太孙为皇嗣,蓝玉谋反成逆臣。纵然余党被赦免,株连已杀数万人。】

洪武十九年(1386 年)正月初四,赈济大名(今河北大名)及江浦(今南京江浦)水灾。二月二十七日,赈济河南饥荒。

四月十九日,朱元璋下诏赎取河南饥民所卖掉的子女。六月二十日,又颁布优恤高龄诏;命令地方官吏慰问年龄高迈之人。贫民年龄 80 以上的,每月供给五斗米,三斗酒,五斤肉;年龄 90 以上的,每年再加一匹帛,一斤棉絮;有田产的不供给米。应天、凤阳的富民年龄在 80 以上的,赐给社士之爵,90 以上的赐乡士(官名)。全国其他地区富民年龄 80 以上的赐爵里士,90 以上的赐爵社士。这些人见知县时,以平等身份行礼。免除他们全家的徭役。鳏夫寡妇、幼而无父、老而无子之人不能自己养活自己的,每年供给六石米。士兵作战受伤的,免去他们的军籍,赐免三年徭役。军官阵亡,其子承袭其职,加一级。隐居的人,以礼节征聘并遣送他们来京师。

朱元璋的这份诏书，倾注了他对年迈之人和鳏寡孤独者的同情之心，并给予充分的安抚和关照。

二十七日，赈济青州（及山东青州）及郑州饥荒。七月二十九日，下诏推举通晓经术、品行良好、精通时务之士，年龄在60岁以上的，安置在翰林院以备咨询；年龄在60岁以下的，安置在六部与布政、按察二司使用。

八月三十日，朱元璋命令皇太子朱标修缮泗州（盱眙）的祖先陵墓，德祖（高祖）以后的皇帝、皇后以冕服安葬。

朱元璋即位以后，追加上溯四代皇帝尊号。坟墓在凤阳府泗州蠙（pín）城北面（今江苏盱眙杨家墩），进号为祖陵。这时，命皇太子往泗州修缮祖陵，葬三祖帝后冠服。一直到永乐十一年（1413年）才完成，历时约28年。

明祖陵是朱元璋高祖父①、高祖母②、曾祖父③、曾祖母④的衣冠冢，也是朱元璋祖父⑤、祖母⑥的实际埋葬地。

明祖陵原有城墙三道，金水桥三座，殿、亭、阁、署房、官私宅第千间，规模宏大，气势雄伟。清康熙十九年（1680年），黄河夺淮，明祖陵与古泗州城一起被洪水淹没。1954年春旱时露出洪泽湖水面，当地人始称为“大墓头”。1964年大旱时再次露出，被专家确认是久已失传的明祖陵。经过挖掘修复，陵墓恢复了气势雄伟的规模。

明祖陵号称明代第一陵。现存21对庞大石刻，雄踞在长长的神道两侧。由于长期淹没在水底，所以保存完好，石刻细部一如当年清晰、细腻。

洪武二十年（1387年）正月初二，任命冯胜为征虏大将军，颍国公傅友德、永昌侯蓝玉任左、右副将军，率南雄侯赵庸等带领步、骑兵20万征讨纳哈出。是月，朱元璋下令，焚毁锦衣卫的刑具，将关在锦衣卫监狱里的囚犯移交刑部。

是年，朱元璋发现，掌管锦衣卫的人多非法凌辱虐待罪囚，于是诏令，内外案件都归三个司法部门，即刑部、大理寺和都察院审理，废除锦衣狱。

---

① 朱百六，追谥曰玄皇帝，庙号德祖。

② 胡氏，追谥曰玄皇后。

③ 朱四九，追谥曰恒皇帝，庙号懿祖。

④ 侯氏，追谥曰恒皇后。

⑤ 朱初一，追谥曰裕皇帝，庙号熙祖。

⑥ 王氏，追谥曰裕皇后。

十三日，朱元璋在南郊隆重祭祀天地。祭祀结束，天气清朗，侍臣进奏说："这是陛下敬天的诚心所至。"朱元璋说："所谓敬天，不只是庄严有礼，还要有实际的东西。天将管理子民的大任交给君王，为君的，若想侍奉上天，必须首先体恤子民。体恤子民，才是侍奉上天之实。就像国家派去担任太守、县令等官的人一样，若不能造福于民，便是背弃国君的使命，这是大不敬啊。"又说："作为国君，以天为父，以地为母，以民为子，这是其应尽的职责，祭祀天地，并非为自己祈福，实际上是为了天下百姓啊。"

三月初一，冯胜率兵出松亭关（今河北宽城西南），攻克大宁、宽河（今河北承德宽城）、会州（今甘肃靖远）、富峪（今河北平泉北）。四月初八，江夏侯周德兴修筑福建近海地区的城池，练兵防备倭寇。六月二十五日，冯胜率军越过金山。二十九日，纳哈出投降。

早在至正十五年，纳哈出就曾在太平被朱元璋擒获，后来又放归。元朝灭亡后，纳哈出聚兵金山。朱元璋派使者招降他，他始终不回应。多次侵犯明朝边境辽东，被镇守辽东的都指挥使叶旺打败。洪武二十年，冯胜率大军 20 万逼金山，史称金山之役。纳哈出见大势已去，遂降于明。

洪武二十一年（1388 年）正月初六，麓川（今云南陇川）蛮人思伦发进攻马龙他郎甸（今云南新平），都督宁正将其击败。四月十二日，蓝玉打败元朝嗣位君主脱古思帖木儿（元益宗）于捕鱼儿海（即贝尔湖，今蒙古国东部），俘获其次子地保奴及妃子、公主、王公等几万人。

当初，太子孛儿只斤·爱猷识理达腊（元昭宗）即位后，仍沿用元朝国号，又称北元。朱元璋在位期间，曾八次派兵征伐北元。

第一次征伐北元。洪武三年（1370 年）正月初三，朱元璋命右丞相徐达为征虏大将军，李文忠为左副将军，冯胜为右副将军，御史大夫邓愈为李文忠副将，中山侯汤和为冯胜副将征伐北元。三月二十九日，徐达攻到定西（今甘肃定西），并于四月初八在沈儿峪（今河北定州西北）大败扩廓帖木儿。四月二十八日，元朝皇帝孛儿只斤·妥欢帖睦尔因患痢疾死于应昌府。五月二十一日，李文忠大败应昌府的北元守军。在回师途中，李文忠还攻克了兴州（今河北滦平）。十月初六日，徐达、李文忠等奉命班师回朝。首次征伐，大获全胜。

第二次征伐北元。洪武五年（1372 年）正月至十一月。此战结果，徐达的中路军大败，李文忠的东路军得失相当，仅冯胜的西路军获胜。这次征伐以失败告终。

第三次征伐北元。洪武十三年(1380 年)二月,明军察知北元国公脱火赤、枢密知院爱足率领上万人在和林屯扎,怀疑有南侵动向。于是在十一日,朱元璋命令西平侯沐英率其陕西明军进攻北元。沐英急行军七昼夜,渡过黄河,经宁夏,翻过贺兰山进行突袭。脱火赤、爱足等遭到突然袭击以后,几乎未经抵抗就被明军俘虏南下。明军大胜。

第四次征伐北元。洪武十四年(1381 年)正月,北元平章乃儿不花等南侵明朝边境。四月十五日,朱元璋任命魏国公徐达为征虏大将军,信国公汤和为左副将军,颍川侯傅友德为右副将军,分两路出塞。东路以傅友德为先锋,大败北元军队;西路军以沐英为先锋俘虏北元知院李宣及其部众。到八月底,明军征伐各部均胜利班师。

第五次征伐北元。洪武二十年(1387 年)正月初二,朱元璋任命宋国公冯胜为征虏大将军,率领 20 万明军北上征讨纳哈出。结果大胜纳哈出。六月底,冯胜等奉命班师,令傅友德驻守大宁,以防北元余寇进犯。

第六次征伐北元。洪武二十年(1387 年)九月三十日,朱元璋诏命永昌侯蓝玉为征虏大将军,率军 15 万人征伐。北元太尉蛮子战死,其余北元贵族投降。明军胜利班师。

第七次征伐北元。洪武二十三年(1390 年)正月初三,因为北元丞相咬住、太尉乃儿不花、知院阿鲁帖木儿等多次骚扰边境,朱元璋诏命晋王朱㭎、燕王朱棣分兵两路征伐。三月三十日,朱棣到达迤都,包围了乃儿不花的营地,乃儿不花向朱棣投降,其部众数万人、牲畜数十万头都被明军俘获。晋王朱㭎一路出征,未遇到北元人马无功而还。

第八次征伐北元。洪武二十九年(1396 年)三月,获悉大宁卫(今内蒙古宁城)以北有北元军队活动,朱元璋就命令驻扎在北平(今北京)的燕王朱棣领兵去大宁歼灭之。朱棣凯旋而归。朱元璋的八次北征,沉重打击了兆元的残余势力,加强了边疆的防卫,扩大了明朝的势力范围。此是后话。

洪武二十二年(1389 年),元朝的也速迭儿杀了他的君主脱古思帖木儿[①],立坤帖木儿为君。

【按:自洪武元年(1368 年)朱元璋称帝后,统一全国的战争一直进行了

① 元益宗。

约22年。洪武二十一年(1388年),蓝玉等打败元朝嗣位君主脱古思帖木儿于捕鱼儿海,俘获其次子地保奴及妃子、公主等几万人。洪武二十二年(1389年),脱古思帖木儿被杀,余众降明。至此,朱元璋统一全国的战争暂告一段落。】

洪武二十三年(1390年)正月初三,秦王朱㭎、燕王朱棣率领军队征讨元丞相咬住、太尉乃儿不花,征虏前将军颍国公傅友德等都听从指挥管辖。十六日,贵州蛮人叛乱,延安侯唐胜宗讨伐平定了他们。二十六日,齐王朱榑率领军队跟随燕王朱棣北征。赣州盗贼作乱,东川侯胡海充任总兵官,讨伐平定了他们。二月十四日,蓝玉讨伐平定西番叛乱的蛮人。三月三十日,朱棣的军队驻扎迤都,元朝丞相咬住等投降。四月,吉安侯陆仲亨等因犯与胡惟庸同党罪被关进监狱。初三,潭王朱梓自焚而死。

朱梓(1369～1390年),是朱元璋的第八个儿子。洪武三年封王。十八年到长沙藩王府。朱梓的妃子于氏是都督于显的女儿。二十三年(1390年),于显之子、宁夏指挥于琥因胡惟庸党获罪,于显和于琥被诛杀。朱梓感到不安。朱元璋派使者安慰告谕,并召其入京拜见。朱梓非常害怕,便与王妃于氏一起自焚而死。

五月二十三日,朱元璋赐太师、韩国公李善长自杀,陆仲亨等都获罪判死刑。作《昭示奸党录》,向全国宣告。

李善长(1314～1390年),字百室,定远(今安徽定远)人。从小读书,有智谋,知悉法家学说,料事如神。朱元璋在滁阳攻占地盘,李善长前去迎接,并拜谒朱元璋。朱元璋知道李善长在当地德高望重,以礼相待,并留他任掌书记。朱元璋曾问李善长:“天下的战争什么时候能平定呢?”李善长回答:“秦末动乱,汉高祖以普通百姓身份崛起,他豁达大度,了解人,善于任用人,经过五年成就帝业。现在元朝政纲败坏,天下土崩瓦解,您是濠州人,距汉高祖的家乡沛郡丰邑不远。您禀受了山川王气,效法汉高祖的所作所为,天下不费力气就可以安定。”朱元璋称赞李善长说得好。李善长跟从朱元璋攻下滁州,任参谋,参与机密事务的谋划,主管军队的粮饷供应,很受朱元璋信任。朱元璋的名气一天天炽盛,对那些因为朱元璋威名而来归附的将领,李善长细察他们的才能,向朱元璋一一进言。又替朱元璋向这些将领披露收留他们的真诚,使这些人都能安下心来。

朱元璋获取巢湖水军以后，李善长全力辅佐朱元璋渡过长江扩展力量。攻下采石后，军队直趋太平，李善长预先写好通告，禁止士卒抢掠财物，危害百姓。城破后，就把通告贴在通衢大道上，军纪肃然，没人敢违背。朱元璋任太平兴国大元帅，以李善长任帅府都事。朱元璋任江南行中书省平章，以李善长为参议。而涉及军国大事，进兵退兵事宜，赏罚的章程，多由李善长决断。后改枢密院为大都督府，朱元璋命李善长兼领府司马，晋升行省参知政事。

朱元璋任吴王时，拜任李善长为右相国。李善长熟悉典章制度，裁定决断各种事务都明快流畅。他又娴于辞令，朱元璋要招纳什么人才，常常命李善长书写文告书信。前前后后凡是亲自带兵出去征讨，朱元璋都命李善长留守后方，将吏信服他，服从调度，居民生活安定，调运粮饷，保证前方供给。李善长曾经请求国家统管两淮盐务，实行专卖，立茶法，在元代盐法、茶法的基础上斟酌改订，剔除其弊政。不久又恢复制钱法，开办冶铁，确定鱼税，使国家用度更加丰足，而百姓又不困乏。吴元年九月议定平定张士诚的功劳，封李善长为左相国。朱元璋刚刚渡过长江的时候，处事常常用重法。一天，朱元璋对李善长说："法律有三条连坐的规定，不是太过分了吗?"李善长于是请求除犯大逆罪要连坐之外，其他连坐的规定都删去。朱元璋于是命李善长与中丞刘基等裁定法律条文，并且在朝廷内外公布，让大家知道。

朱元璋登上帝位，追封祖父、父亲以及册立后妃、太子、诸王等礼仪，都命李善长充任大礼使。设置太子官属，命李善长兼太子少师，授银青荣禄大夫、上柱国、录军国重事，其余官职不变。不久，李善长率礼官制定郊社宗庙礼。朱元璋驾幸汴梁，李善长留守京城，准许他所有的事情都可以根据情况专断处理。不久，李善长又上奏确定六部官职，议定官民的丧服以及朝贺东宫太子的礼仪。李善长又奉命监修《元史》，编纂《祖训录》、《大明集礼》等书。

洪武三年大封功臣。朱元璋说："李善长虽然没有攻城夺地的汗马功劳，但是他侍奉朕很久，供给军粮，功劳很大，应当进封国公。"于是授给李善长开国辅运推诚守正文臣、特进光禄大夫、左柱国、太师、中书左丞相，封为韩国公，每年俸禄4000石，子孙世袭。赏给他免罪的铁券，自己可以赦免两次死罪，儿子可以赦免一次死罪。当时封为公的，有李善长、徐达、常遇春的儿子常茂、李文忠、冯胜、邓愈共六人。而李善长处在第一位。赐封公爵的制词将李善长同萧何相提并论，褒奖备至。

但是，李善长外表宽和，内心褊狭刻薄。李善长与中丞刘基争法以至于怒骂。刘基心中不安，于是请假回乡。朱元璋任用的张昶、杨宪、汪广洋、胡惟庸都获罪，李善长的职权依然如故。富贵都达到极点，内心也渐渐骄横，朱元璋开始讨厌他。

四年正月，李善长因病退休。朱元璋赐给他临濠土地若干顷。五年，李善长病愈，朱元璋命他督建临濠宫殿。朝廷又夺取江南富裕百姓的 14 万亩田给濠州，命李善长管理经营这些田地，李善长在濠州呆了好几年。七年，朱元璋提拔李善长弟弟李存义为太仆丞。李存义的儿子李伸、李祐都担任地方官员。九年，朱元璋又将长女临安公主下嫁给李善长的儿子李祺，任驸马都尉。初定婚约，公主遵守妇道，对夫家十分恭敬。恩宠不比寻常，家道非常显赫，当时人都羡慕他们。

丞相胡惟庸最初任宁国知县，因为李善长的推荐，擢拔为太常少卿，后来任丞相，因此和李善长互相有往来。李善长弟弟李存义的儿子李祐，是胡惟庸的侄女婿。洪武十三年，胡惟庸谋反被诛，因为同党之罪而死的人很多，但李善长依然做官。十八年，有人告发李存义父子实际是胡惟庸的党徒，朱元璋下诏免他们一死，贬谪崇明(今上海崇明)安置。李善长不谢恩，朱元璋心中含恨。又过了五年(洪武二十三年)，李善长已经 77 岁，因为年老而不约束自己，曾经想营造府第，向信国公汤和借 300 名卫卒。汤和将这件事密报朱元璋。四月，京城百姓中有罪者应该迁徙到边地，李善长多次提出请求，赦免自己的亲戚丁斌等人。朱元璋勃然大怒，亲自审问丁斌，查出丁斌原在胡惟庸家供职，丁斌就此说出李存义等人和胡惟庸相互勾结来往的情况。朱元璋命逮捕李存义父子，审问他们，供词涉及李善长，说胡惟庸有反叛的阴谋，叫李存义暗中劝说李善长。李善长惊诧地说:“你说什么啊！小心啊，这事会灭九族。”不久，胡惟庸又派李善长的老朋友杨文裕去劝说李善长参加反叛，说:“事成之后将把淮西地赐给你，封你为淮西王。”李善长很吃惊，虽未答应，但有些心动。胡惟庸于是亲自劝说李善长，李善长还是不答应。又过了很久，胡惟庸再派李存义去劝说，李善长叹息说:“我已经老了。我死之后，你们自己去干吧。”又有人告发李善长说:“将军蓝玉率军出塞，到捕鱼儿海时，抓获胡惟庸派去勾结沙漠上国家的使者封绩，李善长隐瞒着不向皇帝报告。”于是御史们接二连三地上奏章弹劾李善长。李善长的家仆卢仲谦等人也告发李善长与胡惟庸互赠钱财，暗中勾结。罪案已定，说李善长是国家元勋，皇室的亲戚，知道有反叛的阴谋而不检举揭发，狐疑观望，实属大逆不道。恰逢有人上书说星象，其应验需改换大臣，于是朱元璋将李善长以及他的妻子、女儿、弟弟、侄子等共70余人全部诛杀。而吉安侯陆仲亨、延安侯唐胜宗、平凉侯费聚、南雄侯赵庸、荥阳侯郑遇春、宜春侯黄彬、河南侯陆聚等人，都同时因为胡惟庸的同党罪而获罪处死，而已死的营阳侯杨璟、济宁侯顾时等若干人又被追究连坐。当时牵累获罪被杀的有30 000多人。朱元璋亲手写诏书，一条条列出李善长的罪状，附在定案文书中。

当时，胡惟庸虽然被处死，但是他的反叛情况还没有全部暴露出来。株连的事情一直没有停止。到这时全部暴露，受到株连至死的有李善长、陆仲亨、唐胜宗、费聚、赵庸、郑遇春、朱亮祖、叶升等一公、二十一侯。

李善长被处死的第二年，虞部[①]郎中王国用上书说："李善长与陛下同心同德，在极端危险的环境中九死一生，夺取天下，勋臣里面，排在第一位，家中人活着的封为公，死了的追赠为王，儿子尚娶公主，亲戚拜授官职，人臣的地位已经达到极点了，假如他自己图谋不轨，那还好说，但现在说他想辅佐胡惟庸反叛，那就大错特错，完全不可能这样。"又说："李善长与胡惟庸，只不过是侄子的亲戚关系，和陛下却是亲家关系。假如李善长帮助胡惟庸反叛成功，不过在勋臣当中位居第一而已，不过是任太师、封国公、封王而已，不过就是儿子可以娶公主，女儿可以被纳为王妃，难道还能比今天获得更高的地位吗？况且，李善长难道不知道天下不可以侥幸取得。在元朝末年，想要夺取天下的人数不清，没有一个不是自己粉身碎骨，宗族被灭，后代断绝，能保住生命的有几人呢？李善长为何要在亲身经历这种残酷的局面后，而要在衰惫之年亲身又蹈赴这种境地呢?"最后又说："现在李善长之子李祺已经成为陛下的骨肉亲人，没有一丝一毫的嫌隙，何苦要突然间干这种反叛的事情。至于说天象昭告变化，大臣将有灾祸，用杀掉大臣的方法可以上应天象，那就更加不可行了。我担心天下人听到这种说法，认为功劳像李善长这样卓著的人，尚且如此结局，四方就会因此而解体。如今李善长已经死了，说这些也没什么益处，只希望陛下把这作为将来的鉴戒罢了。"朱元璋看到了王国用的上书，竟然也未加罪于他。

洪武二十五年（1392年）正月，靖江王朱守谦在京师去世。朱守谦（1361～

① 掌山泽、苑囿、草木等事。

1392年)，祖父南昌王朱兴隆是朱元璋的长兄，父亲朱文正。朱元璋起兵时，朱兴隆已经去世，妻子王氏携带朱文正依附朱元璋。朱文正被贬谪时，朱守谦刚刚四岁，朱元璋抚摸着朱守谦的头说："孩子不要害怕，你的父亲背离我的教训，留给我忧虑，我终究不会因为你父亲的缘故而废弃你。"朱元璋将朱守谦养育在宫中。朱守谦幼名"铁柱"，吴元年，朱元璋给诸子命名时，改名为"炜"，洪武三年改名"守谦"，封为靖江王，时年九岁。洪武九年朱守谦到封地桂林[①]。

朱元璋对跟去的从臣说："从孙年幼而到西南远地镇守，望好好引导他。"朱守谦通诗书，但喜好结交小人，粤人怨恨嗟叹。朱元璋召朱守谦回京，告诫训谕他。朱守谦作诗抒其怨恨。朱元璋发怒，将他废为平民，居住在凤阳长达七年，后又恢复他的爵位。迁徙云南镇守，派他妃子的弟弟徐溥一同前往，赐书信告诫，话语很真挚恳切。但朱守谦仍像先前那样暴虐强横。朱元璋又将他召回京师，再次让他住在凤阳。朱守谦又因向民间强取牧马，被禁锢在京城直到去世，葬于南京钟山。

四月二十五日，皇太子朱标薨。朱标(1355～1392年)，朱元璋长子，生母马皇后。元至正十五年，生于太平陈迪家。朱元璋为吴王时，立朱标为世子，跟从宋濂学习经书。吴元年，朱标13岁，朱元璋令他到临濠祭扫祖墓。经过太平，造访陈迪之家，赐给白银50两。然后到泗州、濠州告祭众祖宗之墓。

据《明朝小史》载：朱元璋曾经被陈友谅的汉军追杀，马皇后背着他逃走，太子朱标私下将这件事做成一幅图画。马皇后去世以后，朱元璋闷闷不乐，诛杀大臣更加厉害。太子劝谏说："陛下杀人太多，恐怕伤了和气。"朱元璋默然不语。第二天，朱元璋将一根带刺的荆棘杖扔在地上，命令太子捡起来，太子感到很为难。朱元璋说："你不能拿起来使用它，我雕琢收拾好了再给你，难道不是很好吗！我现在杀的都是天下危险的人物，替你除掉，是你莫大的福分。"太子叩头说："上面有尧舜那样英明的君主，下面才有尧舜一样德行的百姓。"朱元璋大怒，站起来拿起座椅扔向太子，太子逃走，朱元璋在后面追赶。太子将怀里藏的那幅图[②]丢在地上，朱元璋拾起来一看，心里十分悲痛，不再追赶太子。

洪武元年正月，朱标被立为皇太子。带刀舍人周宗上书请求教导太子。朱

① 洪武五年靖江更名桂林。

② 马后负逃图。

元璋嘉赏采纳。中书省都督府请仿照元朝制度，以太子为中书令。朱元璋认为元朝制度不足效法，命令詹同考察历代东宫制度，选拔有功勋德行的忠厚旧臣和新提升的贤臣，兼任东宫之官。于是左丞相李善长兼任太子少师，右丞相徐达兼任太子少傅，中书省平章、录军国重事常遇春兼任太子少保。朱元璋告谕他们说："朕在东宫不另设府僚，而以你们兼领的原因，是因为战争还没有停止，朕如果有事在外，必定要太子代理国政。如果设立府僚，你们在朝内，政事应当报告，太子有事处理决断不明，与你们意见不合，你们必定要认为是僚属诱导，容易产生矛盾。又特别设置宾客、谕德等官的原因，是想辅佐形成太子的道德品行，并且选拔著名儒士担任这些职务，就是为了达到这个目的。古代周公教导成王能够整治军队，召公教导康王壮大六军，这些便是居安思危，不忘记军备。大抵继位的君主，生长在富贵环境，沉溺于安乐之中，不熟悉战争之事，一旦有紧急情况，便不知所措。周公、召公之言，你们都要记住。"

在此之前，朱元璋建筑大本堂，取古今图书放置其中，征召四方名儒教导太子和诸王，轮流在晚上值班，选拔贤才豪俊之士担任伴读。又命令东宫以及王府之官编辑古人事迹中可以作为鉴戒的，用来教导太子、诸王。洪武四年春，又作《大本堂玉图记》，赐给太子。

朱标 22 岁时，朱元璋下令，以后政事一并上报太子处理，然后呈奏。又告谕太子说："只有仁德才不失于疏暴；只有圣明才不失于奸佞；只有勤奋才不沉溺于安乐；只有善断才不牵率于文法。所以，这些都必须用心来权衡测度。我自从拥有天下以来，不曾闲暇安乐，对于各项事情务求恰当，唯恐丝毫失误，以辜负上天托付之意。顶着星光上朝，半夜睡觉，这是你亲眼见到的。你能够体察施行，便是天下人的福祉。"朱元璋还时时命令儒臣给太子讲授《大学衍义》[①]。

洪武二十四年八月，朱元璋敕命朱标巡抚陕西，实际上是让朱标去考察迁都之地。此前，朱元璋以应天为南京，开封为北京，临濠为中都。御史胡子祺上书说："天下形胜之地可以建都城的有四处。河东地势高，控制西北，尧曾经建都于此，然而其地苦于寒冷。汴梁控制黄河、淮河，宋朝曾经建都于此，然而其地平坦旷远，没有险隘可守。洛阳，周公卜择其地，东周、东汉迁都于此，然而嵩山、邙山没有殽山函谷关、终南山那样的雄壮。据有百二河山的形胜，可以使诸侯敬服向

① 此书为元、明、清三朝皇族学士必读之书。

往，全天下没有何处比得上关中。”朱元璋告谕太子说：“天下山川形势只有秦地号称险峻牢固，你前去考察风俗，慰劳秦地的父老子弟。”于是选择文武众臣跟随太子出行。太子出行不久，朱元璋又派人告谕说：“你昨天渡江，震雷忽然发起于东南方，引导你前行，这是威震的预兆。然而十天长久阴雨，占卜有阴谋，应该谨慎举动，严加宿卫，施行仁德广布惠政，以挽回天意。”并且告谕随行诸臣，将住宿之地上报。

等到朱标回朝，献上陕西地图，于是生病。病中上呈经营谋划建都之事。这年，太子朱标薨，时年 37 岁。朱元璋悲痛哭泣。礼官议定丧期，请求以日易月。到应当除去丧服时，朱元璋不忍心。礼官请求，才脱去丧服上朝处理政事。八月二十九日，将朱标陪葬在孝陵的东面，谥号懿文。南京民间俗称朱标为“大头太子”。此是后话。

六月初十，西平侯沐英病殁于云南。由沐英长子沐春承袭父亲爵位，镇守云南。

沐英（1344～1392 年），字文英，定远（今安徽滁州定远）人。少年丧父，跟随母亲躲避战乱，母亲又去世。朱元璋与马氏怜悯他，收于身边抚养，随姓朱。18 岁，授任帐前都尉，守卫镇江。后迁任指挥使，守卫广信（今江西上饶）。跟从大军征讨福建，攻破闵溪十八寨，捕获冯谷保。沐英年少聪明敏捷，办事决断。马皇后多次称赞他的才干，朱元璋也很器重他。洪武十年，充任征西副将军，跟随卫国公邓愈讨伐吐番，向西经营四川、西藏，炫耀兵威于昆仑山。封为开国辅运推诚宣力武臣、荣禄大夫、柱国、西平侯，年享俸禄 2500 石，授予世代享受特权的铁券。二十二年，麓川平缅宣慰使司思伦发叛乱，侵犯定边，部众号称 30 万。沐英选骑兵 30 000 人飞驰救援，设置火炮强弩。蛮族驱赶百头大象，披着铠甲背着架子，架子左右挟持大竹做成的筒，筒上装置着标枪，十分锐利。沐英兵分三路，火炮强弩齐射，轻易取胜。这年冬天，沐英返朝，朱元璋在奉天殿赐宴，赏赐黄金、白银等物非常丰厚，让他返回。沐英上殿辞行，朱元璋亲自抚摸他说：“使我高枕无南顾之忧的，是你沐英。”沐英返回镇守之地，又击败百夷，降服阿资。至此，云南全部平定。

朱元璋听说沐英去世，“哭之恸，辍视朝，亲制文遣祭。……诏封黔宁王，谥昭靖。……以王礼葬江宁长泰北乡观音山之原[1]”。[2]

朱元璋当初兴起时，多次抚养外姓孩子为义子，攻下郡县城邑，就派他们出守，多达20多人，惟沐英在西南功勋最大。其后，沐氏世代镇守云南，黔国公爵位传承十二代，十四任。

从1959年迄今，南京已在将军山一共发现发掘了黔宁王沐英家族的数座墓葬。除了第七世黔国公沐绍勋葬在云南、末代黔国公沐天波客死缅甸外，估计还有数位黔国公可能葬在这里。据说，在沐瓒夫妇合葬墓中，发现金币99枚，最重的约有350克。萧何月下追韩信梅瓶，就是出土于沐英家族墓中。

有诗赞曰：定远孤儿沐文英，西征东讨云南平。世代戍边功勋著，亲制祭文慰亡灵。

九月十二日，朱元璋立皇孙朱允炆为皇太孙。在这之前的四月，即朱标去世后的第三天，朱元璋曾召集廷臣商议继承人的问题。朱元璋说：“太子不幸，遂至于此，命也。古云，国有长君，社稷之福。朕第四子（朱棣）贤明仁厚，英武似朕，朕欲立为太子，何如？”翰林学士刘三吾进曰：“陛下言是，但是置秦、晋二王于何地。上（朱元璋）不及对，因大哭而罢。”

朱元璋不将皇位传给儿子，而传给孙子，主要受古代传统继承法则的影响。在王位的继承问题上，早在周代就形成了严格的制度，即继承王位的，必须是嫡妻长子。据战国时的公羊高《公羊传》载：“立适（嫡）以长不以贤，立子以贵不以长。”朱元璋十分尊崇这个原则。

是时，高丽国李成桂囚禁他的君主王瑶[3]而立自己为国君，以国人的表章来请求任命，朱元璋下诏同意他的请求。

洪武二十六年（1393年）二月初二，晋王朱㭎统领山西、河南军队出塞，征召冯胜、傅友德、常升、王弼等回朝。初十，蜀王朱椿来朝见。凉国公蓝玉因为谋反，同鹤庆侯张翼、普定侯陈桓、景川侯曹震、舳舻侯朱寿、东莞伯何荣、吏部尚书

---

① 今南京南郊将军山南麓。

② 《三家世典》。

③ 恭让王。

詹徽等都获罪被处死刑。十四日，向全国颁布《逆臣录》。

“蓝玉党案”为明初四案之四。《逆臣录》是蓝玉党人的供词，朱元璋敕命翰林官撰录，所以又称御制《逆臣录》。蓝玉（？～1393 年），定远（今安徽定远）人，开平王常遇春妻弟。最初隶属常遇春帐下，面临敌军勇猛果敢，所到之处都获胜。常遇春多次在朱元璋面前称赞他，由管军镇抚累积功劳升到大都督府佥事。洪武四年，跟从傅友德征蜀，攻克绵州。五年，跟从徐达北征，先出雁门，在乱山击败元军，在土剌河再败元军。七年，率军拔兴和，俘获元国公帖里密赤等 59 人。十一年，同西平侯沐英讨伐西番。第二年，率军回京，封为永昌侯，食禄 2500 石，赐予铁券。十四年，以征南左副将军跟从颍川侯傅友德征伐云南。滇地（今云南）全部平定，蓝玉功劳最多。增加俸禄 500 石。册封他的女儿为蜀王朱椿妃。

二十年，以征虏左副将军跟从大将军冯胜征讨北元太尉纳哈出，驻军通州。蓝玉趁着大雪，率轻装的骑兵偷袭并攻城，杀掉北元平章果来，擒获他的儿子不兰溪而回军。适逢大将军冯胜进发到金山（今吉林双辽东北），纳哈出派使者到大将军营寨投降，蓝玉前往接受投降。纳哈出率数百骑兵赶到，蓝玉非常高兴，用酒宴招待他。纳哈出斟酒答谢蓝玉，蓝玉解衣给他穿，说：“请穿上这衣服才饮。”纳哈出不肯穿，蓝三也不饮，争执推让很久。纳哈出将酒倒在地上，回头看着自己的部下咄咄地说了几句话，想要离去。当时，郑国公常茂在座，举刀径直向前砍去，都督耿忠急忙将常茂拉过去见冯胜。这时敌众惊恐溃逃，冯胜派降将观童晓谕使纳哈出的部下投降。回军到亦迷河（今内蒙古伊敏河）时，全部收降纳哈出的余部。恰逢冯胜有罪，收缴其大将军印绶，任命蓝玉行总兵管事，不久在军中拜升蓝玉为大将军，移军驻守蓟州（今河北蓟州）。

当时元顺帝孙脱古思帖木儿继位，派兵侵扰塞上。二十一年三月，命蓝玉率军 15 万征讨。出大宁，到庆州（今内蒙古巴林左旗索布力嘎），间谍侦知北元君主在捕鱼儿海，从小路兼程进军到白眼井（今内蒙古鄂尔多斯），距离捕鱼儿海还有 40 里，不见敌军，想引军返回。定远侯王弼说：“我等率十余万人，深入沙漠以北，没有收获，就班师回京，用什么回复帝命？”蓝玉命军士在地上挖坑做饭，不要暴露烟火，乘夜到海南。敌营远在海东北 80 余里，蓝玉命令王弼为前锋，疾驰靠近敌营。敌军认为我军缺乏水草，不能深入，不设防。加上大风扬沙，白天天色晦暗，军队行进，敌人没有察觉。大军突然出现在面前，敌人大惊，慌忙迎战。蓝玉击败敌军，杀死太尉蛮子等人，降服其众。北元君主脱与太子等数十骑逃去。蓝玉率精锐骑兵追击。俘获其次子地保奴、妃子、公主以下数百人。上奏捷报到京城，朱元璋大喜，赐诏书褒奖蓝玉的功劳，将蓝玉与卫青、李靖相比。接着，蓝玉又攻破哈剌章军营，俘获人畜 60 000。军队回京，晋升为凉国公。

蓝玉勇而多谋，有大将才能。中山王徐达、开平王常遇春去世后，蓝玉多次统领大军，多次立功。朱元璋对他恩遇丰厚，他渐渐骄傲放纵，大量蓄养庄奴、义子，凭借权势强暴横行。曾经霸占东昌民田，御史查问，蓝玉发怒，赶走御史。北征回师，夜晚叩击喜峰关(今河北迁西与承德交界处)门。官吏没有及时接纳，他便纵兵毁关而入。朱元璋闻此不高兴。又有人说他私通北元君主脱古思帖木儿的妃子，妃子羞愧上吊而死。朱元璋严厉责备蓝玉。当初，朱元璋想封蓝玉为梁国公，因过错改封凉国公，将他的过错刻在铁券上。蓝玉仍然不改，陪侍宴饮时话语傲慢，在军中擅自贬升将校，军队的进止十分专断。朱元璋多次责备他。西征回师，任命为太子太傅。蓝玉不愿意位居宋国公冯胜、颍国公傅友德两公之下，说："我不能担任太师吗？"等到奏事，朱元璋大多不听从，蓝玉更加不愉快。

到了这年二月，锦衣卫指挥蒋瓛告发蓝玉谋反，蓝玉被交吏部审讯。狱辞上说："蓝玉伙同景川侯曹震、鹤庆侯张翼、舳舻侯朱寿、东莞伯何荣，以及吏部尚书、户部侍郎等合谋，将借皇上藉田[①]典礼之机起事。"证据确凿，被族诛。蓝玉为大明江山立下赫赤战功，到头来却被锦衣卫告发谋反，实在令人不可思议。

有诗赞曰：北征骁将称蓝玉，所向皆捷扫残元。只缘功高遭诬陷，坐党万余受株连。

十月二十四日，提拔国子监学生 64 人为布政使等官。十二月，颁发《永鉴录》[②]给众王。

① 古代帝王、诸侯征用民力耕种的田。

② 专为宗室诸王编撰的史书，由朱元璋敕撰。

第九章

集权雄猜杀功勋　酷刑肃贪岂容情

【本章自洪武二十七年(1394年)～洪武三十年(1397年)。朱元璋67～70岁。主要讲述:两公一侯被赐死,杀戮门里皆功勋。强力肃贪用重典,剥皮楦草施酷刑。治国安民多开创,文字狱案也惊心。汤和有幸得善终,驸马获罪不留情。】

洪武二十七年(1394年)正月二十一日,朱元璋以李景隆为平羌将军,镇守甘肃。三月初二,魏国公徐辉祖[①]、安陆侯吴杰到浙江防备倭寇。十一月二十九日,颍国公傅友德因事获罪受死刑。

傅友德,其祖先是宿州(今安徽宿州)人,后迁居砀山(今安徽砀山)。元朝末年跟从刘福通党羽李喜喜入蜀。李喜喜战败,跟随明玉珍,明玉珍不任用他。逃到武昌,跟从陈友谅。至正二十一年,傅友德率众归降朱元璋。朱元璋与他谈话,认为他奇特,用为将领。洪武三年,跟随大将军徐达攻打定西,大破扩廓帖木儿军。这年冬天,论功授予开国辅运推诚宣力武臣、荣禄大夫、柱国、同知大都督府事,封为颍川侯。五年,辅佐征西将军冯胜远征沙漠,射杀元朝平章不花,收降元太尉锁纳儿等。十七年,论功进封颍国公,俸禄3000石,授予铁券。二十年,

① 徐达长子。

辅佐大将军冯胜，到金山征讨纳哈出。二十三年，跟从晋王朱棡、燕王朱棣远征沙漠，擒获乃尔不花。第二年，加封太子太师。不久让傅友德返回家乡。

傅友德沉默寡言，冲锋陷阵，身经百死。朱元璋多次下令嘉奖慰劳他。儿子傅忠，娶寿春公主[①]为妻，女儿是晋王朱棡的世子朱济熺的妃子。二十五年，傅友德请求赐给自己怀远(今安徽怀远)田地千亩。朱元璋不高兴地说："俸禄赏赐已经不少了，又想侵害民众利益，是为什么呢！你没听说过公仪休[②]的故事吗？"

二十七年，朱元璋大宴文武，席间朱元璋责备傅友德不敬，说："召你两个儿子来！"傅友德出去，卫士传朱元璋的话，让傅友德提着头颅来见。不一会儿，傅友德提着两个儿子的头颅进来。朱元璋惊诧地说："你怎么忍心下手！"傅友德拿出藏在袖中的匕首说："不过就是要我父子的头颅吗。"于是自杀。由此可见，傅友德不是被赐死，而是被迫自杀。后世追封丽江王，谥武靖。

有诗赞曰：七胜将军傅友德，纵横沙漠犹捭阖。谁言因事被赐死，原来冤屈命自革。

十二月，定远侯王弼因事获罪受死刑。王弼，其先祖是定远人，后来迁到临淮。擅使双刀，号称"双刀王"。后来率领部众归降朱元璋。朱元璋让他担任宿卫。洪武三年，授予大都督府佥事，世袭指挥使。十一年，辅佐西平侯沐英征伐西番，收降朵甘诸酋长和洮州 18 族。论功封为定远侯。二十五年，跟从冯胜、傅友德在山西、河南选练兵马。第二年，冯胜，傅友德一同被召回，赐死。

洪武二十八年(1395 年)二月初三，宋国公冯胜因事获罪受死刑。冯胜(？～1395 年)，定远人。初名冯国胜，又名冯宗异，后名冯胜。勇而有谋，与哥哥冯国用都喜好读书，通晓兵法，元朝末年集结筑寨自保。朱元璋攻占至妙山，冯国用带冯胜来归顺，得到朱元璋亲近信任。后来，冯国用死于军中。由于儿子冯诚还小，而弟弟冯胜先已积累功劳任元帅，于是命令冯胜继承哥哥冯国用的职务，掌管亲军。

洪武元年，冯胜兼任太子右詹事。三年正月，冯胜任右副将军，跟从大将军

---

① 朱元璋第九女。

② 春秋时期鲁国人，官至鲁国宰相，因为廉政，不受人鱼而被流传后世。

徐达出兵西安，直捣定西，击破扩廓帖木儿。又攻占略阳，攻取兴元，凯旋而归。论功授予开国辅运推诚宣力武臣、特进荣禄大夫、右柱国、同参军国事，封为宋国公，享俸禄3000石，授予世代享受特权的铁券。二十年，朱元璋任命冯胜为征虏大将军，颍国公傅友德、永昌侯蓝玉为左、右副将军，率南雄侯赵庸等带领步兵、骑兵20万征讨纳哈出。郑国公常茂[①]、曹国公李景隆、申国公邓镇等都跟从出征。朱元璋又派以前俘获的纳哈出部将乃剌吾手持圣旨前往劝降。纳哈出见到乃剌吾，吃惊地说："你还活着呀！"乃剌吾讲述皇帝朱元璋恩德。纳哈出很高兴，他派左丞、探马赤[②]等以献马为名，窥视冯胜的军队。冯胜军队已经翻越金山，到达女真苦屯。明军突然到来，纳哈出难以抵挡，请求投降。军队返回，将捷报上报。朱元璋大喜，派使者迎接慰劳冯胜等。又上奏常茂行动过激引起变乱的情况，于是朱元璋令人给常茂戴上刑具拘禁起来。有人状告冯胜隐藏了很多良马，派守门人给纳哈出之妻斟酒索取大珠奇宝，王子死了刚两天，冯胜强娶他的女儿，失去投降者归附之心。朱元璋大怒，收回了冯胜大将军印，命冯胜回到凤阳府第。冯胜从此不再率领大军。当时诏令排列功臣中威望高的八个人，冯胜位列第三。朱元璋年事已高，多猜忌。冯胜功劳最多，多次因小毛病违逆朱元璋的旨意。蓝玉被杀那个月，朱元璋召冯胜回京。过了两年，赐死。

有诗赞曰：列勋居三冯国胜，功高细故犯上颜。终遭猜忌被赐死，追至昭雪已百年。

二月二十五日，朱元璋告谕户部，将100户编为一个里。有婚姻、死亡、疾病、祸害、灾难的，里中富人资助钱财，穷人帮助出力。春秋耕种与收获，通力合作，以此使百姓和睦相处。

六月二十七日，朱元璋驾临奉天门对群臣说："朕起兵到今天有40多年了，洞察真伪，惩罚奸诈不法之人，有时在法律之外用刑，这本来不是正常的法典制度。后代只遵守《律》与《大诰》，不许用墨刑、断足、割鼻、割生殖器这一类刑罚。"又说："朕废除丞相一职，设置府、部、都察院分管各种政务，处理事情的权归于朝

① 冯胜女婿。

② 元朝官名。

廷。继位之君不许再设立丞相。臣下敢于请求设立的,从重处罚。皇家亲属只有谋反罪不赦免。其余的罪,经宗室亲属汇聚讨论而由皇上裁定。掌管司法刑狱的官署只许举报陈奏,不得擅自逮捕。将这些明载在法典规章里,永远作为遵守的模式。"

朱元璋自登基以来,始终将"集权"和"法典"作为首要政务。废除丞相一职,实际上就是为了加强中央集权,并载入法典规章,永远遵守。至洪武二十三年,"胡惟庸案"发,其谋反"罪状"陆续暴露。二十六年,"蓝党案"案发,与"胡惟庸案"合称为"胡蓝之狱"。受两案株连和其他案件牵涉的功臣宿将几乎诛杀殆尽。

当初,朱元璋于洪武三年大封功臣,封公者六人:韩国公李善长、魏国公徐达、郑国公常茂、曹国公李文忠、宋国公冯胜、卫国公邓愈。封侯者共57人。其中,徐达、沐英和郭英三人子孙尚得承袭外,其余大多数被废黜。特别受"胡蓝之狱"牵连被诛死、赐死、病死爵除的公、侯、伯,以及丞相、学士等臣属,包括死后追罪和儿子削爵的,据不完全统计有51位。

可见,朱元璋诛杀功臣之多,株连蔓引之广,追罪年限之长,动用刑法之酷,是历代王朝所不多见的。

"独至明祖(朱元璋),藉诸功臣以取天下,及天下既定,即尽取天下之人而杀之,其残忍实千古所未有。盖雄猜好杀,本其天性。"[①]

朱元璋推崇"重典治国"、"礼法并用";民有善恶、官有功罪,均榜示众。洪武五年二月,"建申明亭。上(朱元璋)以田野之民不知禁令,往往误犯刑宪。乃命有司于内外府州县及乡之里社皆立申明亭。凡境内人民有犯,书其过名,榜于亭上,使人有所惩戒"。

洪武十七年四月,朱元璋"命礼部录有司官善政着闻者,揭于其乡之旌善亭。刑部录内外诸司官之犯法罪状明著者,揭于申明亭,以示劝戒。"[②]朱元璋多次颁发犯谕、戒谕和榜谕,以刑罚垂示,布告天下。

朱元璋派人对中央各部和地方官府进行调查。结果显示,从上到下贪污腐败、请托求官的现象十分严重。遂欲严加查处,决不姑息。洪武十二年,朱元璋告诫群臣不要"身负重名,怀私在职,或忘理众务,心在贪商,或贿赂公行,不知身

---

① 《廿二史箚记》卷三十二《胡蓝之狱》。

② 《明太祖实录》。

名之重，俸禄之忧，以致杀身”。[①]

洪武十七年，朱元璋建三法司[②]于太平门外钟山之阴。如：“浙西所在有司，凡征收害民之奸甚如虎狼。且如折收秋粮，府、州、县官发放，每米一石，官折钞二贯，巧立名目，取要水脚钱100文，车脚钱300文，口食钱100文。库子又要办验钱100文，蒲篓钱100文，竹篓钱100文，沿江神佛钱100文。害民如此，罪可宥乎？”[③]又如：“龙江卫仓官[④]攒人[⑤]等，为通同户部官郭桓等盗卖仓粮。其官攒人等已行墨面[⑥]文身、挑筋去膝盖，仍留本仓守支。不逾半年，进士到仓放粮，朝发筹200根，至晚乃收203根。进士诘焉[⑦]，乃是已刑之吏[⑧]康名远仍肆奸顽，偷出官筹，卖与一般刑余[⑨]攒典费祐，盗支仓粮。呜呼！当是官是吏，受刑之时，朕谓斯刑酷矣，闻见者，将以为戒。岂意在攒典康名远等，肢残体坏，形非命存，恶犹不已，仍卖官粮。此等凶顽之徒，果将何法以治之乎？”[⑩]

上述案件，都由“三法司”进行审理，并给予严厉的制裁。

朱元璋为了监督各级官吏行为，专设都察院御史和六科给事中职位。然而这些监督部门也同流合污。洪武十九年（1386年），都察院“御史刘志仁、周士良出巡不守法纪，‘受银一百五十两、金三十四两、钞二万五千二百贯’，还有其他种种劣迹，终被‘凌迟示众’。”[⑪]

洪武二十五年，翰林院学士刘三吾诣吏部自陈：“婿户部尚书赵勉夫妇坐赃罪法当死，皆缘素失教诲，致负深恩，近被御史纠劾，虽蒙恩宥，窃思职居近侍，自当引退，以励廉耻。”吏部以闻，遂免其官。

当时，朱元璋治贪官，“法律甚严，赃至十六两以上，俱剥皮贯草。”[⑫]

---

① 《明太祖集》卷七《谕群臣务公去私》。
② 刑部、都察院、大理寺。
③ 《御制大诰·折粮科敛第四十一》。
④ 管理仓库的官员。
⑤ 攒典，仓库吏役。
⑥ 在面额上刺字染成黑色。
⑦ 当面责问。
⑧ 受过刑的仓官。
⑨ 转卖给受过一样刑的。
⑩ 《御制大诰·刑余攒典盗粮第六十九》。
⑪ 《大诰三编·御史刘志仁等不才第三十九》。
⑫ 《明朝小史》。

“又案草木子，记明祖（朱元璋）严于吏治，凡守令贪酷者，许民进京陈诉，赃至六十两以上者，枭首示众，仍剥皮实草，府州县卫之左，特立一庙以祀土地，为剥皮之场，名曰皮场庙，官府公座傍各悬一剥皮实草之袋，使之触目警心。”①

显然，上述官吏贪赃受贿的数额，都大大超过了十六两，乃至六十两银子，因此都在“剥皮贯草”之列。

朱元璋从登基一直到他去世，惩治奸诈贪贿官吏一直没有停止，不管是什么人，只要触犯了法律，一律严惩不贷，包括驸马都尉欧阳伦也不豁免。但是奸诈贪贿现象始终没有根除。为此，朱元璋深深感叹道：“我欲除贪赃官吏，奈何朝杀而暮犯？今后犯赃的，不分轻重都杀了！”正如解缙在万言奏疏中说的那样：“国初至今，将二十载，无几时不变之法，无一日无过之人”。

朱元璋为了整饬吏治，采取了一系列措施，其中就包括对数字的大写。明末顾炎武考证认为：“凡数字作壹、贰、叁、肆、伍、陆、柒、捌、玖等，皆武后②所改及自制字。”二十世纪末在吐鲁番出土的史料显示，唐朝以前已有大写数字。但是真正推广和规范数字大写的乃是朱元璋。

朱元璋一朝，在治国安民方面还有许多首创或首倡，此列七项。

第一，剥皮揎草。剥皮揎草是朱元璋“七创”中的一项重要发明。“剥皮者，从头至尾，一缕裂之，张于前，如鸟展翅，率逾日始绝，有即毙者，行刑之人坐死。”③

此外，在照壁绘“猹”，也是朱元璋首倡，即在官衙的照壁上绘一个叫“猹”的怪兽，龙头、麒麟身、狮尾、牛脚。这个怪兽非常贪心，不吃五谷杂粮，专吃金银财宝，还想贪吃太阳，结果被烤死，掉进大海。

纵观朱元璋的反贪除恶，可谓严酷之极，甚至暴虐。但是，贪官恰恰就是他的皇权制度下的必然产物，纵然天天“朝杀”，也难绝日日“暮犯”。

第二，廷杖官吏。朱元璋首开廷杖大臣的先例。“有的刑法是明代新创的，不合古制，廷杖、东厂西厂、锦衣卫、镇抚司狱就是。”“廷杖之刑，亦自太祖始

---

① 《廿二史箚记》。

② 武则天。

③ 《草木子余录》。

矣。"[①]所谓廷杖，即在朝廷上用大竹板、棍棒或荆条抽打犯人背部，是对朝中官吏实行的一种惩罚。

朱元璋在"永嘉侯朱亮祖圹志"中写道："（洪武）十二年（1379 年），胡惟庸不法，使（朱亮祖）镇岭南，作为擅专，贪取尤重，归责不服，已非一时。朕怒而鞭之，不期父子[②]俱亡。"可见廷杖也能致人死命。

第三，春联之设。宋代以后，民间新年悬挂春联已经相当普遍，王安石诗中"千门万户曈曈日，总把新桃换旧符"之句，就是当时春节盛况的真实写照。

到了明代，人们开始用红纸代替桃木板书写春联。"春联之设，自明孝陵昉也。时太祖都金陵，于除夕忽传旨：公卿士庶家门上须加春联一副。太祖亲微行出观，以为笑乐。偶见一家独无之，询知为醃豕苗者，尚未倩人耳。太祖为大书曰：双手劈开生死路；一刀割断是非根。投笔径去。嗣太祖复出，不见悬挂，因问故，答云：知是御书，高悬中堂，燃香祝圣，为献岁之瑞。太祖大喜，赉银三十两，俾迁业焉。"[③]

此外，"门贴福字"也是朱元璋首创为之。当年，朱元璋曾经在元宵夜微服私访南京城。"当时的习俗喜欢用隐语，类似今之谜语，相互猜测作乐。于是有人画一妇人，赤着脚怀抱西瓜。众人见了十分震惊。朱元璋也凑近观看，心里已经明白，说：是告诉人们（怀西）淮西妇人好大脚也。因此非常恨恼，于是在这天夜里，派人用'福'字秘密地贴在安分守己人家的门上。第二天召来军队士兵，大肆杀戮门上没有贴'福'字的人家。因为马皇后是淮西人，所以才这么说。江南风俗到今天在除夕夜仍然用'福'字作门贴。"

第四，户籍制度。洪武三年，朱元璋命户部籍全国户口，置户籍、户贴。户贴格式由户部制定，颁行各州县，各州县照式刻印，给予里甲人户。户籍、户贴，详细登载姓名、年龄、居住地。户籍上交户部，户贴下发人户。主管部门每年计算人口增加减少的情况并上报。洪武十四年编制赋役黄册。所谓赋役黄册，是明朝用以管理户口、征调赋役的制度。因皆以黄纸为面，故名。黄册年终进呈，送后湖（今南京玄武湖内）东西二库保存。户籍共分三等：一是贫民，包括儒生、医

---

① 《明史·刑法(三)》。

② 子，指朱亮祖长子、府军卫指挥使朱暹。

③ 《楹联丛话》卷一。

生、阴阳先生；二是军人，包括校尉、力士、有弓、铺兵；三是工匠，包括厨役、裁缝、马船之类。禁止多个姓合成一户附于簿籍。

第五，特务机构。锦衣卫，即“锦衣亲军都指挥使司”，是明朝专有的军政特务机构。洪武十五年四月十六日，朱元璋废除仪鸾司[①]，改设锦衣卫，掌管侍卫、缉捕、刑狱之事。其首领为锦衣卫指挥使，由皇帝的亲信担任，直接向皇帝负责。凡是朝会、巡幸，便身穿飞鱼服，佩绣春刀，侍从皇上左右。洪武二十年，朱元璋因为掌管锦衣卫的人多非法凌辱虐待罪囚，于是下令焚毁锦衣卫刑具，交出关押的罪囚，由刑部审理，诏令内外案件都归刑部、都察院、大理寺三法司审理，将锦衣卫废除。

第六，“奸党罪名”。朱元璋为了巩固皇权，防止大臣结党营私，首创“奸党罪”。凡奸邪进谗言唆使杀人、运用计谋使犯人逃脱死刑处罚、听凭长官旨意任意增减犯人刑罪、朋比结党、扰乱朝政等，皆属“奸党罪”，并将其写进《大明律》。

第七，四菜一汤。据说，朱元璋有一次宴请群臣，席上一共四道菜，炒萝卜、炒韭菜、炒芹菜、炒青菜，最后上的是葱花豆腐汤。朱元璋对群臣说：萝卜是百味药，可治百病；韭菜生命力旺盛，象征国家长治久（韭）安；芹菜、青菜寓意为官要勤（芹）政清（青）廉、体恤民情；葱花豆腐汤表示为官要一清二白，不能徇私枉法。并宣布：今后请客，只能“四菜一汤”，谁若违犯，严惩不贷。

相传，朱元璋曾大兴文字狱。因为在元末，朱元璋参加过红巾军，所以忌讳“贼”、“则”、“盗”、“道”等字；又有过当和尚的经历，所以对“光”、“僧”等字，甚至谐音都很敏感忌讳。

有一天，朱元璋宴请和尚来复。宴毕，来复谢恩，作诗一首。朱元璋见诗后，大怒，说：“你的诗用‘殊’字，是说我‘歹朱’吗？”又说：“‘无德颂陶唐’，是说我‘无德’，虽然想以唐尧来赞颂我也不能，什么狡诈的和尚，竟敢大胆到如此地步。”于是斩首。

然而，综观《明太祖集》就不难发现，朱元璋自己作品中所用的“生”、“则”、“光”、“僧”等字就有不少。故，“明初文字之祸”不足信。

此外，还有“春夏榜”案，又称“南北榜”案。说的是朱元璋于洪武三十年二月，以翰林学士刘三吾、王府纪善白信蹈主考会试。发榜后，宋琮为第一名，北方

① 掌仪礼的官署。

士人没有中榜的。因录取的全是南方人，所以称“南榜”。会试落第的北方人联名上疏，告考官刘三吾、白信蹈偏私南方人。白信蹈等人判处死罪，刘三吾因为年老戍守边塞，宋琮也被遣发戍边。于是朱元璋于六月亲自策问，另外选取 61 人，全是北方人，因称“北榜”。[①]

洪武二十八年(1395 年)八月初六，都督杨文为征南将军，指挥韩观、都督佥事宋晟辅佐他，讨伐龙州(今广西龙州)土官赵宗寿。初七，信国公汤和去世。

汤和(1326～1395 年)，字鼎臣，濠州(今安徽凤阳)人，与朱元璋同乡。幼年时有奇志，游戏时指挥一群小孩。长大后，身高七尺，豪爽洒脱多计策谋略。郭子兴初起兵，汤和率壮士十多人归附他，因功被授予千户。后来，跟从朱元璋进攻大洪山，攻克滁州，授予管军总管。跟从夺取和州。当时诸将多为朱元璋同辈，不愿居其下。汤和长朱元璋三岁，却尊奉约束，非常恭谨，朱元璋非常喜欢他。跟从徐达夺取镇江，晋升统军元帅。至正十七年，镇守常州(今江苏常州)，多次击败张士诚的部队。二十七年，汤和为征南将军，讨伐方国珍。方国珍逃到海上，派使者招降，方国珍到军营前投降。尔后，汤和率部由海道入福州，俘获占据延平(今福建南平)的陈友定。洪武三年，授予开国辅运推诚宣力武臣、荣禄大夫、柱国，封为中山侯。四年，拜授汤和为征西将军，与副将军廖永忠率水军溯长江而上讨伐夏国，迫使夏国君主明昇出降。洪武九年，以征西将军进兵延安(今陕西延安)，迫使元朝伯颜帖木儿乞降。十一年，汤和晋封为信国公。

汤和沉稳机敏多谋算，但因酒后过失，得罪朱元璋。朱元璋日渐年高，魏国公徐达、曹国公李文忠都已去世，朱元璋不想让众将长期掌管兵权，但一时又没有机会表达。汤和乘机说：“臣犬马年高，不能再承受驱使，希望能回归故乡，建造放置棺材的墓地，以等待殓装骸骨。”朱元璋听了非常高兴，立即赐予汤和钱财，在中都建造宅第。不久倭寇侵犯沿海，朱元璋为此忧虑，对汤和说：“你虽然年纪大了，勉力为朕再出征一次吧。”汤和请求与方国珍的侄子同行，因为他熟知海上事务。第二年，汤和还朝复命，中都新宅第建成。汤和携妻子儿女上殿辞别，朱元璋赏赐金银十分丰厚。二十三年正月初一，汤和前来朝见朱元璋，因感染疾病讲话失声。朱元璋当日亲临探视，叹息许久，遣送汤和回乡。病稍愈，又

① 《明史》。

命汤和的儿子迎他到都城，派人用马车将他接入内殿，设宴慰劳备至，赐给金银、锦帛、御膳等物品。二十七年，汤和病重不能起身。朱元璋想见他，用车接入宫城，与他共叙乡里故人旧友，以及起兵时的艰难世事。汤和不能说话，只是磕头而已。朱元璋为此流泪，厚赐金银锦帛作为丧葬费用。这年，汤和去世，时年 70 岁，追封为东瓯王，谥号襄武。

汤和晚年更加恭顺谨慎，入朝听见的国事，一句也不敢向外泄露。侍妾 100 多人，全都给予资费遣散。所得赏赐，大多分送给乡亲。当时封公、封侯的众老将们由于犯奸党罪，先后受到法律制裁，很少有人得以幸免，唯独汤和享有长寿，保住官职封爵，直到去世。

有诗赞曰：抗倭先驱名汤和，投军杀敌挥战戈。北虏南寇皆征讨，保爵长寿两相得。

洪武三十年(1397 年)正月初三，朱元璋任命耿炳文为征西将军，郭英辅佐他，巡视西北边境。是月，沔县盗贼兴起，命令耿炳文讨伐他们。二月初七，水西蛮族叛乱，朱元璋命都督佥事顾成为征南将军，讨伐平定了水西叛蛮。六月二十九日，驸马都尉欧阳伦有罪，朱元璋赐死。

欧阳伦(？～1397 年)，进士出身，朱元璋的女婿。洪武十四年娶安庆公主[①]，官至驸马都尉。欧阳伦很不守法。洪武末年，朱元璋为了有效控制西蕃少数民族，用中原地区的茶叶交换西番地区的马匹，把茶叶当为重要的战略物资，严禁私自贩运出镜。但欧阳伦“数遣私人贩茶出境”，从中牟取暴利。欧阳伦所到之处，不断骚扰，即便大官吏也不敢过问。欧阳伦有个名叫周保的家奴尤为蛮横，擅自呼唤有关官员征派民车几十辆。经过河桥巡检时，又殴打辱骂值守官吏。官吏不能容忍，将此事上报朝廷。朱元璋大怒，赐欧阳伦死，周保等都被诛杀。

此外，朱元璋对工作不认真负责的亲属，也给予严惩。洪武七年，有御史台上奏说，太常寺卿“吕本[②]供职不认真，祭祀天地用的牺牲不是牛犊，功臣庙损坏

① 朱元璋第四女，母为孝慈皇后。

② 朱元璋亲家、懿文太子吕妃的父亲。

也不修缮”。朱元璋下令，免去吕本的职务，罚去功臣庙做工。

八月十五日，李景隆为征虏大将军，到河南练兵。九月初一，汉水、沔水的盗贼被平定。十九日，麓川平缅的当地首领刀干孟驱使他们的宣慰使思伦发而叛乱。二十六日，朱元璋命都督杨文为征虏将军，代替都指挥齐让，临行作诗《赐都督佥事杨文征南》为杨文壮行。

十一月二十五日，沐春为征虏前将军，都督何福等辅佐他，讨伐刀干孟。

第十章

遗诏传位皇太孙　高皇殡葬留逸闻

【本章自洪武三十一年(1398 年)正月～闰五月十六日。朱元璋 71 岁。主要讲述:临终传位朱允炆,犹念燕王来京城。重开恶例复殉葬,后妃赴死几多人。合葬孝陵成千古,多门出殡传奇闻。相貌无关功与过,画像难辨假与真。】

洪武三十一年(1398 年)正月二十四日,杨文平定了古州的蛮族,朱元璋征召杨文回朝。四月初四,朝廷大臣因为朝鲜屡次发生争端请求讨伐,朱元璋不允许。

不久,朱元璋来到宗庙祭祀,完毕以后走出庙门,徘徊顾立,指着桐梓树对太常寺臣说:"往年种此,今不觉成林,凤阳陵树当亦似此。"因感怆泣下。又曰:"昔太庙始成,迁主就室。礼毕,朕退而休息,梦朕皇考呼曰:'西南有警。'觉即视朝,果得边报。祖考神明昭临在上,无时不存尔等掌祭祀,宜加敬慎,旦暮中使供洒扫,奉神主。"①

此时,垂暮之年的朱元璋,除了"感怆"之外,只有将未尽事宜寄托于神灵。

五月初一,沐春攻打刀干孟,将他打败。初八,朱元璋身体不适。十二日,都

① 《明太祖实录》。

督杨文跟随燕王朱棣，武定侯郭英跟随辽王朱植，在开平防御，都听从朱棣指挥管辖。闰五月初八，朱元璋病危。

洪武三十一年(1398年)闰五月初十，朱元璋在南京西宫驾崩，终年71岁。临终留下遗诏说："我受天命31年，忧虑戒惧积在心头，每天勤勉不怠，务求有益于民。无奈出身贫寒微贱，没有古人那样渊博的知识，喜爱美善，憎恨丑恶，我远不及他们。如今我的死符合万物有生必有死这一自然的道理，哪有什么可悲哀、悼念的呢？皇太孙允炆仁爱明察，孝顺父母、友爱兄弟，天下人心归向，应该登帝位。朝廷内外文武群臣百官要同心辅佐朝政，以使百姓安定。祭丧所用于礼仪的器物，不要用金玉。孝陵山川随顺它原来的样子，不要改作。全国臣民，哭临三天后，都解去丧服，不要妨害嫁娶。众王在封国中哭临，不要来京城。凡命令中没有讲到的，按照此令类推行事。"

朱元璋临终前曾想召第四子朱棣来到身边，急切地问左右："第四子来了没有？"当年朱元璋的意图究竟是"传位"抑或"传旨"都不好说，但至少会有一个说法。然而，由于皇太孙朱允炆，抑或顾命大臣的竭力阻挠，朱棣最终没能来到朱元璋身边，所以留下许多猜测和传闻。

据不完全统计，朱元璋一生共有后妃约20人，"高皇后马氏、昭敬充妃胡氏、安妃郑氏、定妃达氏、顺妃胡氏、余氏(称谓不详)、贵妃赵氏、丽妃葛氏、成穆贵妃孙氏、庄靖安荣惠妃崔氏、宁妃郭氏、郜氏(称谓不详)、杨氏(称谓不详)、贤妃李氏、淑妃李氏、碽妃(称谓不详，有历史学家认为她是朱棣生母)、惠妃郭氏、韩氏(称谓不详)、周氏(称谓不详)、惠妃刘氏"。[①]

成穆贵妃孙氏(1343～1374年)，陈州(今河南周口)人。元末战乱，贵妃父母全都亡故，跟随次兄孙蕃躲避兵祸于扬州。青军[②]攻陷城池，元帅马世熊得到她，收为义女。年满18岁，朱元璋纳娶她。等到朱元璋即位称帝，册封为贵妃，位次在众妃之上。洪武七年九月薨，时年32岁。朱元璋因为孙贵妃没有儿子，命周王朱橚代为自己的庶母服孝三年，太子、诸王都服丧一年。敕命儒臣作《孝慈录》。庶出的儿子为生母服丧三年，众子为庶母服丧一年，从孙贵妃开始。葬于褚冈(今南京中山门外褚冈)。恩赐其兄长孙瑛田租300石，每年供奉祭祀。

① 《国榷》卷首之一《天俪》。

② 也称青衣军，元朝招募的军队。

后来祔葬孝陵。

宁妃郭氏，濠州（今安徽凤阳）人，郭山甫的女儿。郭山甫擅长看相。当年朱元璋贫贱时造访他家，郭山甫给朱元璋看相，非常吃惊地说："您的面相贵不可言。"因而对儿子郭兴、郭英说："我给你们看相说你们都能封侯的原因就在此人。"于是让郭兴、郭英跟随朱元璋渡过长江，并送宁妃侍奉朱元璋。后来封为宁妃。郭山甫屡次赠封至营国公，郭兴、郭英都因为战功封侯。

朱元璋共育有 26 个儿子和 16 个公主。据《明史》载：太祖 26 个儿子。懿文太子（朱标）以外，皇子朱楠（幼殇）没有封王。成祖（朱棣）在洪武三年封燕王，后来推尊为皇帝世系，不能仍列在藩王封赐的世系承传先后中。朱元璋先后于洪武三年、洪武十一年、洪武二十四年三次封藩，共封了 23 位藩王。

朱元璋幼女宝庆公主（1395～1433 年），四岁时其父去世。永乐十一年（1413 年）嫁给赵辉。宣德八年（1433 年）去世，葬于南京南郊光泽乡（今南京板桥三山附近）。2008 年，其墓葬被发现。

朱元璋病逝后，皇太孙朱允炆继位，遵遗诏，依古制，凡没有生育过的后宫嫔妃，皆令殉葬，另有若干宫女从死。也就是说，朱元璋下葬时，恢复了活人殉葬制度。这一制度自古就有，西汉以后逐渐消失，但在蒙元时期又开始恢复。

"太祖以四十六妃陪葬孝陵，其中所殉，惟宫人十数人。"①"建文、永乐年间，相继怜悯抚慰（其家属）。至若张凤、李衡、赵福、张壁、汪宾等家，都从锦衣卫所试用百户、散骑带刀舍人晋封为千百户，带俸禄世袭，人称'太祖朝天女户'。"

孝陵，是朱元璋于洪武十四年开始为自己建造的陵墓。第二年八月，马皇后去世，九月葬入此陵。因为马皇后谥号"孝慈"，定名为孝陵。

十六日，朱允炆启用地宫将朱元璋与马皇后合葬于明孝陵。谥号高皇帝，庙号太祖。明孝陵，坐落在紫金山南独龙阜玩珠峰下。阜北依钟山主峰，阜高 150 米，林壑幽深，紫气蒸腾。南朝沈约《钟山》诗赞曰："发地多奇岭，千云非一状。"山南有开阔的平地和幽渺的前湖，依山傍水，坐北朝南，堪称风水宝地。

据传，当初选陵址时，"高皇帝（朱元璋）与刘诚意（刘基）、徐中山（徐达）、汤

---

① 《彤史拾遗记》。

东瓯(汤和)定寝穴,各志其处,藏袖中。三人合①,穴遂定。门左有孙权墓②,请徙。太祖曰:'孙权亦是好汉子,留他守门。'"这样孙陵才在原地安顿下来,就是现在的梅花山。

明孝陵从洪武十四年开始筹建,到永乐三年建成,历时25年之久。先后动用10多万军工,建成时陵垣周长达50华里,从下马坊到独龙阜宝城,纵深五华里。神道上有一段石像路,道路的前半段两侧立石兽,依次是:石狮、石獬豸、石骆驼、石象、石麒麟、石马,每种各二对,都是二立二卧。石兽尽端立石望柱③一对,上雕云龙,气势不凡。神道的后半段转向北,列石人八躯,文臣武将各四躯,分别穿着盔甲和蟒袍,立于神道两侧。

古代,在帝王陵墓前的神道两侧,通常排列一对对石刻,由文臣武将和几种动物组成,像仪仗队一样,名叫"石像生",又称"翁仲",是皇权仪卫的缩影。俗称"石人石马"或"石人石兽"。

明孝陵

《明史》说:朱元璋有着上天赋予的智慧与勇敢,统一了全中国,能文能武,为汉、唐、各朝国君所比不上。当他创建国家之初,能把事情的迹兆隐蔽起来,静观形势发展的变化,一个接一个地经营谋划,心里宽缓从容。曾经与群臣议论夺取天下的策略,说:"我遇上时事丧乱,当初从家乡起事,本来是想保全自己。等到

① 一致选定独龙阜。

② 位于明孝陵正南300米,史称蒋陵,又名吴王坟,也称孙陵岗。

③ 也称华表。

渡江以后，看到群雄所作所为，仅仅是给百姓制造祸患，而张士诚、陈友谅尤其是大蛀虫。士诚仗恃富有，友谅仗恃强大。我独独没有什么仗恃，仅仅只是不嗜好杀人，散布信义，施行节俭，于你等齐心共同渡过困难。"朱元璋的雄才大略，估量判断敌情而夺取胜利，大率如此，所以他能平定祸乱而享有天下。

关于朱元璋出殡，在南京民间流传最广就是：13 个城门同时出棺材。出殡之日，13 个城门，在同一时间，同一仪仗，同一棺椁，为大行皇帝朱元璋出殡。谁也不知道哪个是真，哪个是假，安葬何处。由于建文帝遵旨"速葬"太祖，所以朱国桢在《皇明大政记》中记载道："果尔，建文当受命于地下，而发引，各门下葬。"

关于朱元璋的貌相，几百年来众说纷纭。人有貌相，也有命相。通常来说貌相映衬命相。《明史·太祖本纪》中说：朱元璋"姿貌雄杰，奇骨贯顶"。这种描述应该说，朱元璋具有帝王之相，而且气度不凡，也称得上相貌伟岸，才智出众。

北京故宫藏朱元璋像（一）

民间流传的朱元璋画像（二）

现存的朱元璋画像有两种。一种是宫廷标准画像，朱元璋方面大脸，慈眉善目，胡须稀疏，面白细润，身穿龙袍，五官端正，相貌堂堂。

另一种是民间画像，朱元璋脸颊狭长，立眉深目，大耳隆鼻，胡须浓密，脸上长满了黑子，五官不正，相貌丑陋。

吴晗先生在《朱元璋传》中贴出了朱元璋的六幅画像，其中就有这一幅画像（三）。

南京民间藏朱元璋画像（三）

据《菽园杂记》载：朱元璋曾经召集画工为他画像，画出来的像大多不符合他的意旨。有位画工画得十分逼真，自以为皇帝看了一定会给予赏赐，等到拿进宫给皇帝看，也不符合。一位画工揣摩皇上的心思，画得略在形似之外，再将容貌画得雍容端庄，敬献给皇帝。皇帝看了以后，非常高兴，诏令照此画若干幅赐给各位亲王。原来皇帝早就有了自己的想法，只是其他画工不知道而已。民间流传朱元璋杀了不少画匠的故事，盖源出于此。

此外，朱元璋在诗文辞赋上也有几分造诣。朱元璋"平日极喜诵唐人李山甫《上元怀古诗》，有暇则吟哦不绝，且大书置屏间。其诗曰：南朝天子爱风流，尽守江山不到头。总为战争收拾得，却因歌舞破除休。尧将道德终无敌，秦把金汤可自由。试问繁华何处在？雨花烟草石城秋。"①

朱元璋著有"《明太祖文集》五十卷，《诗集》五卷"。在朱元璋的诗作中，写得最多的是南京，尤其是南京的钟山。朱元璋的诗文粗犷豪放，霸气十足，虽言简直白，然志向绝顶，溢于字里行间，读起来令人酣畅淋漓。

后世对朱元璋多有褒贬，除了《明史》的评价以外，清朝的几位皇帝也有自己的感慨。

顺治皇帝说："朕以为历代贤君莫如洪武，何也？洪武所定条例章程，规划周详，朕所以谓历代之君不及洪武也。"②

康熙皇帝说："明太祖起布衣，统方夏，驾轶汉、唐、宋诸君。"③康熙三十八年

---

① 《明朝小史》。
② 《世祖章皇帝实录》。
③ 《清史稿》。

(1699 年),康熙皇帝第三次下江南谒陵时又题写了“治隆唐宋”四个大字。

乾隆皇帝说:“崛起何嫌本做僧,汉高同杰又多能。每当巡省临华里,必致勤虔谒孝陵。一代规模颇称树,百年礼乐未遑兴。独怜复古非通变,翻使燕兵衅可乘。”①

毛泽东说:“他是个放牛娃,开创了近 300 年的大明王朝,上无惯例。他没有什么文化,完全靠他的聪明才智,是他个人努力奋斗的结果。可以说他是中国历代皇帝中成功的一个典范。”②

有道是:一部明律贯始终,两座皇城气势宏。三处陵寝供祭祀,四案至今留迷踪。五军六部集中制,七项创新各不同。八次出兵清漠北,九字方针立奇功。洪武之治垂千史,治隆唐宋碑记中。

请看下一篇:明惠宗恭闵惠皇帝朱允炆。

---

① 乾隆诗选《谒明太祖陵》。

② 《毛泽东这样学习历史这样评点历史》。

“四年宽政解严霜，天命虽新故忍忘？自分一腔忠血少，尽将赤族报君王。”（摘自明朱鹭《建文书法儗》附编上《过金陵吊方正学诸臣诗》）

朱鹭在这首诗中流露出对建文帝“四年宽政”的怀念。“严霜”，指洪武一朝，比较严酷、冷漠；“天命虽新”，指朱棣登基改换朝代。

建文帝继位之后，书生气十足而又温文尔雅，打算推行理想化的仁政。后因削藩，导致叔父燕王发动“靖难之役”。建文四年六月十三日，燕军侵犯都城（今南京）金川门，谷王朱橞和李景隆叛变，放燕军进城，都城陷落。皇宫内燃起大火，建文帝下落不明。

关于建文帝的个性和他在位时的国内发展情况，现已无可信材料，因为在他死后，许多记录都被篡改或销毁殆尽。

据《明史》记载：“燕军逼近京城……解缙赶去拜谒朱棣，朱棣很高兴。……后来朱棣拿出建文时群臣议事的书札[①] 1000 多封，令解缙等人顺次阅看。涉及军事、农业、钱粮的留下来，语言冒犯的及其他一切都烧毁。”此外，建文时期的档案文献和起居注全遭毁灭，而幸存的私家记述又概遭禁止。

有人认为：在朱棣登基后将建文一朝的史实作了歪曲或篡改。但是，并不能否定《明史》的权威性。

---

① 即奏折。

建文篇

祸起削藩败因逐燕　生死未卜谜踪百年
——惠宗恭闵惠皇帝朱允炆

惠宗恭闵惠皇帝（也称让皇帝）讳允炆（1377～？年），是朱元璋的孙子，懿文太子朱标的第二个儿子，母亲是懿文太子妃吕氏。朱允炆是大明王朝第二位皇帝，洪武三十一年（1398年）闰五月十六日至建文四年（1402年）六月十三日在位，年号：建文（四年）。

朱允炆画像

元顺帝至正二十四年，朱元璋即吴王位，立嫡长子朱标为世子。洪武元年正月，朱元璋即皇帝位，立朱标为皇太子。朱标早薨，未即皇位。

朱标有五个儿子。长子朱雄英（1374～1382年），生母元妃常氏，是开平王常遇春的女儿。按照明初"居嫡长者必正储位"的制度，朱雄英原本可以立为皇太孙，但是他已于洪武十五年五月初一去世，只活了八岁，未封。葬于钟山。朱元璋追谥为虞怀王。

次子朱允炆，即建文帝。生母为朱标继妃吕氏，是太常寺卿吕本的女儿。第三子朱允熥（1378～1417年），生母元妃常氏。第四子朱允熞（1385～？年）、第五子朱允熈（1391～1406年），生母均为继妃吕氏。

建文帝在位仅仅四年，即被他的四叔燕王朱棣取而代之。南京都城被攻破之日，建文帝下落不明，成为千古之谜。

第一章

半边月儿继皇位　削废五王惹是非

【本章自洪武三十一年(1398 年)～建文元年(1399 年)六月。朱允炆 22～23 岁。主要讲述:祖孙继统一脉承,半边月儿有疾痕。听信谗言忙削废,岂料惊起燕飞腾。】

朱允炆是朱标第二子、朱元璋嫡孙。出生于洪武十年(1377 年)十二月初五,属蛇,聪明好学,生性孝顺。他 14 岁时,侍候其父、太子朱标的病,昼夜不离,历时两年。二十五年四月,朱标去世,朱允炆守孝时因为哀伤过度而消瘦。朱元璋安慰他说:"你这实在是完美无缺的孝行,但就不考虑我吗?"这年九月,朱元璋立朱允炆为皇太孙。

当初,朱允炆出生时,"顶颅颇偏,太祖抚之曰:'半边月儿。'及读书,甚聪颖。一夕懿文太子与侍太祖命咏新月诗。太子吟云:'昨日严陵失钓钩。谁人移上碧云头。虽然未得团圆相,也有清光遍九洲。'太孙吟云:'谁将玉指甲,掏作天上痕。影落江湖里,蛟龙不敢吞。'太祖览之不悦。盖未得团圆影落江湖皆非吉兆。"[①]"未得团圆"、"影落江湖"八个字,竟然成为朱允炆自己的谶言。

"又一日与文皇(朱棣)同在禁中观猎。马疾驰而过,高皇(朱元璋)出句曰:

① 《明高僧传》。

‘风吹马尾千条线。’建文(朱允炆)云:‘雨打羊毛一片毡。’文皇曰:‘日照龙鳞万点金。’语虽俱工,而气象则让文皇矣。”①

当初,朱元璋命令皇太子朱标察看裁决奏章,朱标生性仁爱宽厚,对刑罚减轻或免除的很多。如今他将此事命皇太孙去办,皇太孙也同样从宽处理。皇太孙曾经向朱元璋请求,遍考记载礼仪的经书,参考历朝刑法,改定洪武《律》中偏重的 73 条,天下没有人不称颂皇太孙的恩德。

《明史》赞曰:“惠帝(建文帝)继承太祖遗威余烈,国势刚刚张大,仁爱的名声昭明宣扬,众人乐于归附。”

洪武三十一年(1398 年)闰五月初十,朱元璋驾崩。十六日,22 岁的朱允炆即位,是为建文帝。全国大赦,以第二年为建文元年。这一天,建文帝将朱元璋安葬在孝陵。下诏行三年丧礼。群臣请求用日代月。建文帝说:“我并非效法古人居丧期间不说话。上朝就穿麻做的冕服,退朝就穿齐衰执丧棒系麻带,吃则是稠粥,祭天地及宗庙按照通常的礼仪。”

二十一日,建文帝命令五品以上的文臣及州、县官吏各推举所了解的人,若推举不当则获罪。六月,减少并合并州、县,革除冗员。建文帝任命兵部侍郎齐泰为本部尚书,翰林院修撰黄子澄为太常卿,共同参与军国事务。

七月,建文帝征召汉中府教授方孝孺为翰林院侍讲。命令实行宽厚仁政,赦免有罪的人,蠲免拖欠的赋税。八月,周王朱橚有罪,废黜为平民,放逐云南。

建文帝在做皇太孙时,就对诸藩王不满,曾与伴读黄子澄商量削藩的对策。即帝位后,采纳了大臣齐泰、黄子澄的建议,决定先削几个力量较弱的亲王爵位。于是首先拿周王开刀。

这年十一月,“有人告燕王朱棣、齐王朱榑谋反,建文帝问黄子澄,先平定哪一个? 黄子澄说:‘燕王久称病,日事练兵,且多置异人术士于左右,此其机事已露,不可不急图之。’又召齐泰问曰:‘今欲图燕,燕王素善用兵,北卒又劲,奈何?’齐泰说:‘今北边有寇警,以防边为名,遣将戍开平,悉调燕藩护卫兵出塞,去其羽翼,乃可图也。’建文帝听从了。于是以工部侍郎张昺为北平左布政使,以谢贵为都指挥使,观察燕王的动向,准备图谋他。”②

---

① 《坚瓠集》。

② 《明史纪事本末》。

是月，建文帝又下诏，征求向朝廷直率进言政事得失，推荐山野中有才德的人士。十二月初一，何福斩获刀干孟，麓川平定。建文帝赐免全国明年田租的一半，释放黥刺充军及囚禁的犯人回家乡。

建文元年（1399年）正月初九，建文帝在南郊大祭天地，敬以太祖配享。修《明太祖实录》。二月，给已亡故的父亲朱标太子追加尊号为孝康皇帝，庙号兴宗；亡故的嫡母常氏追加尊号为孝康皇后。尊奉母妃吕氏为皇太后，册立妃子马氏为皇后。封弟弟朱允熥为吴王、朱允熞为衡王、朱允熈为徐王。立四岁的皇长子朱文奎为皇太子。

建文帝用诏书告知全国，推荐未被发现的贤才。年事高迈的百姓，赐给他们米肉、丝絮、丝帛，鳏夫、寡妇、幼而丧父、老而无子及残废有病的人，由官府赡养。重视耕织，兴建学校，考察官吏，赈济受灾的贫民，旌表有节操和孝顺之人，掩埋暴露在野外的尸骨，蠲免荒田的赋税。命令众王不得指挥管辖文武官员和属吏士兵，重新制定朝廷内外大小官制。由此可见，建文帝甫执政，就背离了朱元璋的规制，行政治制度改革，打出了“文治”旗号，推崇仁义礼治，重用文人。史称“建文新政”。

三月，都督宋忠、徐凯、耿瓛[①]执行建文帝的旨意，率兵驻扎开平、临清（今河北临清）、山海关（今河北秦皇岛）。将北平、永清两个卫的军队调到彰德（今河南安阳）、顺德（今河北邢台顺德府）。侍郎暴昭、夏原吉等24人充任采访使[②]，分别巡行全国。四月，湘王朱柏自焚而死。齐王朱榑、代王朱桂有罪，被废为平民。建文帝打发燕王在京师（今南京）的世子朱高炽和他的弟弟朱高煦、朱高燧返回北平。

早在这年“二月，燕王入觐，行皇道入，登陛不拜。监察御史曾凤韶劾王（燕王）不敬，帝（建文帝）曰：‘至亲勿问。’”[③]户部侍郎卓敬秘密上疏建文帝说：“燕王智谋绝伦，并有雄才大略，酷似高皇帝。北平地势优越，兵精马壮，金、元[④]即由此兴起。现在应当将他改封南昌，万一有变，也容易控制。”但是，建文帝没有采纳这一建议。三月，燕王返回北平，建文帝以都督耿瓛掌管北平都司事，都御

---

① 长兴侯耿炳文次子。

② 掌管检查刑狱和监察州县官吏。

③ 《明史纪事本末》。

④ 金朝、元朝。

史景清代理北平布政司参议，让他们侦察燕王府邸的秘事，不久又都召回。“夏四月，太祖小祥[①]，燕王派遣世子朱高炽及其弟高煦、高燧入朝哭临。有人劝道：‘不宜都去。’燕王说：‘这样可以让朝廷不生怀疑。’朱高炽等人到了京师，齐泰请求建文帝扣留燕王世子及其弟等，黄子澄认为不可。世子及兄弟，都是魏国公徐辉祖的外甥，徐辉祖认为，朱高煦勇悍无赖，非但不忠，而且还会反叛其父，他日必将成为大患。徐辉祖弟徐增寿及怀庆公主的驸马王宁，都包庇朱高煦。于是全部遣返北平。世子及兄弟归来，燕王大喜，说：‘吾父子复得相聚，天赞我也。’后来燕王起兵，朱高煦骁勇善战，出力最多。朱允炆后悔当初没有听徐辉祖的话。”[②]

六月，岷王朱楩有罪，被废为平民，迁徙到漳州(今福建漳州)。

自从建文帝即位后，便开始削藩，连废五位亲王，致使皇族内部矛盾急剧恶化。五位亲王的大致情况如下：

朱橚(1361～1425年)，朱元璋第五子。洪武三年封吴王。十一年改封周王，朱元璋命令他与燕王朱棣、楚王朱桢、齐王朱榑三王驻扎凤阳。十四年，到开封藩王府。二十二年，朱橚放弃其藩国到凤阳。朱元璋发怒，要将他迁徙到云南，不久又停止，让他住在京城，由世子朱有炖治理藩府事宜。二十四年十二月，敕令归藩府。建文初年，建文帝因为朱橚是燕王的同母弟，很怀疑忌怕他。朱橚当时有背叛之谋，长史王翰多次劝谏不被采纳，便假装发疯离去。朱橚次子汝南王朱有爋告发变乱。建文帝派李景隆突然包围王宫，拘执朱橚，流放到蒙化(今云南蒙化)，诸子迁徙别处。后来又召回京，禁锢起来。

朱榑(1364～1428年)，朱元璋第七子。洪武三年受封齐王。十五年就藩青州府(今山东青州)。建文初年，有人上告朱榑谋反，召到京城，废为庶人，与周王同时遭到禁锢。

朱柏(1371～1399年)，朱元璋第十二子。洪武十一年封湘王。十八年到荆州藩王府。生性好学，读书常到半夜。志向在治理国家，擅长弓箭刀槊，骑马奔驰如飞。建文元年，有人报告朱柏反叛，朱允炆派使者到湘王府查讯。朱柏畏惧，无法表明自己，于是关闭宫门焚烧而死，时年29岁。

---

① 朱元璋去世周年。

② 《明史记事本末》。

朱桂(1374～1446年),朱元璋第十三子。洪武十一年,封豫王。二十五年改封代王。同年就藩大同府(今山西大同)。建文时,因罪被废为庶人。

朱楩(1379～1450年),朱元璋第十八子。洪武二十四年四月,被封为岷王藩国岷州(今甘肃岷县)。二十八年(1395年)就藩于云南。建文元年八月,由于受西平侯沐晟控告而被罢免为庶人,改居漳州(今福建漳州)。

第二章

装疯卖傻谋自保　建文颁发讨燕诏

【本章自建文元年(1399 年)六月～建文二年(1340 年)五月。朱允炆 23～24 岁。主要讲述:百户密告燕王反,旗校於谅受死刑。斩杀张谢称靖难,起兵造反抗朝廷。建文发兵平叛乱,罢臣换帅伐燕军。】

建文元年(1399 年)六月初十,燕山的护卫百户倪谅向朝廷密告谋反叛乱之事,燕王的旗军校官於谅等受死刑。建文帝下诏责备燕王,并逮捕了燕王府的官吏。北平都指挥张信叛变归附燕王。

史载,建文帝下诏责罚燕王,使燕王十分害怕,于是他装疯卖傻,在大街上大呼小叫,夺人酒食,胡言乱语,甚至就睡在大街上,一整天都不醒。六月盛夏却围着火炉仍然喊冷,在宫中也要拄着拐杖行走,以此迷惑朝廷。对此,燕王府长史葛诚告诉张昺和谢贵:"燕王本无恙,公等勿懈。"

七月初五,燕王起兵造反,杀了布政使张昺、都司谢贵。张昺(1358～1399 年),泽州(今山西晋城)人。洪武年间积累功劳升迁至工部右侍郎、北平布政使。谢贵(1335～1399 年),字青萍,乌程(今浙江湖州吴兴)人。东晋谢安 40 世孙。历任河南卫指挥佥事。

建文初年,张昺出任北平布政使,谢贵为都督指挥使,一起接受秘密命令。当时燕王称病久不露面,两人知道他必定有变,于是部署城中的七卫所士兵和屯田的士兵，在九门防守，将要逮捕燕王。熟料，张昺的库吏李友直反水，密报燕王，使其得以有所防备。

七月初六，朝廷派人逮捕燕王府中的官员。燕王将计就计，以交人为由，欺骗张昺、谢贵入府。二人到达端礼门时，被埋伏的士兵抓获，张昺、谢贵都不屈而死。

随后，燕王以清君侧诛齐[①]、黄[②]为名，起兵造反，揭开了“靖难”之役的序幕。

长史葛诚、指挥卢振、教授余逢辰死于此事件。参政郭资、副使墨麟、佥事吕震等向燕王投降。宋忠赶往北平，听说事变就退守到怀来（今河北怀来）。通州（今北京东南）、遵化（今河北遵化）、密云（今北京东北）相继投降燕王。初八，燕军攻陷蓟州。

十一日，燕军攻陷居庸关。十六日，攻陷怀来。守将宋忠、俞瑱被捕处死，都指挥彭聚、孙泰力战而死，永平指挥郭亮等叛变投降燕王。

二十四日，谷王朱橞从宣府（今河北宣化）逃往京城。建文帝任命长兴侯耿炳文为征虏大将军，驸马都尉李坚、都督宁忠为左、右副将军，率军队讨伐燕王。祭告天地宗庙社稷，在宗室的谱籍上将燕王除名。建文帝下诏说：“国家不幸，骨肉至亲屡屡图谋越礼犯上。去年，周庶人朱橚违礼做出超越常规不守法度之事，供词牵连到燕王朱棣、齐王朱榑、湘王朱柏三王。朕因为亲爱自己亲属的缘故，只治了朱橚的罪。今年齐王图谋犯上，又与燕王、湘王同谋。湘王带罪自焚而死，齐王已被废黜为平民。朕以为燕王在所有亲人中是最亲近的，没有忍心彻底追究。如今竟然举兵作乱，图谋危害宗庙社稷，得罪了天地祖宗，道义上不允许赦免。因此选发大兵前往征讨。你们这些朝廷内外的臣民军士，各人要怀衷心守礼仪，与国家一条心，扫除这叛逆的气焰，使国家永远安定大治。”

燕王起兵，建文帝召集大臣商议征讨，并发布讨燕诏书：燕王违背天道，举兵作乱，侵犯朝廷，危害社稷。派遣长兴侯耿炳文等率兵30万，讨伐燕王的罪逆。

不久，建文帝又命令安陆侯吴杰、江阴侯吴高、都督耿瓛、都指挥盛庸、潘忠、杨松、顾成、徐凯、李友、陈晖、平安，分道并进征伐燕王。

八月十二日，耿炳文率军到达真定，徐凯屯兵河间（今河北沧州），潘忠、杨松

① 齐泰，兵部尚书。

② 黄子澄，翰林学士。

屯军鄚(mào)州(今河北任丘)。十五日,燕军攻陷雄县(今河北保定雄县),潘忠、杨松与燕军战于月漾桥(雄县南),被擒,鄚州城陷。二十五日,耿炳文与燕军在滹沱河北面作战,被燕军打败。朝廷军将领李坚、宁忠、顾成被捕,耿炳文退守真定。燕军进攻真定未能攻克,于是率军离去。

李坚,武陟(今河南武陟)人。朱元璋第七女大名公主的驸马,朱棣的妹夫。有才略胆识,掌管前军都督府事务,以左将军之职随军讨伐燕王。作战中燕兵薛禄将李坚刺伤落马,被抓获,用刑具押送北平,死在路上。

这时,建文帝征召辽王朱植、宁王朱权返回京城,朱权不来。建文帝下诏削除配备给朱权的护卫亲兵。三十日,建文帝任命曹国公李景隆为征虏大将军,替代耿炳文。九月初一,朝廷派吴高、耿瓛、杨文统帅辽东士兵,包围永平(今河北卢龙)。十一日,李景隆大兵抵达河间,燕军增援永平,吴高退守山海关以自保。

辽王朱植(1377~1424年),朱元璋第十五子。洪武十一年(1378年)正月初一封卫王,二十五年三月,改封辽王。第二年就藩广宁(今辽宁广宁)藩王府。辽王在边疆,熟悉军事,屡次建立军功。这年"靖难"兵起,建文帝召辽王和宁王回京(今南京)。朱植渡海回朝。

十月初八,燕军从刘家口(今河北卢龙城北)抄小道攻陷大宁,守将朱鉴死于此役。总兵官刘真、都督陈亨去援救大宁,却叛变投降了。燕王将宁王朱权及朵颜、泰宁、福馀三个卫的士兵带回北平。

宁王朱权(1378~1448年),朱元璋第十七子。洪武二十四年封王。过了两年,到大宁藩王府。宁王多次会同诸王出塞,以善于谋略著称。建文元年,朝廷商议担心宁王与燕王聚合,派人召宁王。宁王不到京,判削除三护卫。燕王起兵之初,曾与诸将商议说:"过去我巡视塞上,见到大宁诸军剽悍。我得到大宁,截断辽东,取边塞骑兵助战,大事便成功了。"这年九月,江阴侯吴高进攻永平,燕王前往救援。吴高退走,燕王便由刘家口(今河北卢龙城北)从小路赶往大宁。假称穷困窘迫前来求救,宁王请燕王单骑入城,燕王执宁王手大哭,详细述说不得已起兵的缘故,请求代为草写章表谢罪。又过了几日,燕王和宁王两人就亲密无间,宁王和王府妃、妾、世子都跟从朱棣进入松亭关(今河北宽城西南,长城的一个隘口),返回北平,大宁城为之一空。宁王进入燕军后,经常替燕王起草檄文。燕王对宁王说,事业成功,定当平分天下。等到燕王即位,宁王请求改封到苏州,燕王回答说:"那是京畿之内。"宁王请求到钱塘(今浙江杭州),燕王回答说:"父亲将它给五弟（朱橚），终究没有实行。建文无道，以此地封其弟为王，也没有实现。建宁（今福建建瓯）、重庆、荆州（今湖北荆州）、东昌都是好地方，任凭弟选择。”一直到了永乐二年二月，才改封宁王到南昌。其后，有人报告宁王有巫蛊诽谤之事，朱棣派人秘密访察，没有得到证实。从此，宁王韬光养晦，建精屋一处，在其中弹琴读书，最终在燕王一代没有祸患。此是后话。

十五日，李景隆包围了北平，燕军返回援救。十一月初五，李景隆和燕军在郑村坝（今天北京东坝村）交战，李景隆战败，逃到德州，朝廷军全部溃败。第二天，燕军继续进攻，朝廷军大败南逃。此役，史称“郑村坝之战”，燕军获胜。燕王两次向朝廷上书。建文帝为此罢免了齐泰、黄子澄两个人的官职。

建文二年（1400年）正月初一，建文帝诏令全国来朝见的官员免予朝贺。初二，摆酒食祭品祭奠先师孔子。二月，燕军攻陷蔚州（今山西灵丘），进攻大同。李景隆从德州赶去增援，燕军返回北平。四月二十四日，李景隆和燕军交战于白沟河（今河北雄县境内），打败了燕军。第二天再战，李景隆战败，都督瞿能、越巂（xī）侯俞渊、指挥滕聚等人战死，李景隆逃回德州。此役，史称“白沟河之战”，燕军获胜。

五月初七，李景隆又逃往济南。燕军攻陷德州（今山东德州），接着攻打济南（今山东济南）。十六日，李景隆在济南城下大败，向南逃跑。朝廷参政铁铉、都督盛庸全力抵抗燕军。建文帝派遣尚宝丞[①]李得成告谕朱棣停战。十六日，盛庸、铁铉率朝廷军打败了燕军，济南解围，并收复了德州。九月初十，封盛庸为历城侯，提拔铁铉为山东布政使，参与军政事务，不久又晋升为兵部尚书。命盛庸为平燕将军，派都督陈晖、平安辅佐他。盛庸驻扎在德州，平安和吴杰驻扎在定州（今河北定州），徐凯驻扎在沧州（今河北沧州）。十月，建文帝征召李景隆返回京城，赦免不杀。二十九日，燕军偷袭沧州，沧州守将徐凯被捉。十二月初四，燕军进攻济南，逼近东昌。二十五日，盛庸打败燕军，斩其大将张玉。二十六日，再次交战，又将燕军打败，燕军逃到馆陶（今河北邯郸馆陶）。盛庸的军队势气大振，传令各地的驻军合击燕军，断绝其退路。此役，史称“东昌之战”，燕军告败。

---

① 负责掌管皇家印信。

第三章

凝命无济覆亡运　神宝难阻朝廷倾

【本章自建文三年(1401 年)正月～建文四年(1402 年)六月。朱允炆 25～26 岁。主要讲述:凝命神宝难自保,盛庸败退德州城。下诏全国救王朝,庆成郡主议和盟。长驱直入渡大江,须臾攻破金川门。都城陷落宫火起,皇帝生死成谜踪。】

建文三年(1401 年)正月初一,凝命神宝制成,建文帝向天地宗庙报告,驾临奉天殿接受朝贺。

经过工匠一年的雕琢,建文帝的"凝命神宝"终于完成。当初,在朱允炆做皇太孙时,就曾梦见神人授予他重宝。刚刚即位,又有西方使者进贡一块质地温润细腻非常的雪山青玉,足有二尺见方。建文二年,建文帝住在齐宫(斋宫)又做了同样的梦,醒后命令工匠雕琢此玉为大玺。雕成之后赐名"凝命神宝"。玺文:"天命明德,表正万方,精一执中,宇宙永昌"共 16 字。古来印玺,未有此繁称。[①]

虽然,建文帝的"凝命神宝"堪称是中国史上最大重宝,但并没有发挥其"凝命"和"神宝"的作用,一年半以后,就连同它的君主建文帝一同不知所踪了。

初五,吴杰、平安在深州(今河北衡水深州)截击燕军,未能取胜。十一日,在

---

① 《万历野获编》。

南郊大祭天地。十七日，建文帝向太庙供献祭品，报告东昌之战的胜利。同时，恢复了齐泰、黄子澄的官职。

三月二十二日，盛庸在夹河（今河北滏阳河）打败了燕军，斩了燕军的大将谭渊。再战没有取胜，盛庸部将都指挥庄得、楚智等竭力作战而死。二十三日，再次交战，盛庸大败，逃到德州。此役，史称"夹河之战"，最终燕军获胜。二十八日，朱允炆派都督何福增援德州。闰三月初四，建文帝又贬谪齐泰、黄子澄，并告谕燕王停战。建文二年十二月，盛庸在东昌打败燕军后，建文帝认为燕军可破，于是在建文三年正月又一次恢复了黄子澄、齐泰两人的官职。可不久，盛庸在夹河战败后，建文帝再次免去黄子澄、齐泰两人的官职。

初十，朝廷将领吴杰、平安和燕军在藁（gǎo）城（今河北石家庄藁城）作战，吴杰等大败，回兵守真定（今河北正定南）。燕军掠取真定、顺德（今河北邢台）、广平（今河北广平）、大名（今河北大名）。燕王上书建文帝，请求召回众将停战，建文帝派大理少卿薛嵒给燕王回信。是月，《礼制》修撰成功，建文帝向全国颁布施行。

五月二十六日，盛庸派兵试图切断燕军运送粮饷的通道，没有成功。燕王再次派使者给建文帝书信，朝廷将燕王的使者关进监狱。六月十五日，燕王的大将李远侵犯沛县（今江苏沛县），焚烧了朝廷的运粮船只。二十五日，建文帝派都督袁宇拦击李远，结果袁宇大败。

七月初二，燕军掠取彰德（今河南安阳）。九月十八日，平安军和燕军的大将刘江在北平交战，平安军战败，回师退守真定。

十月初二，平安派兵援救易州的房昭，与燕军交战于齐眉山（安徽凤阳府灵壁西南），平安军大败。十一月初八，朝廷派辽东总兵官杨文攻打永平（今河北卢龙），与燕军将领刘江在昌黎（今河北昌黎）交战，杨文大败。十五日，平安在杨村打败了燕军的大将李彬。十二月初九，燕军焚烧了朝廷在真定的军需储备。是月，建文帝派驸马都尉梅殷镇守淮安。

建文四年（1402 年）正月初一，建文帝将原周王朱橚从蒙化召回，让他居住京城。燕军连续攻克东阿（今山东东阿）、东平（今山东东平）、汶上（今山东汶上）、兖州（今山东兖州）、济阳（今山东济南济阳）。十八日，魏国公徐辉祖率朝廷大军救援山东。燕军攻占沛县，知县颜伯玮、主簿唐子清、典史黄谦死于此役。

颜伯玮（1352～1402 年），名瓌，以字行于世，庐陵（今江西吉安）人。唐鲁国公颜真卿后人。建文元年，以贤良身份被征召，授官沛县知县。燕军进攻沛县时，颜伯玮派遣县丞胡先抄小路到徐州告急。援兵未到，于是颜伯玮派遣其弟颜珏、子颜有为还家侍奉父亲，自己在公署墙壁上题诗誓死。燕军趁夜攻占东门后，指挥王显迎敌投降。颜伯玮穿好衣服升堂，向南祭拜，然后上吊自杀。其子颜有为不忍离去，再次返回，看到父亲尸体后，亦自刎在父亲身旁。燕军攻占沛县后，主簿唐子清、典史黄谦均被杀。

三十日，燕军逼近徐州。二月初一，都督何福和陈晖、平安率朝廷军驻扎在济宁，盛庸驻军淮水之旁。三月，燕军攻打宿州（今安徽宿州），平安在淝河追上燕军，杀了燕军的将领王真，却遭遇燕军伏击，大败，宿州陷落。

淝河之战，平安的军队将王真的骑兵包围数重。王真身受重伤，接连击杀数十人，对左右说："我保持义节不死在敌人手中。"于是自刎。后来，燕王常追悼他说："像王真一样奋勇，何事不成？如果不死，功劳应当盖过众将。"

四月十五日，何福、平安在小河（今江苏睢宁一带）打败了燕军，斩了燕将陈文。二十二日，徐辉祖率朝廷军在齐眉山打败了燕军，斩了燕将李斌，燕军惧怕，准备返回北平。

这时，恰逢建文帝听到谣言，以为燕军已经返回北方，就征召徐辉祖回朝，何福的军队也就形单影只。二十八日，朝廷众将与燕军在灵璧（今安徽灵璧）大战，朝廷军大败。陈晖、平安、礼部侍郎陈性善、大理寺卿彭与明等都被燕军俘获。

五月初一，朝廷派杨文率领辽东军队奔赴济南，在直沽（今天津内狮子林桥西）溃败。初七，盛庸的朝廷军在淮水之旁溃败，燕军渡过淮水，奔赴扬州（今江苏扬州）。指挥王礼等向燕军投降，朝廷御史王彬、指挥崇刚死于此役。十九日，燕军抵达六合（今南京六合区），朝廷众军迎战燕军，大败。二十日，建文帝下诏书命令全国起兵救援王朝，派遣御史大夫练子宁、侍郎黄观、修撰王叔英分路征兵。征召齐泰、黄子澄回朝。苏州知府姚善、宁波知府王琎、徽州知府陈彦回、乐平知县张彦方各自起兵进京保卫朝廷。二十二日，建文帝派遣庆成郡主到燕王军中，与燕王商量割让土地休战。

庆成郡主①，蒙城王②的女儿，嫁给黄琛。黄琛本名宝，武昌人，朱元璋喜爱

① 庆阳公主，朱棣的堂姐。
② 朱重五，朱元璋堂兄。

他谨慎厚道，将蒙城王的女儿嫁给他。黄琛多次随从征伐，积累功劳至龙江翼守御千户。庆阳公主在建文帝年间，改封庆成郡主。燕军南下，建文帝派庆成郡主居中调和。

六月初一，盛庸统领水军在浦子口（今南京浦口）打败燕军，再战未能取胜。都督佥事陈瑄带领水军叛变归附燕王。

六月初三，燕军渡过长江，盛庸与燕军在高资（今江苏镇江）港附近作战，盛庸大败。初六，镇江守将童俊叛变向燕军投降。初八，燕军抵达龙潭（今南京龙潭）。初九，建文帝命令众藩王分头把守都城，派李景隆和兵部尚书茹瑺、都督王佐赴朱棣军中，重新说明先前的盟约。初十，再派谷王朱橞、安王朱楹到燕王军中充当说客，燕王不从。

六月十二日，建文帝派遣使者携带书信，到各地去催促援救王朝之兵。

六月十三日，燕军侵犯金川门，左都督徐增寿图谋在城内起事接应燕军，被处死。

徐增寿（？～1402 年），徐达幼子，徐辉祖弟，其姐夫是燕王。徐增寿袭父荫担任左都督职位，建文帝怀疑燕王谋反，曾向徐增寿发问。徐增寿磕头说："燕王和先帝[①]是同胞兄弟，富贵到了极点，为什么还要谋反呢？"等到燕王起兵，徐增寿多次将京城的虚实报告给燕军。建文帝察觉到了这个情况，没有来得及追究。等到燕军渡过长江，建文帝召见徐增寿诘问，他不作回答。朱允炆亲手用剑将他斩杀在宫殿的廊庑下。燕王即位后，追封徐增寿为武阳侯，谥号忠愍。

此时，谷王朱橞和李景隆叛变，打开金川门放燕军进城，都城陷落。宫中火起，建文帝下落不明。

燕王派宦官从火中将建文帝的马皇后的尸体取出，六月二十一日将其安葬。

建文帝马皇后（约 1380～1402 年）名恩慧，光禄少卿马全的女儿。洪武二十八年，朱元璋亲自册封为皇太孙妃。建文元年二月，册封为皇后。四年六月十三日，都城陷落，马皇后死于皇宫大火。马皇后生二子，长子朱文奎（1396～1402 年），建文元年，立为皇太子。燕王攻入南京之后，七岁的朱文奎不知去向，传闻亦死于皇宫大火。

---

① 指朱标。

崇祯十七年(1644 年)五月,朱由崧在南京建立弘光政权[①],七月,为马皇后上谥号为让皇后;为朱文奎上谥号恭愍太子。

都城陷落时,建文帝的小儿子朱文圭(1401～1457 年)只有两岁,后被囚禁在中都广安宫,号为建庶人。直到景泰八年(1457 年)英宗皇帝朱祁镇恢复了君位,才将其放出。朱文圭在孩提时便被囚禁,与外界隔绝,到那时已经 57 岁,不会说话,连牛马都不识,不久就去世了。南明年间,朱文圭被追谥为润怀王。此是后话。

① 史称南明。

第四章

惠帝踪迹寻不见　生死之谜六百年

【本章主要讲述：宫中火起燕军至，皇帝生死无所寻。出逃自焚难举证，正史野史说不明。】

前面说到，建文四年六月十三日，宫中火起，建文帝下落不明。

据《明史》卷四载："有人说建文帝从地道出逃了。正统五年（1440 年），有位僧人从云南来到广西，诡称自己是建文帝，思恩（今广西武鸣北）知府岑瑛将这件事报告了朝廷。经审查讯问，原来是钧州（今河南禹州）人杨行祥，年龄已有 90 多岁了……从此以后滇、黔、巴、蜀之间，相传有皇上做僧人时往来的踪迹。"

"宣德元年（1426 年）丙午孟春，宣宗章皇帝朱瞻基即位。少帝[①]自江南来归京师，上书云：'吾当时避难后宫，密窦以出，人不知也。就祝发为僧某寺，约居几十秋矣。吾于革代之际，深自退藏，故人无闻我生者，且皇帝[②]尚有密敕在此可考。吾今年余（逾）七十，来无所望，只欲还家，死于自土上耳，何得淹没异乡而不知者哉！他日史官亦知我非自刎也。'于是奏闻，章皇敕当时故老之臣，以物色辨

① 指建文帝。

② 指朱元璋。

其真伪。至则一老纳而已，莫知其为故君也。”[1]

以上记载，疑误甚多。特别是“吾今年余（逾）七十”一句。建文帝生于洪武十年（1377年），到宣德元年（1426年）建文帝只有49岁。故不可信。

关于建文帝的生死之谜，民间传闻颇多。600多年来，众说纷纭，莫衷一是。如果按照《明史》记载中“有人说”的轨迹，即建文帝从皇宫地道出逃，出家当了僧人，或装扮成僧人出逃，于是后来相传在滇、黔、巴、蜀之间，有建文帝当僧人时往来的踪迹。所以，后人研究建文帝的下落，大都没有离开这个轨迹和范畴。

综合正史和野史的记载与描述，建文帝的下落只有两种可能，一种是出逃求生；一种是自焚致死。

（一）出逃求生

按照《明史》引导的方向，建文帝出逃后出家为僧，行迹遍布于云南、贵州、重庆、四川等地。具体说法很多，这里仅分析三种说法：

第一，削发为僧出逃。据《明史纪事本末》）载：建文四年（1402年）夏六月十三日，建文帝得知金川门失守，长吁短叹，东奔西走，打算自杀。翰林院编修程济说：“不如出逃。”少监王钺跪着禀报朱允炆说：“从前高皇帝（朱元璋）驾崩时，为陛下留下一个箱子，让我在大难临头时交给陛下，我一直把它藏在奉先殿的秘密之处。”群臣齐声说：“赶紧拿出来！”众人很快抬来一个红箱子，四围全部用铁皮加固，两把锁也用铁汁封死。朱允炆见了极度悲痛，急忙命令举火焚烧皇宫。皇后马氏赴火死。程济砸碎箱子，里面有度牒[2]三张：一张名应文（朱允炆），一张名应能（杨应能），一张名应贤（叶希贤）。袈裟、帽鞋、剃刀俱备，白金十锭。箱内还有一份用朱墨书写的遗书：“应文从鬼门出，其他人从水关御沟走，傍晚，在神乐观西房会合。”建文帝说：“命数如此矣！”程济即为建文帝剃发。吴王教授杨应能愿意剃发跟随逃亡。监察御史叶希贤毅然说：“臣的名字叫希贤，应贤无疑。”也削发。各自换衣披牒。此时在殿里大约有五六十人，都痛哭扑地，全都矢志跟随逃亡。建文帝说：“人多了不但不能成功，还容易走漏消息。有的人担当大事而著名，势必遭到深究追问；有的人妻子安在，心中必定牵挂，应当各自就便。”

---

① 《建文皇帝遗迹》。

② 做僧人的身份证。

建文帝部下各位大臣，极其悲痛，打发去若干人。九人跟从建文帝来到鬼门。这时，一只船停靠岸边，正是神乐观道士王升，见到建文帝，叩头称万岁，说："臣原先知道陛下会来。日前高皇帝犹托梦，命令臣到这里来接你！"所以乘船到太平门，道士王升带领来到神乐观，已经傍晚了。不一会儿杨应能、叶希贤等 13 人一同到达，共 22 人。

照此说法，建文帝真的扮作僧人逃走了，从此也就没了踪迹。至少朱棣在位的 20 多年间没有确凿音信，不合常理。

《明史·姚广孝传》载：永乐十六年三月，(姚广孝)入京觐见皇帝(朱棣)，姚广孝当时已 84 岁，病重，不能朝拜，仍住在庆寿寺。朱棣多次亲临探视，谈话很高兴，赐给他金制唾壶，问他想要说的话。姚广孝说："僧人溥洽被关押很久了，请您赦免他。"

溥洽，曾是建文帝的主录僧[①]。当初，朱棣进入南京，有人说建文帝装扮成僧人逃走，溥洽知情，有人说建文帝藏在溥洽处。朱棣便藉其他事囚禁溥洽，长达十余年。到这时，朱棣听从姚广孝的话，命令释放溥洽。姚广孝叩头致谢。

《明史·列传第三十一程济(等)》载：程济，朝邑(今陕西大荔)人。有道术。洪武末年，官任岳池(今四川岳池)教谕。惠帝即位，程济上书说，某年月日北方起兵。皇帝(建文帝)认为这不是他所应说的话，逮捕押送到京，将杀他。程济大声说："请陛下囚禁臣。臣的话不应验，再杀不迟。"便将他关在狱中。不久燕王起兵，建文帝就释放了他，改任编修。在淮上参与北征军，兵败召回。有人说，徐州之战获胜，众将立碑记功，程济在某夜前往祭祀，没有人知道他的用意。后来燕王经过徐州，见碑大怒，命令左右的人捶砸石碑，再打时，急忙说："停下，给我把碑文抄录下来。"不久，按碑文所录诛杀众人，没有幸免者，而程济的名字正好在捶掉的部分。然而考之史实，徐州并没有获胜过。金川门被攻破，程济逃去。有人说，皇帝扮作僧人逃亡，程济随从，不知去向。

当时，牛景先"官任御史。金川门被攻破，换衣服连夜逃走，死于杭州寺庙。不久彻底追查齐泰、黄子澄朋党，籍没牛景先的全家。燕王军入城时，一夜之间用绳子滑下城墙逃离的朝中大臣有 40 余人。他们的姓名籍贯，都不可考。然而

① 做法事和尚中的首领。

世代相传，有程济及河西佣、补锅匠等人”。[①]

170多年后，到了“万历时（1573～1620年），江南又有《致身录》，说是得之于茅山道书中。建文时，侍书吴江人史仲彬所记，详细地记载了皇帝（建文帝）出逃后的事情。史仲彬、程济、叶希贤、牛景先都是跟从逃亡的大臣。还有廖平、金樵等姓名，而雪庵和尚、补锅匠等人，都有姓名、官爵，一时士大夫都相信了。给事中欧阳调律上书朝廷，想给他们请求谥号，建立祠堂。”

关于史仲彬其人，《明史》无传，而在《明史·牛景先传》中确认，史仲彬“不曾任侍书”。

钱谦益在《列朝诗集》中说：“建文惠宗让皇帝（建文帝）有逊国后赋诗一首，曰：‘牢落西南四十秋，萧萧白发已盈头。乾坤有恨家何在，江汉无情水自流。长乐宫中云气散，朝元阁上雨声收。新浦西柳年年绿，野老吞声哭未休。’”由此可见，钱谦益并不认为建文帝崩于火，所以将建文帝的“逊国后赋诗”编入诗集。

第二，出逃后并未航海。“胡濙（1375～1463年），字源洁，江苏武进人。生而发白，弥月乃黑。建文二年（1400年）举进士，授兵科给事中。明永乐元年，迁户科都给事中。惠帝死于火中，有人说他逃遁离去，各位旧臣中有很多跟从的，朱棣怀疑这件事。永乐五年（1407年），派遣胡濙颁发御制的各种书籍，并且寻访仙人张邋遢（张三丰），走遍了天下的州郡乡邑，悄悄地察知建文帝在何处。胡濙因此在京城外的时间最久，到永乐十四年（1416年）才回京。所到之处，也间或把民间的隐情上报。母亲死后他请求回家，朱棣不允许，提升任礼部左侍郎。永乐十七年（1419年），又出京巡按江、浙、湖、湘各府。永乐二十一年（1423年）回京城（今北京），急驰在宣府拜谒皇帝。朱棣早已经睡了，听说胡濙来了，急忙起床召他进去。胡濙详细禀报，钟漏到四鼓方出。此前，传言建文帝航海离去，朱棣分别派遣内臣郑和等几人下西洋，到这时怀疑才消失。”

当初，“明成祖怀疑明惠帝逃往海外，想跟踪追击他”。但是，郑和七次下西洋，只字未提到建文帝和“凝命神宝”玉玺的消息。

第三，出逃后隐居。有人考证，永乐二年（1404）宁远侯何福之弟何禄，携子魁二、魁五与何福季子魁六，原任左军都督顾成之孙顾兴国，战殁鄱阳湖的旗武将军齐成之子、千户齐兴，护送建文帝由江西抚州临川来湘潭，护送人的眷属亦

---

① 《明史·牛景先传》。

在随行之列。建文帝始藏银塘,先后移居县城东隅之金泥湾和西乡之碧泉,改姓名为何必华,字汝川,娶银塘四甲土著何惠之长女为妻,终年 87 岁。

有人说出逃,犹如惊弓之鸟;隐居,藏匿起来生活才安全。此说比较符合常理。

(二)自焚致死

燕王进入金川门后,据《明史·成祖本纪》载:建文帝本想出来迎接燕王,但又觉得没有什么脸面相见,于是闭宫自焚。建文帝携皇后马氏跳入火中,妃嫔侍从等,大都亦随其蹈火而死。朱棣看到宫中火起,急忙命人前来抢救,可惜没有来得及。与此同时,建文帝六岁的太子朱文奎,以及所使用的"凝命神宝"玉玺也不知去向。宫内侍人都说建文帝已自焚,并从火堆里扒出一具烧焦的尸体来证明。朱棣见到尸体,惨不忍睹,分不清男女,朱棣不胜悲戚,抚尸痛哭,说他只是前来帮助皇帝学善,你又何必自寻死路呢?其继位称帝后,只得以天子"礼葬建文皇帝"。事后,遣官致祭,辍朝三日。

"成祖命中使(宦官)出其尸于火,已验明的系建文,始以礼葬,则何必疑于人言,分遣胡濙、郑和辈,海内海外,遍行大索,大索至二十余年之久?"[①]

有人说,建文帝自焚身亡是历史真实,因为当时燕军兵临城下,把紫禁城团团围住,建文帝根本不可能逃脱,更何况经考查也无鬼门、御沟逃路,所以建文帝只能蹈火而死。再说,朱棣也绝不会让建文帝活着,否则,他就不能名正言顺地当皇帝。朱棣为了不留下"杀侄夺位"的恶名,故意苦心寻找建文帝下落,留下了历史疑案,这才是朱棣的真正用心。

正德、万历、崇祯年间,众臣请求追封建文帝的后代,并追加庙号、谥号,将此事交给大臣商议,未得实行。至南明弘光帝朱由崧元年(1644 年)七月,以与显皇帝庙号复,改建文帝庙号惠宗,谥号为让皇帝。

《明史》赞曰:"惠帝天资仁厚,登上皇位之初,亲近贤人、爱好学习,征用方孝孺等。在典章制度方面,锐意复古。曾经因病上朝晚,尹昌隆进直言规劝,他就深深地自我引咎,把那奏疏向朝廷内外公开。又免除军卫中的独生子从军,减轻苏州和松江地区的重税,这些都是施惠于民的大事。然而却在变革天命以后,又

---

① 《建文逊国事考》。

称惠帝的纪年为洪武，从这以后子孙后代与群臣百姓把这种纪年当作嫌忌之事，民间流传着人们对这一问题的疑问，这不能没有差错。再到本朝（清朝），得以经过讨论评定，将建文帝尊号统一于‘惠’，他作为君主的德行便因此而彰明了，真是美好啊！”

大清“乾隆元年（1736 年），谥明建文帝曰恭闵惠皇帝，庙祀之，位次太祖”。[1]

有道是：削藩之策是与非，引发靖难祸怨谁？四年征战京城破，生死未卜何其悲。

请看下一篇：明成祖孝文皇帝朱棣。

① 《清史稿》卷八十四。

《殿前欢》：四夷率土归王命，都来仰大明。万邦千国皆归正，现帝庭，朝仁圣。天阶班列众公卿，齐声歌太平。[①]

当初，朱元璋去世后，皇太孙朱允炆在南京继位，并开始削藩。燕王十分惧怕，遂于建文元年（1399 年）七月发动靖难之役。经过四年激战，于建文四年六月攻陷京师，夺取帝位。次年改元永乐。

【按：建文帝朱允炆属蛇，燕王朱棣属鼠，按照民间传统说法，蛇是鼠的天敌。然而，堂堂建文帝这条蛇却没有斗过区区燕王这只鼠。燕王以他的雄才大略改变了“传统”，因而也改写了历史。】

朱棣即位后，五次亲征北元、统一安南、疏浚运河、编撰大典、六下西洋、修筑长陵，以及兴建南京大报恩寺、完善文官制度、推崇“家给人足”、“斯民小康”等，使当时的经济和社会发展进入到了鼎盛时期。

永乐十九年（1421 年），朱棣迁都北京，仍以南京为留都。朱棣统治期间社会安定、国家富强，人民安康。由于朱棣年号为“永乐”，史称这一时期为“永乐盛世”。

---

① 摘自《明史·卷六十三·永乐十八年定宴飨乐舞》。

永乐篇

清君之侧诛其奸党　一代勋绩远迈汉唐
——成祖孝文皇帝朱棣

朱棣画像

成祖启天弘道高明肇运圣武神功纯仁至孝文皇帝名讳棣，太祖高皇帝第四子，建文帝四叔，生母孝慈高皇后。大明王朝第三位皇帝，建文四年（1402 年）六月十七日至永乐二十二年（1424 年）七月十八日在位。年号：永乐（22 年）。

朱棣（1360～1424 年），元至正二十年、龙凤六年（1360 年）四月十七日出生于应天府（今南京），一说碽（gōng）妃所生。

在中国历史上，许多人当了皇帝之后，他们的身世就变得扑朔迷离起来，朱棣也不例外。对朱棣身世的争议，主要聚焦于“生母是谁?”因为这关系到朱棣究竟是不是嫡子，有没有合法继承权，这与朱允炆的生死之谜一样，600 多年来众说纷纭，莫衷一是。

关于朱棣的生母，《明史·成祖（一）》上有明确记载：“文皇帝名讳棣，太祖第四子也。母孝慈高皇后。”就是说朱棣系嫡出，这一点毋庸置疑。《明史》是正史，具有权威性，毕竟清朝人花了 95 年之久才修成的。虽然后代修前代的历史可能存在着“为尊者讳”的潜规则，以至于有些史实被人为“修饰”，加上民间传闻和野史的作用，使人们产生了许多质疑，这也很正常。

朱棣的出生之谜就在“嫡”和“庶”这两个字上。这里大致有两种情形。

第一种情形：朱棣系嫡出。这有《明史》、《明太祖实录》、《明太宗实录》，以及《奉天靖难记》等史料的支撑。据《明太宗实录》记载：“（朱棣）母孝慈昭宪至仁文德承天顺圣高皇后，生五子：长懿文皇太子标、次秦愍王樉、次晋恭王㭎、次上（朱棣）、次周定王橚。”《奉天靖难记》也有类似记载。朱棣在兄弟中排行第四。

第二种情形：朱棣系庶出。主要有三种说法。

（1）高丽（今朝鲜、韩国）女子“硕妃”李氏所生。主要依据是明汪宗元《南京太常寺志》的记载，可惜此书已经失传。不过，读过此书的明朝人李清在《三垣笔记》中留下了相关记录：“予阅《南京太常寺志》载懿文皇太子及秦、晋二王均李妃生，成祖（朱棣）则硕妃生，讶之。时钱宗伯谦益有博物称，亦不能决。后以弘光（1645年）元旦谒孝陵，予语谦益曰：‘此事与《实录》、《玉牒》左，何征？但本志所载东侧列妃嫔二十余，而西侧止硕妃，然否？曷不启寝殿验之？’及入视，果然，乃知李、硕之言有以也。”[①]即便如此，硕妃的灵位在右侧第一位，焉能确定是朱棣生母？野史之言而已。

还有传言说，硕妃因为不足月而生朱棣，朱元璋怀疑她与人私通，于是赐“铁裙”之刑[②]而死。朱棣在南京登上帝位以后，为生母硕妃建造了大报恩寺。这一说法，得到了明史学家吴晗先生的认可。

（2）元顺帝第三位福晋洪吉喇氏所生。此说来源于明末清初蒙古人萨囊彻辰《蒙古源流》的记载：“（清朝译文）汉人朱葛诺（朱元璋）延年25岁，袭取大都城（今北京），即汗[③]位，称为大明朱洪武汗。其乌哈葛图汗（元顺帝）之第三福晋系洪吉喇特托克托太师之女，名格哷（liè）勒德哈屯（洪吉喇氏），怀孕七月，洪武汗纳之。越三月，是岁戊申生一男。朱洪武降旨曰：从前我汗曾有大恩于我，此乃伊子也，其恩应报，可为我子，尔等勿以为非，遂养为己子，与汉福晋所生之子朱代共二子。”[④]而事实上，早在洪武元年七月，元顺帝就带着后妃、太子逃往上都去了。八月初二，大将军徐达才率军进入大都（今北京）。而这年，朱棣已经八岁了。

---

① 《三垣笔记》三垣笔记附识补遗。

② 即用铁片做成裙子给人穿上，然后放在火上烘烤。

③ 国主、皇帝。

④ 《蒙古源流》卷八。

(3) 蒙古女子瓮氏所生。这一说出自于清人刘献廷的《广阳杂记》的记载："明成祖。非马后子也。其母瓮氏。蒙古人。以其为元顺帝之妃。故隐其事。宫中别有庙。藏神主。世世祀之。不关宗伯。有司礼太监为彭恭庵言之。余少每闻燕(燕都)之故老为此说。今始信焉。"

以上三种说法的史料支撑比较单薄,在朱棣的出生时间上、有关事例的举证上,以及文字的表述和翻译上都不够严谨,而且疑点甚多,故不足以采信。还有其他一些说法,不一一列举。

如果说朱棣由于是庶出,所以他当皇帝属于非正统,甚至是篡位的皇帝,那么,如果朱棣是嫡出,就理所当然可以取代侄子的皇位了吗?显然也说不过去。不过无论是朱棣还是朱允炆当皇帝,都是朱元璋的血脉,大明江山依旧姓朱。

第一章

诞育受封寓金陵　遵旨就藩戍北平

【本章自至正二十七年(1367 年)～洪武三十一年(1398 年)四月。朱棣 1～39 岁。主要讲述：生于南京吴王府，年至七岁方始名。受封燕王得册宝，成婚就藩赴北平。母丧回京遇道衍，从此朱棣生野心。奉命出征伐北元，大获全胜扬威名。】

朱棣于至正二十年、龙凤六年(1360 年)四月十七日，出生在应天吴王府。

南京吴王府，原是元代的“行御使台”衙门，后改建成朱元璋的府邸，在今南京白下区锦绣坊一带。附近的王府园地名由此而来。“上(朱棣)初生，光气五色满室，照映宫闼，经日不散，太祖高皇帝、孝慈高皇后心异之，独钟爱焉。比长，聪明睿智，仁孝友悌，出于天性。勤学好问，书一览辄记，终身弗忘，五经子史，皆该贯而旁通，天文地志、百家之书得其要领。日从明儒讲论，无厌倦意，虚己纳善，宽仁爱人，意豁如也。”①

至正二十七年、吴元年，朱元璋在应天府给诸子起名，年至七岁的朱棣才有了自己的名字。

至正二十八年、吴二年、洪武元年(1368 年)正月，朱元璋于应天即帝位，国

① 《明太宗实录》。

号大明，年号洪武。立长子朱标为皇太子。

洪武三年四月，朱元璋封九位皇子为亲王，11 岁的朱棣被封为燕王。按照明朝规定，亲王为“下天子一等”，地位仅次于皇帝，所有的大臣拜见亲王都要下跪。亲王有很优厚的经济待遇，也有一定数量的军队。同时，所有受封的亲王都得到了一个金印，正面用篆书刻着“燕王之宝”。它既是身份的象征，也是领取俸禄、执掌护卫军的依据。

洪武六年三月，朱元璋颁布《昭鉴录》，训诫诸王。五月，《祖训录》成，录于诸王宫殿正殿及内宫东壁。《祖训录》是朱元璋亲自主持编纂的典籍，主要是为巩固皇权而对其后世子孙的训诫。始纂于洪武二年，六年书成，朱元璋命礼部刊印成书。九年又加修订。二十八年重定，更名为《皇明祖训》。

洪武九年正月，朱元璋为 17 岁的儿子朱棣定亲，册封徐达之女徐氏为燕王妃。

十年，朱元璋增加秦王朱樉、晋王朱㭎、燕王朱棣府的护卫。第二年，朱元璋又封朱椿等五子为王。这年，朱棣在中都凤阳，秦、晋二王就藩。

十二年，朱棣从中都凤阳(今安徽凤阳)回到京师。

十三年三月，21 岁的朱棣前往封地北平就藩。朱棣相貌奇特雄伟，髭髯漂亮。聪明勇武有远大的谋略，使用人才能以诚相待。

十五年八月，马皇后驾崩，朱棣奔母丧赴京师。九月二十四日，马皇后的葬礼结束后，朱棣于十月十八日离开京师，与僧道衍一同返回北平。

僧道衍，即和尚姚广孝(1335～1418 年)，长洲(今江苏苏州)人，父行医。14 岁时剃度为僧，取名道衍，字斯道，跟从道士席应真学习，通阴阳术数。曾游嵩山寺，看相人袁珙见到道衍说：“是哪里的奇异僧人？眼呈三角，形如病虎，性必嗜杀，是刘秉忠①一类的人。”道衍听了非常高兴。

洪武年间，朱元璋下诏，命通晓儒家经书的僧人在礼部考试。道衍考试之后，不接受官职，受赐僧服后返回。经过北固山(今江苏镇江)，赋诗怀古。道衍的同辈僧人宗泐(lè)说：“这哪里是僧人的话呢？”道衍笑而不答。高皇后(马氏)去世，朱元璋选高僧陪侍诸王，为高皇后诵经祈福。宗泐当时任左善世，举荐道衍。朱棣与道衍谈话，很合心意，请他跟随自己。

---

① 元初僧人出身的开国功臣。

朱棣将就藩北平时，道衍曾对朱棣说："大王骨相非常，英武冠世。……试乞臣（道衍）府中，当奉一白帽与王戴。"当时，朱棣为燕王，如果戴一顶白帽子，"王"上加"白"则是一个"皇"字。道衍暗示朱棣要为皇。

当初，"姚少师广孝（道衍），当文皇（朱棣）为燕王时尝侍宴，时天寒甚，王（朱棣）出对曰：'天寒地冻，水无一点不成氷（冰）。'姚应声曰：'国乱民愁，王不出头谁是主？'文皇大喜，凡有大计，与姚谋焉。"[①]可见朱棣和道衍两人非常默契，一拍即合。

二十三年，朱棣同晋王朱㭎讨伐乃儿不花，晋王胆怯不敢进兵，朱棣兼程奔向迤都山，将乃儿不花的整个部落俘获回来，朱元璋非常高兴。此后屡次率领众将出征，威名大起。

洪武二十五年四月，皇太子朱标薨。"一日，（朱元璋）召侍臣密语之曰：'太子薨，长孙弱不更事，主器必得人，朕欲建燕王为储贰[②]，以承天下之重，庶几宗社有托。'翰林学士刘三吾曰：'立燕王，置秦、晋二王于何地？且皇孙年长，可继承矣。'太祖默然。是夜，焚香祝于天曰：'后嗣相承，国祚延永，惟听于天耳。'遂立允炆为皇太孙。"[③]

二十九年二月二十三日，朱棣率领军队巡视大宁，周王朱橚世子朱有燉率领军队巡视北平关隘。三月初四，楚王朱桢、湘王朱柏前往京师朝见。初七，朱棣在彻彻儿山打败元军，又追赶到兀良哈秃城打败元将哈剌兀而回。

---

① 《明朝小史》。

② 储副，太子。

③ 《明太宗实录》。

第二章

道衍密劝燕王反　朱棣起兵称靖难

【本章自洪武三十一年(1398年)闰五月～建文元年(1399年)七月。朱棣39～40岁。主要讲述:太祖驾崩孙继位,大肆削废燕王危。适逢恩张来相助,愤而起兵讨奸贼。】

洪武三十一年(1398年)闰五月初十,朱元璋驾崩,朱允炆即位。朱元璋临终留下诏书,命令诸王在封国中哭临,不得到京城。

是时,"诸王子皆得赴京奔丧吊泣,惟王(朱棣)于中途闻此而止,王大怒,欲令进舟,见江口设兵以阻,遂不果。道衍进曰:'大王以至孝渡江,奈何有违治命,反为不孝也。惟愿殿下养成龙虎之威,他日风云感会,羽翼高举,则大江投鞭可断也,今日何得屑屑于此哉?'"[①]于是朱棣又带兵返回了北平。

当年,道衍跟随朱棣到北平,主持庆寿寺。出入王府中,行迹很隐秘,经常屏退左右。到朱元璋去世,建文帝即位,依次削夺诸王,五位亲王相继获罪,道衍便秘劝朱棣起兵。朱棣说:"民心向他,怎么办?"道衍说:"我只知天道,为什么要论民心?"这令朱棣更加坚定决心,秘密选择将校,征召士兵,延揽有才勇敢的人。燕王府原来是元朝的宫殿,院落幽深,道衍在后苑中训练兵马。挖掘地道、建造重叠的房屋,修筑厚垣围绕,秘密修治甃(zhòu)瓴甋(dì)瓶缶,日夜铸造兵器,蓄养鹅鸭以混淆铸锻之声。

① 《建文皇帝遗迹》。

当时，众亲王凭着长辈亲属的身份拥有重兵，大多不守法度。于是建文帝采纳齐泰、黄子澄的计策，打算找借口逐一削除他们的封爵。由于畏惧燕王朱棣强盛，没有动手，就先废黜周王朱橚，想要以此牵连朱棣。恰在这时，告发隐私之事到处发生，湘王朱柏、代王朱桂、齐王朱榑、岷王朱楩都因罪被废黜。朱棣内心感到害怕，假装疯癫称说有病。齐泰、黄子澄秘密劝建文帝除掉朱棣，但建文帝没有听从。

建文元年、洪武三十二年(1399 年)六月，燕山护卫百户倪谅向朝廷告发燕王谋反，朝廷将燕王的亲信於谅、周铎等人逮捕处死。建文帝下诏责备朱棣，并派遣宦官逮捕燕王府中的属官，朱棣于是称说病重。朝廷派都指挥使谢贵、布政使张昺带兵把守燕王府。于是，朱棣与道衍的计议，命令指挥张玉、朱能秘密地放 800 勇士进入燕王府守卫。

这时，齐泰将朱棣的使者邓庸下狱审讯，得知朱棣即将举兵反叛的详情，随即发兵逮捕燕王府中的官属，并密敕张信逮捕朱棣。

张信，临淮(今安徽凤阳)人。建文帝即位，大臣推举张信任北平都司。受密诏，与张昺、谢贵图谋对付燕王。张信忧惧不知所措，将此事告知其母。其母大惊，说:“不可以。你的父亲常说燕王有君主之相，你不要胡乱行动，否则将被灭族。”朱棣称病，张信三次造访燕邸，朱棣都推辞不见。张信坚决请求，秘密地将情况报告诉朱棣，朱棣惧而起身，召集众将定计准备起兵。恰逢风雨大作，屋檐上的瓦堕落到地上，朱棣为之色变。道衍说:“这是去祥的征兆。飞龙在天，风雨相随。檐瓦落地，预示要换成黄瓦[①]。”

七月初五，朱棣上书给建文帝，斥责齐泰、黄子澄为奸巨，并援引《祖训》说:“朝廷没有正直的臣子，朝内有奸诈邪恶之人，那么亲王就训练士兵等待命令，天子秘密下诏命令众王统领方镇之兵讨伐平定他们。”书信发出后，朱棣立即起兵。发起“靖难”之役。

这时，建文帝告诫诸将士说:“昔萧绎[②]举兵入京，而令其下曰:‘一门之内，自极兵威，不祥之极。’今尔将士与燕王对垒，务体此意，毋使朕有杀叔父名。”[③]从此，朱棣有了“不被杀”的护身符。

---

① 代表皇宫。

② 南朝梁元帝。

③ 《明史纪事本末》。

第三章

几番上奏斥奸臣　一举攻破南京城

【本章自建文元年、洪武三十二年(1399 年)八月～建文四年、洪武三十五年(1402 年)六月十三日。朱棣 40～43 岁。主要讲述：朝廷发兵五十万，燕王智取大宁城。几次遇险得天助，忽闻京师有机乘。挥军南下渡大江，一举进入金川门。】

建文元年、洪武三十二年(1399 年)八月，建文帝任用耿炳文为大将军，率领朝廷军前来讨伐朱棣。十二日，燕军到达真定，前锋抵达雄县。十五日，燕军夜渡白沟河(今河北雄县、容城、定兴一带)，包围雄县。

十七日，朝廷军都指挥使潘忠、杨松从郑州赶来救援，燕军伏兵将他们擒获，占据郑州，又回兵驻扎白沟河。朝廷大将军耿炳文部下武官张保前来投降，说耿炳文军队有 30 万人，先到达的只有 13 万人，一半在滹(hū)沱河北岸扎营。燕王惧怕在与北面军队作战的同时，南面的军队乘机袭击他。于是放张保回去，让他散布燕王率领的军队将要到达，以诱骗朝廷军全部向北渡河。二十五日，燕军到达真定，与张玉、谭渊等夹攻耿炳文的朝廷军，将他们打败，俘获副将李坚、宁忠及都督顾成等。

建文帝听说耿炳文失败，面带忧虑，问黄子澄："怎么办？"黄子澄回答说："胜败是兵家常事，不足以忧虑。今天下全盛，兵强马壮，士兵铠甲坚利，粮饷供应充足，取之不尽，用之有余，区区一个小城之地，怎么能抵挡天下之力？调兵50万，四面攻之，众寡不敌，必被擒获。”于是，派曹国公李景隆代替耿炳文统率大军。

九月初一，江阴侯吴高率领朝廷的辽东军包围永平。十一日，李景隆集合50万朝廷军队，进驻河间。燕王对众将说：“李景隆外表强硬内心怯懦，听说我在，必然不敢骤然前来，不如去救援永平把他们的军队招引来。吴高胆怯不能胜任作战，我到了，必然逃走，我们然后回过头来去打李景隆。坚固的城池在前，大军在后，必然被擒获了。”九月初九，燕军救援永平。十五日，吴高听说燕王到了，果然逃走。燕军追赶并击溃了他。于是燕军向北奔赴大宁城。

十月初六，朱棣用计进了大宁城，挟持宁王朱权，带着大宁的部众及朵颜三卫士兵一起往南进发。十月初九，燕军到达会州（今河北承德东北）。十一日，军队进入松亭关（今河北宽城西南）。李景隆听说朱棣出征大宁，果然出兵围攻北平。李景隆军在九门外筑垒，燕王世子朱高炽坚守不战。十一月初四，朱棣临时驻扎孤山，巡逻骑兵回来报告说白河水流湍急不能渡。朱棣祈祷于神，到达时冰已封合，于是军队得以渡过。李景隆暗中派都督陈晖侦察朱棣的布军情况，从左边绕到朱棣军队之后，朱棣分军还击。陈晖军士争先渡河而逃，此时河中冰块突然融化，陈晖军士溺死者不计其数。十五日，朱棣与李景隆大战于郑村坝。朱棣用精选的骑兵先攻破李景隆七座营垒，其他诸将相继来战，李景隆大败而逃。

十九日，朱棣又上书为自己申诉不平：“今我太祖高皇帝子也……焉有父死而子不得奔丧者也？……七月以来，诈令恶少宋忠、谢贵等来见屠戮，为保性命，不得已而动兵……十月六日，又矫诏令曹国公李景隆等总兵，领天下军马来攻北平……奸臣齐泰等必欲杀我父皇子孙，坏我父皇基业，意在荡灭无余，将以图天下也。此等逆贼，义不与之共戴天，不报此仇，纵死不已。”

十二月，李景隆在德州调兵，企图在第二年春天大举进攻。朱棣就谋划攻打大同，说：“进攻大同，李景隆必定要赶来救援，大同天气极端寒冷，南军①脆弱，将不战而疲弊了。”

建文二年、洪武三十三年（1400年）正月初一，朱棣攻克蔚州（今山西灵丘）。二月十一日，到达大同。李景隆果然由紫荆关（今河北易县城西的紫荆岭上）前来援救。朱棣已回兵到居庸关，李景隆军队冻饿而死的很多，没有遇到燕军

① 朝廷军。

而回。

四月，李景隆进兵河间，与郭英、吴杰、平安约定在白沟河会合。二十日，燕军扎营苏家桥。二十四日，燕军在白沟河遭遇平安的军队。朱棣将100名骑兵安排在队伍前面，假装退却，引诱平安军队前来追击，然后乘机袭击他们，平安败逃。燕军逼近李景隆的军队，双方作战，燕军没有获胜，日暮收兵。二十五日，再战。李景隆军排列的阵势几十里，打败了朱棣的后军。朱棣亲自率领精锐骑兵拦腰攻击他们，斩杀了瞿能父子。命令丘福冲击李景隆的精锐部队，未能得手。

当时，李景隆的部队不断增多，燕军将士都惊恐失色。朱棣振奋地说："我们不前进，敌人就不会后退，只有战斗啊！"于是再度指挥精锐部队突袭李景隆军的后翼，前后夹击他们，恰逢旋风刮起，折断了李景隆军的旗杆，朱棣趁着风势放火，奋勇攻击，斩获李景隆部众首级几万颗，溺死者十多万人。李景隆部将郭英溃败向西逃走，李景隆向南逃往德州，建文帝赐给他们的那些诏书、斧钺全部丢失了。

五月初九，朱棣进入德州，李景隆又逃到济南。十六日，朱棣攻打济南，在城下打败了李景隆的军队。铁铉、盛庸坚守济南城，朱棣久攻不下。

八月十六日，朱棣解除了对济南的包围，率军返回北平。九月，盛庸代替李景隆统领军队，重新夺取了德州，与吴杰、平安、徐凯相互支援形成了夹击之势，以围困北平。当时徐凯正在沧州筑城，朱棣佯装出兵攻击辽东。到了通州，顺着河流朝南进发，渡过直沽，昼夜不停地加倍赶路。

十月二十七日，朱棣率军袭击并捉住徐凯，攻陷沧州城，夜里活埋了投降的士兵3000人。又渡过黄河，经过德州时，盛庸派兵来偷袭燕军，被燕军击败。十一月十二日，燕军到达临清(今山东临清)。十二月初七，燕军在东昌(今山东聊城)附近的滑口袭击打败了盛庸的将领孙霖。二十五日，燕军又与盛庸在东昌大战，盛庸用火器和强劲的弓弩攻击燕军。又逢平安的军队赶到，将燕军团团包围，燕军大败，朱棣拼力冲破重围才免于一死，但是燕军损失了几万人。燕将张玉为救燕王，突入战阵奋力杀敌，不幸战死。终年58岁。

朱棣起兵，转战三年，气势很盛。这时失去大将张玉，一时受挫。回军北平，众将叩头请罪。朱棣说："胜败是兵家常事，不必计较，只是遗憾失去了张玉。艰难之时，失去我的优秀辅臣。"追赠荣国公，谥忠显。

张玉女儿张氏，在永乐七年，被册封为朱棣的贵妃。

有诗赞曰：靖难功臣名张玉，东昌之战救燕主。一片赤诚效忠去，军中哽咽祭良辅。

建文三年、洪武三十四年(1401年)正月初一，朱棣在威县(今河北邢台威县)、深州(河北衡水深州)大败吴杰和平安的朝廷军队后返回北平。二月十六日，朱棣再次率军南下。

三月二十二日，燕军与盛庸在夹河(今河北衡水武邑附近)遭遇，燕将谭渊战死。朱能、张武竭力作战，盛庸的南军渐渐退却。恰逢天色已晚，各自收兵入营。朱棣带着十多名骑兵逼近盛庸的军营，在野外宿营，到天亮起来一看，自己已在盛庸军队的包围之中。只见朱棣沉着果断，十分从容地牵着马，吹着号角穿越盛庸的军营而去。盛庸的部将因建文帝有诏，“不要使我背上杀叔父的名声”，因而眼睁睁看着朱棣等人离去。这天又作战，从早上七时战到下午三时，两军各有胜负。这时，突然刮起东北风，尘埃蔽日，燕军大声呼喊，乘着大风恣意攻击，盛庸的军队大败，逃往德州。吴杰、平安从真定带着军队赶来准备与盛庸会师，听说盛庸兵败，又退了回去。

闰三月初九，燕军与吴杰、平安的朝廷军在藁城(今河北藁城)相遇。初十，两军交战，大风拔起树木，吴杰、平安兵败逃走，燕军追至真定城下。二十四日，到达大名，朱棣听说齐泰、黄子澄已被罢免了官职，于是上书请求建文帝召回吴杰、平安、盛庸的军队。建文帝派大理少卿薛嵓前来告谕朱棣放弃用兵，赦免无罪，朱棣不听建文帝的告谕。

五月，朝廷派遣吴杰、平安、盛庸分兵切断燕军运送粮饷的道路。十五日，朱棣派指挥武胜上书，责问这件事的缘由。建文帝大怒，将武胜关进监狱。于是朱棣派遣都指挥李远，率6000骑兵攻取沛县，焚烧官军运粮舟船数以万计。

七月初二，燕军夺取彰德(今河南安阳)。初九，降服林县(今河南林州)。这时，平安率军攻打北平，朱棣派刘江迎战，平安战败逃走。大同守将房昭驻扎在易州(今河北易县)西水寨，准备攻打保定，朱棣率军将房昭包围。

十月初二，朝廷都指挥花英增援房昭，在峨眉山(今北京平谷县峨眉山)被燕军打败，燕军斩首级万余颗，房昭丢下西水寨逃跑。二十四日，燕军返回北平。

这时，朱棣起兵已经三年了。他亲临战阵，身先士卒，然而，燕军所攻克的城邑，军队一离开，又被朝廷军复得。燕军仅占据北平、保定、永平三府而已。照此下去,朱棣这只"鼠"与建文帝这条"蛇"相斗,自然是极为不利。

不久,一些被免职的朝廷宦官前来投奔朱棣,详细陈说了京城空虚可以夺取的情形。于是朱棣激愤地说:"连年用兵,什么时候能够停止呢?应当面对长江分出一个胜负,不再反悔了。"十二月十二日,朱棣再次出兵。

道衍告诉朱棣说:"不要攻占城市,快速奔向京城。京城防守薄弱,势必一举攻下。"朱棣听从了这个意见。

建文四年、洪武三十五年(1402年)正月十二日,燕军从馆陶渡过黄河。三十日,攻取徐州。三月初九,平安以40 000骑兵尾随燕军,朱棣在淝河设下埋伏,大败平安的军队。二十三日,朱棣派谭清断绝徐州粮道,当谭清返回大店(今山东莒南)时,被铁铉的朝廷军包围。朱棣率军奔赴救援,谭清突围而出,与朱棣合力打败了铁铉。

四月十四日,朱棣在小河扎营,架桥渡河,平安率朝廷军前来争夺桥梁,燕将陈文战死。平安驻军桥南,朱棣驻军桥北,相持数天。平安辗转作战,在北坂与燕军相遇,朱棣差点被平安的槊刺中。幸亏跟班的骑从王琪跃入阵中,扶持着朱棣慌忙逃走。朱棣说:"现在南军饥饿,过一两天他们的粮饷运到,猝然之间就不易打败他们了。"于是就命人守桥,自己率军半夜渡到小河以南,绕到平安军队的后面攻击。等到天亮,平安的军队才发觉,恰逢徐辉祖[①]率朝廷军赶来会合。二十二日,燕军与平安、徐辉祖的军队在齐眉山(今安徽灵璧县境)下大战,燕军大败。

二十五日,何福等驻扎在灵璧(今安徽灵璧),燕军拦住他们的粮道,平安派人保护它。二十七日,朱棣率精锐将士拦腰攻击,将平安的军队一分为二。何福出动全营人马来救援,燕军稍稍退却,这时朱高煦率领伏兵杀出,何福大败而逃。二十九日,燕军攻破敌军营垒,活捉了平安、陈晖等人,何福逃脱。

五月初七,朱棣夺取了泗州,拜谒祖陵,赐给父老牛和酒。初九,朱棣攻克盱眙。十一日,朱棣召集诸位将士讨论军队往哪里去,有的说应该夺取凤阳,有的说先夺取淮安。朱棣说:"瞭望凤阳攻守的高台坚固,淮安积蓄的粮食很多,攻打它们都不容易攻下。不如乘胜直趋扬州,攻取仪真(今江苏仪真),那么淮安、凤阳自然受到震慑。我们在长江边炫耀武力,京师孤立危殆,必然有内部变乱。"十

① 朱棣的妻弟。

七日，朱棣攻取扬州，驻军长江北岸。建文帝派庆成郡主到朱棣军中，答应割让土地停战讲和，朱棣不听从。

六月初一，朝廷的江防都督佥事陈瑄率领水军叛变归附朱棣。初三，朱棣从瓜洲（今江苏扬州邗江）渡过长江，盛庸用海船迎战，结果大败。初六，朱棣征服镇江。初九，建文帝又派大臣前来与朱棣商议割让土地，众王也相继到朱棣军中来劝说，朱棣都不答应。

朱棣率军继续向京师进发，"上（朱棣）顾望钟山（今南京紫金山），怆然下泪。诸将皆曰：'今祸难垂定，何以悲为？'上曰：'吾往日渡江，即入京见吾亲，为奸恶所祸，不渡此江数年。今至此，吾亲安在？瞻望钟山，仰怀陵寝[①]，是以悲耳。'言已，益泣不止，诸将皆泣"。[②]

十三日，朱棣到达金川门，谷王朱橞、李景隆等打开城门让燕军进城，都城陷落。是日，朱棣分别命令众将把守都城及皇城，下令抚慰安顿军民。

---

① 明孝陵。

② 《明太宗实录》。

第四章

登基立废除异己　编纂大典史称奇

【本章自建文四年、洪武三十五年(1402 年)六月十四日～永乐二年(1404 年)。朱棣 43～45 岁。主要讲述:一举成功称帝王,建文旧臣几诛光。下诏恢复洪武制,永乐大典世无双。】

建文四年、洪武三十五年(1402 年)六月十四日,众王群臣呈献表章劝燕王朱棣即皇帝位。十七日,朱棣拜谒孝陵。群臣为朱棣准备了天子的车驾,献上天子的印玺,迎接并呼喊万岁。朱棣登上车驾,到奉天殿即皇帝位,是为明成祖。

朱棣画像

当初,“建文中,有道士歌于途曰:‘莫逐燕,逐燕日高飞,高飞上帝畿。’已而忽不见。人莫能测,至是始验其言云”。

《明史》赞曰:“成祖(朱棣)奋起于边地,不顾大罪以争天下,不曾有万全之策。是道衍首先秘密计划,出谋划策,张玉、朱能之辈，在行伍之间奋力杀敌，转战各地，一往无前，奋不顾身。于是收降劲旅，摧毁雄师，四年成就帝业。大概是天让他兴起，群策群力，顺应时势协力并进。众人得以成为功臣之首，能够说不幸运吗？”

当时，朱棣率军进入金川门，城中军民夹道迎拜，燕军入城肃然，秋毫无犯，诸王及文武群臣、父老等皆来朝。建文帝本想出来迎接燕王，但是左右随从都逃散了，身边只有几个内侍，于是闭宫自焚。

六月十九日，朱棣下令制作皇帝印玺。二十日，准备礼仪安葬建文君，派遣官吏致祭，停止朝议三天。

当时，朱棣“召翰林侍读王景问：‘葬礼当何如？’景对曰：‘当葬以天子之礼。’从之。”朱棣虽然听从了王景之言，以天子的礼仪安葬建文帝。但是，安葬在何处却无人知晓。而且，南京也没有发现建文帝的陵墓。“金陵故老，无能指建文帝葬处。”[①]正因为存在上述状况，时人和后人屡屡发出疑问，以至于怀疑建文帝是否死于大火，又是如何死的，终究成为一个难解之谜。

据后来仁宗皇帝朱高炽御制的“长陵功德碑”记载：“皇考（朱棣）虑惊乘舆，驻金川门，遣人奉章，言所不得已来朝之故。奸臣苍黄，知罪不宥，闭皇城门不内，而胁建文君自焚。”仁宗皇帝认为，建文帝不是自愿自焚，而是被“奸臣”胁迫才自焚而死。

当时，除了建文帝下落不明外，他七岁的太子、“凝命神宝”也都不知了去向。“朱棣对身边的大臣说：‘朕于宫中遍寻皇考宸翰[②]不可得，有言建文自焚时，并宝玺皆毁矣，朕深恸之。”[③]

二十五日，朱棣诛杀齐泰、黄子澄、方孝孺，并杀尽他们整个家族。获奸党罪而死的人很多。

齐泰（？～1402年），早先名叫德。溧水（今南京）人。洪武十七年，齐德参加应天乡试考中第一名。第二年考中进士。授礼部主事，不久改任兵部主事。二十八年，朱元璋在齐德陪祀郊庙时，因齐德为官九年而无过失，朱元璋赐名泰。建文帝即位后，命令齐泰和黄子澄共同参与国家政事，不久晋升为尚书。

---

① 《国榷》。

② 帝王的手诏。

③ 《明太宗实录》。

燕王起兵，指称齐泰、黄子澄为奸臣。听到这个消息后，齐泰请求皇上除去燕王的宗室谱籍，宣布燕王的罪行进行讨伐。建文帝采纳了齐泰的进言，认为以天下之力制服一个封国很容易。等到燕军日益逼近，京城失守，齐泰逃到京城外的郡县谋求复兴。他走时用墨汁染黑白马，路程渐远，马身上出汗，墨色脱落。有人说："这是齐尚书的马。"于是齐泰被捕，押解到京城，同黄子澄、方孝孺一起不屈而死。

黄子澄（1350～1402年）名湜，分宜（今江西分宜）大冈山乡大坑村人。洪武十八年（1385年）会试第一名。由编修晋升为修撰，陪伴太子读书，多次升迁至太常侍卿。建文帝还是皇太孙时，曾经坐在东角门对黄子澄说："诸王都是辈分高的亲属，掌握着重兵，多不守法，怎么办呢？"黄子澄回答说："诸王的护卫军队，仅能守卫自己的领地，如有变乱，以天子的军队去讨伐，有谁能支撑呢？"建文帝认为他说的对。即位后，任命黄子澄兼翰林学士，和齐泰共同参与国政，并对黄子澄说："先生还记得当日在东角门的话吗？"黄子澄磕头说："不敢忘。"回去便与齐泰密谋，齐泰认为应先对付燕王朱棣。黄子澄说："不应该这样，周、齐、湘、代、岷诸王，在先帝时，就有许多违法的事情，除掉他们事出有名。现在要问罪，应先从周王开始。周王是燕王的同母弟，除掉周王就是剪断燕王的手足。"谋划已定，第二天就进宫向建文帝报告。

不久，五王被废，建文帝开始担心，说："朕即位不久，接连废黜诸王，如果再削除燕王，怎么向天下人解释呢？"黄子澄回答："先发制人，不要被人所制。"于是命令都督宋忠调动边疆的军队驻扎开平，选调燕王府中精壮的护卫隶属于宋忠的部下，召护卫、胡骑指挥关童等人进京，以削弱燕王的实力。再调集北平永清左、右卫官军，分别驻扎在彰德、顺德，都督徐凯在临清练兵，耿瓛在山海关练兵，以控制燕王的藩地北平。

这让朱棣心中十分畏惧，因为当时他的三个儿子都在京城南京，便声称病重，乞求让三个儿子回北平。齐泰想要逮捕朱棣的三个儿子，黄子澄说："不如放他们回去，以向燕王表示并没有怀疑他，便可袭击取胜。"最终，建文帝还是将朱棣的儿子都放了回去。没多久，燕王起兵，流着泪对将士们说："陷害诸王，并不是出于天子的意思，而是奸臣齐泰、黄子澄所为。"

等到燕军逐渐南下，黄子澄、齐泰共同被贬在外，建文帝命令他们秘密招募军队。黄子澄改变装束由太湖到苏州，与知府姚善倡议为国出力。姚善上书说：

“黄子澄的才能足以排除艰难，不应当抛弃在远地闲处，而使燕王高兴。”于是，建文帝又召回黄子澄，尚未到京，京城就陷落了。黄子澄想要和姚善航海去请求救兵，姚善不肯，于是便依附嘉兴人杨任图谋举事，被人告发，都被逮捕。黄子澄到达京城，朱棣亲自审问。他高声分辩而不屈，被处磔刑而死。

方孝孺(1357～1402年)，字希直，又字希古，宁海(今浙江宁海)人。方孝孺幼年时机警聪敏，读书一目十行，乡里人都把他称作“小韩子”[①]。长大后跟从宋濂学习，宋濂门下的知名人士都不如他。洪武十五年，因学士吴沉、揭枢的推举，方孝孺被朱元璋召见。朱元璋欣赏他举止端庄严肃。二十五年，又因为别人的推举，方孝孺被召到宫廷。

建文帝即位后，召方孝孺任翰林侍讲，第二年又升任为侍讲学士，国家重大的政事，建文帝都要向他咨询。当时编写《明太祖实录》和《类要》等书，方孝孺都是总裁。更定官制，方孝孺改任文学博士。朱棣起兵，朝廷议定讨伐，诏书和檄文都出自方孝孺之手。

建文四年(1402年)五月，燕军到江北，建文帝下诏征集四方军队。方孝孺说：“形势危急了。派人以割地相许，拖延几天，东南一带招募的军队逐渐集结。北方的军队不擅长水战，如果两军在长江上决战，胜负就难以预料了。”建文帝派庆成郡主前往燕军，陈述了方孝孺的意思。朱棣不听。朱棣顺利渡江。建文帝心中害怕，有人劝建文帝到其他地方去，图谋复兴。方孝孺极力请求留守京师等待援兵，到形势危急之时，便以死报国。六月十三日，金川门被打开，朱棣率燕军进入城中，建文帝自焚而死。当天，方孝孺被捕下狱。

燕王发兵之际，姚广孝将方孝孺托付给燕王，说：“城池攻克那一天，方孝孺一定不会投降，请不要杀他。如果杀了方孝孺，天下的读书风气就会断绝。”朱棣点头答应了他。到这时，朱棣想让方孝孺起草诏书。被召到宫中后，方孝孺悲痛的哭喊声响彻宫殿内外。朱棣从坐榻上下来劝勉说：“先生不要心中痛苦，我只是想效法周公辅佐成王罢了。”方孝孺说：“成王[②]在哪里？”朱棣说：“他自焚死了。”方孝孺说：“为什么不立成王的儿子[③]？”朱棣说：“国家应依靠年长的君主。”

---

① 唐代韩愈。

② 指建文帝。

③ 指太子朱文奎。

方孝孺说:“为什么不立成王的弟弟[①]?”朱棣说:“这是朕的家事。”示意左右把笔和纸拿给方孝孺,说:“诏告天下,非先生起草不可。”方孝孺掷笔于地,边哭边骂:“死就死,诏书我是不能起草的。”朱棣大怒,命令在市中处之以磔刑。方孝孺慨然就死,临死前写下绝命词:“天降离乱啊,谁知缘由,奸臣得计啊,谋国用计谋。忠臣发愤啊,血泪交流,以身殉君啊,又有何求。呜呼哀哉啊,或许不会怪罪我。”相传南京明故宫午朝门丹墀(chí)石上的血迹,即为方孝孺鲜血所溅。方孝孺的门人德庆侯廖永忠的孙子廖镛与弟弟廖铭收殓他的遗骨,葬在聚宝门外的山上(今南京中华门外雨花台东麓)。

另有记载:“成祖(朱棣)靖难后,命方正学(孝孺)草诏,正学麻衣陛见,执笔书一‘篡’字。曰:‘万世后,脱不得此字。’……成祖曰:‘汝不怕夷九族耶!’正学曰:‘即夷十族何妨!’……遂夷其九族,而夷师友一族,以足十族之数。谓之瓜蔓抄。”(《坚瓠集》)”于是方孝孺被灭十族。“坐死者八百七十三人。”[②]所谓“九族”,即从自己往上数,父、祖、曾祖、高祖;再从自己往下数,子、孙、曾孙、玄孙。另加师友门生,即“十族”。

方孝孺墓,由明万历年间,著名戏剧家汤显祖为其修墓立碑建祠,后毁于战火。如今,方孝孺墓位于雨花台烈士陵园内。此是后话。

被诛杀的还有陈迪、景清、暴昭、连楹等。当初,金川门被启开,监察御史连楹与董镛赶到,仗义执言,责问朱棣:以民篡君,可谓忠乎?以叔残侄,可谓仁乎?违背先帝分封之制,可谓孝乎?“连楹跃马想要刺杀成祖,被杀,尸体直立不倒。”

二十六日,朱棣将供奉在东陵享殿中兴宗孝康皇帝(朱标)的牌位迁到墓地,仍旧称懿文太子。

七月初一,朱棣大祭天地于南郊,顺便祭奉太祖。并下诏曰:“今年以洪武三十五年为纪年,明年为永乐元年。建文年间所更改过的以前既定的法度,一律恢复旧制。山东、北平、河南遭兵祸的州县,免除三年徭役,其中没遭兵祸的州县与凤阳、淮安、徐州、滁州、扬州蠲免租赋一年,全国其余州县全部蠲免今年田租的一半。”初二,朱棣下诏任前北平按察使陈瑛为左副都御使,全部恢复建文朝废弃官员的官职。初三,恢复官制。十二日,改封(朱标诸子)吴王朱允熥为广泽王、

---

① 即朱文圭。

② 《明史纪事本末》。

衡王朱允熥为怀恩王、徐王朱允熞为敷惠王，伴随他们的母妃吕氏居住在懿文太子陵园。

二十二日，朱棣命令江阴侯吴高监督指挥河南、陕西的军事防御，抚慰安顿军民。又派尚书严震直、王钝，府尹薛正言等巡回视察山西、山东、河南、陕西。

八月初一，侍读解缙、编修黄淮入宫到文渊阁值班供职。不久命令侍读胡广、修撰杨荣、编修杨士奇、翰林院检讨①金幼孜、胡俨一同入宫值班供职，并参与军国大事。是日，建文朝的兵部尚书铁铉被押送至京。

铁铉(1366～1402年)，字鼎石，邓(今河南邓州城关)人。由国子监监生任礼科给事中，调任都督府断事。曾经审判疑难案件，立即辩白清楚。朱元璋赐给他字叫鼎石，以示嘉奖。建文初年，铁铉任山东参政。后来，铁铉固守济南城，朱棣百般攻城三个月，济南城还是没有攻下。于是朱棣解围北归。

铁铉打败了燕军，建文帝大喜，提升铁铉为山东布政使，不久又升任兵部尚书。此后，燕军南下再不敢取道山东。朱棣即皇帝位，将铁铉拘捕到面前。铁铉背向朱棣坐在大庭中谩骂，朱棣命令他回头看看，他始终不肯，朱棣将铁铉在市中以磔刑处死，时年 37 岁。

朱棣除了大肆诛杀建文帝的旧臣以外，对其家属也进行了残酷的迫害。“明成祖尽发建文诸忠妻女亲戚入教坊，荼毒衣冠，最为惨酷。……又《国朝典故》云：铁铉妻杨氏，年三十五，送教坊司；茅大方(芳)妻张氏，年五十六，送教坊司，张氏旋故，教坊司安政于奉天门奏，奉圣旨：分付(吩咐)上元县抬出门去，著狗吃了，钦此。又《南京法司记》云：永乐二年十二月，教坊司题卓敬女杨奴、牛景(先)妻刘氏，合无照依谢升妻韩氏例，送淇国公(丘福)转营奸宿。又永乐十一年正月十一日，教坊司于右顺门口奏：齐泰妇及外甥媳妇，又黄子澄妹，四个妇人，每一日夜二十条汉子看守着。年少都有身孕，除生子令作小龟子，又有三岁女子，奏请圣旨，奉钦依：由他不的，到长大便是个淫贱材儿。又奏黄子澄妻生一小厮，如今十岁也。奉钦依：都由他。”②

九月初四，朱棣诏令评定“靖难”之功臣，封丘福为淇国公、朱能为成国公，封

① 掌修国史。

② 《骨董琐记》卷六。

张武等13人为侯，徐祥等11人为伯。评定诚心归附之功，封驸马都尉王宁[①]为侯，茹瑺、陈瑄及都督同知王佐皆封为伯。十四日，制定关于功臣判死罪减俸禄的条例。十五日，韩观为征南将军，镇守广西。

十月初七，朱棣命北平州、县抛弃官职逃避“靖难之役”的朱宁等219人缴纳谷物以免死罪，到兴州（今陕西略阳）守边。初九，修撰《明太祖实录》。十六日，镇远侯顾成镇守贵州。

十一月十三日，朱棣立妃徐氏为皇后。废黜已故朱标的儿子广泽王朱允熥、怀恩王朱允熞为平民。

永乐元年（1403年）正月初一，朱棣在奉天殿接受朝贺，宴请群臣及藩属国的使者。十三日，大祭天地于南郊。恢复周王朱橚、齐王朱榑、代王朱桂、岷王朱楩原来的封号。以北平为北京。

二月初三，设北京留守代替后军都督府、行部、国子监，改北平为顺天府。十二日，朱棣调封宁王朱权到南昌。派使者送诏书给鬼力赤可汗，允许他派使臣与明朝通好。

五月，再次论及靖难之功，封驸马都尉袁容等三人为侯爵，陈亨之子陈懋等六人为伯爵。

六月初六，代王朱桂有罪，削减他的护卫亲兵。派给事中、御史分头巡行全国，抚慰安顿军民，官吏有奸邪贪赃的予以逮捕治罪。

七月十五日，朱棣又致送书信给鞑靼首领鬼力赤。朱棣即位之初，就派遣使者到和林敕谕诸部酋长。永乐元年，蒙古诸部推奉鬼力赤为可汗。朱棣又遣使致意，谕之曰：“可汗能遣使往来通好，同为一家，使边城万里烽堠[②]无警，彼此熙然，共享太平之福，岂不美哉！”

是年，朱棣下诏编制《永乐大典》。“上（朱棣）谕翰林侍读学士解缙等曰，天下古今事物，散载诸书，篇帙浩繁，不易检阅。朕意欲悉采各书所载事物类聚之，而统之以韵，庶几考察之便，如探囊取物。……凡书契以来，经史子集百家之书，至于天地志、阴阳、医卜、僧道、技艺之言，备辑为一书，毋厌浩繁。”[③]

---

① 朱元璋第六女怀庆公主的驸马。

② 烽火台。

③ 《明太宗实录》。

第二年十一月十九日，翰林学士兼右春坊大学士解缙等将编纂的“录韵书”呈上，朱棣赐名《文献大成》。赏赐解缙等147人钞有差，赐宴于礼部。其后，朱棣观览《文献大成》，感到诸多不完备，命重修。

永乐五年十一月，“太子少师姚广孝等进重修《文献大成》书，凡22 211卷，11 905本，更赐名《永乐大典》。上（朱棣）亲制序以冠之。”①

《永乐大典》目录60卷，总字数约三亿七千万字，汇集了古今图书七八千种。《永乐大典》不仅是中国文化宝库中的经典，在世界文化史上也占有崇高的地位。《永乐大典》在永乐年间抄录了一部，叫做“永乐正本”；到嘉靖年间又重录了一部，称为“嘉靖副本”。《永乐大典》今存不到800卷。

这年七月，朱棣初次派遣宦官马彬出使爪哇（今印度尼西亚爪哇岛）等国。当初，朱棣即位时，就下诏告诉爪哇国。永乐元年，又派副使闻良辅、行人宁善，赐给爪哇国王绒、锦、织金文绮、纱罗等。

二十日，朱棣剥夺历城侯盛庸的爵位，不久盛庸自杀。盛庸在洪武年间屡次升官至都指挥，建文元年以参将身份跟从耿炳文讨伐燕王朱棣。二年九月，建文帝封盛庸为历城侯，俸禄1000石。不久又被任命为平燕将军，充任总兵官。四年，燕军至浦口（今南京浦口），盛庸迎战于高资（今江苏镇江）港，兵败投降。朱棣令盛庸守淮安，直至自杀。

《明史》评曰：“东昌、小河之战，盛庸、平安屡次挫败燕军，斩杀燕军骁将，功劳很高。到兵败被捕，不能引义自杀，隐忍偷生，对比铁铉、暴昭等人，能无愧吗？”②

二十五日，岷王朱楩有罪，朱棣削减他的护卫亲兵。朱楩曾在建文元年八月，远徙福建漳州。朱棣称帝后，恢复爵位，回到云南。由于朱楩不尊王法，“擅收诸司印信，杀戮吏民”，被朱棣再次罢免。

永乐二年（1404年）正月二十七日，召世子朱高炽及高阳王朱高煦回京师。四月初一，设置太子属官。

初二，道衍任太子少师，恢复其姚姓，赐名广孝。追赠他的祖父、父亲从一品官职。朱棣与姚广孝说话，称他为少师而不直呼其名。命他蓄发，姚广孝不肯。

① 《明太宗实录》。

② 《明史》。

赐给他府第及两个宫女，姚广孝都不接受。经常居住在寺庙，穿官服朝见朱棣，退朝仍穿僧衣。重编《太祖实录》，姚广孝任监修。又与解缙等人编撰《永乐大典》。

初三，朱棣立长子朱高炽为皇太子，改封朱高煦为汉王、朱高燧为赵王。十一日，封汪应祖为琉球国（位于台湾岛和日本之间）山南王。五月初二，丰城侯李彬镇守广东，清远伯王友充任总兵官，率舟师巡行海上。六月二十五日，朱棣诏封哈密（今新疆哈密）安克帖木儿为首任忠顺王。赐金印，管理哈密。从此，哈密国从元朝的封国转变为明朝的属国。

九月初八，周王朱橚朝见皇帝朱棣，进献瑞兽，文武百官请求祝贺。朱棣说："吉祥的征兆依随德行而到来，驺虞若是吉祥之物，对我来说更应当修身反省了。"十月，没收长兴侯耿炳文家产入宫，耿炳文自杀。

耿炳文（1334～1403 年），濠州（安徽凤阳）人。父耿君用，跟随朱元璋渡江，积功为管军总管。与张士诚作战阵亡。耿炳文承袭父职，洪武三年被封为长兴侯。燕王起兵，建文帝任命耿炳文为大将军，这年耿炳文已经 65 岁。率军 30 万，讨伐燕王，结果大败。建文帝听说耿炳文失败，非常担忧。任命李景隆为大将军，取代耿炳文，最终还是失败。朱棣称帝的第二年，刑部尚书郑赐、都御史陈瑛等弹劾耿炳文有僭越狂妄的行为，大逆不道，耿炳文因恐惧而自杀。

十二月，朱棣将李景隆关进监狱。李景隆（1369～1429 年），小字九江，朱元璋姐姐之孙、曹国公李文忠之子、朱棣之侄。建文帝即位，甚被重用。建文四年六月十三日，燕军直逼金川门，李景隆和谷王朱橞打开金川门投降燕军。朱棣即位，封李景隆为奉天辅运推诚宣力武臣、特进光禄大夫、左柱国。朝廷有大事，以他为首主议，诸功臣都愤愤不平。这年，李景隆被陈瑛等告发，"在家坐受阁人伏谒如君臣礼，大不道"。朱棣籍没其家产，后削爵。约卒于永乐末年。

第五章

六下西洋显国威　巨制惊世功德碑

【本章自永乐三年(1405 年)～永乐七年(1409 年)。朱棣 46～50 岁。主要讲述:雒佥诽谤获死刑,驸马淹溺有原因。诏建北京新宫殿,张辅力战安南平。年寿不永皇后逝,郑和出使回朝廷。不幸客死古里国,牛首山麓建坟茔。阳山碑材驮不起,缘何如此献孝心。浡泥国王谥恭顺,丘福败死漠北营。】

永乐三年(1405 年)二月初三,刑部尚书雒佥因为与皇上朱棣谈论政事,其言涉及怨恨诽谤皇上而被处以死刑。当初,雒佥向朱棣进言说:“朝廷用人,宜新旧兼任。今所信任者,率藩邸旧臣,非至公之道。”当时,朱棣并未治他的罪。过了一年,朱棣便以“居官贪婪暴虐”、“擅作威福”等罪名将雒佥处死。

八月,名臣郁新死于任上。郁新(1346～1405 年),字敦本,临淮(今安徽凤阳)人。洪武年间,以人才的身份被征召,授官户部度支主事,后升任郎中。再过一年,升户部右侍郎。朱元璋曾问天下户口田赋,地理险易,郁新应答无遗。朱元璋赞赏他的才能,不久升任户部尚书。朱棣即位后,召他掌户部事务。永乐元年,河南发生蝗灾,有关部门隐瞒实情,郁新弹劾后治了他们的罪。永乐三年八月在任上去世。朱棣叹息说:“郁新治理国家的赋税 13 年,计算钱粮的出入,今后有谁能代替他呢?”

十月，盗贼杀了驸马都尉梅殷。当初，梅殷之死，事发蹊跷。梅殷(？～1405年)字伯殷，是汝南侯梅思祖的侄子，天性恭敬谨慎，有谋略，擅长骑马射箭。洪武十一年，娶朱元璋二女儿宁国公主。在16个驸马中，朱元璋尤其喜爱梅殷。等到燕军日渐逼近京师，建文帝命令梅殷充任总兵官镇守淮安。朱棣派使者以进香为名，向梅殷借道。梅殷答复说："进香，皇考(朱元璋)有禁令，不遵守就是不孝。"朱棣十分恼怒，复信说："现在发兵诛杀君主身边的恶人，天命归于我，不是人能够阻挡的。"梅殷收到复信，便割去使者的耳朵、鼻子之后放了，说："留下你的嘴为燕王讲解君臣大义去。"朱棣十分沮丧。

朱棣登位，梅殷仍带兵驻扎在淮上。朱棣逼迫宁国公主咬破手指头写血书给梅殷。梅殷拿到信后放声痛哭，返回京城。入宫朝见，朱棣迎上前慰劳说："驸马劳累辛苦。"梅殷说："劳苦而无功啊。"朱棣沉默不语。永乐二年，都御史陈瑛上奏梅殷豢养逃亡之人，与女秀才刘氏勾结起来诅咒朝廷。朱棣说："朕自会处置他。"命令锦衣卫逮捕梅殷的家人送往辽东。第二年十月，梅殷入京朝见，前军都督佥事谭深、锦衣卫指挥赵曦故意推挤梅殷掉到笪桥(今南京白下区笪桥)下，淹溺而死，又以梅殷自己投水奏报。都督同知许成揭发了此事。朱棣大怒，命令法司治罪，杀了谭深和赵曦。派官员为梅殷办理丧事，谥号荣定。封许成为永新伯。

当初，公主听到梅殷的死讯，说朱棣果然杀了梅殷，拉着朱棣的衣服大哭，追问驸马在哪里。朱棣说："我为公主找寻奸贼，不要再难受了。"不久朱棣封梅殷的两个儿子为官，在赐公主的信中说："驸马梅殷虽有过失，兄因他是最亲之人，不予追究。当听说他淹溺而死，兄极为怀疑。都督许成前来告发，已经加封爵位赏赐，谋害他的人全部处以重刑，专门回复，让妹妹知晓。"后来，进封公主为宁国长公主，以示安慰。

永乐四年(1406年)五月二十一日，齐王朱榑犯罪，削夺其官属护卫，仍留在京城。七月初四，朱棣命令朱能为征夷将军，沐晟、张辅为副将，率兵分道进攻安南，兵部尚书刘隽参与军务大事，行部尚书黄福、大理卿陈洽督运粮饷。朱棣下诏说："安南都是我的百姓，只有黎季犛(máo)父子是罪魁祸首，一定要诛杀，其他协从者可以不究。罪人抓获以后，立陈氏子孙中有才德的人为王。不要姑息养成叛乱，不要轻视敌人，不要毁坏房舍坟墓，不要损害庄稼，不要攫取钱财抢掠青年女子，不要杀害投降的士兵。在这些规定中如果犯有一条，即使有功，也不宽宥。”

闰七月初五，朱棣下诏，将于明年五月兴建北京宫殿，分别派大臣到四川、湖广、江西、浙江、山西采集木材。朱棣即位之初，虽然仍以南京为京师，但他对龙兴之地北京情有独钟，并且早就有了迁都北京的打算。朱棣认为："永镇北平"既是父皇的旨意，也是自己的职责。如不迁都北平，如何永远镇守？永乐元年正月，礼部尚书李至刚建议将北平升为陪都，朱棣就立即改北平为顺天府称北京，设置了北京留守行后军都督府、北京行部、北京国子监等衙门。所以，建造北京宫殿只是迁都的第一步。之后，为了向北京运粮，又重开海运，迁徙各地富民到北京。

二十七日，齐王朱榑被废为平民。朱榑（1364～1428年），朱元璋第七子。洪武年间曾参与北征，自恃有军功。建文年间，朱榑因罪而被建文帝借机削藩，废为庶人，禁锢在京城四年。朱棣即位后恢复齐王朱榑的封国。复封以后朱榑更为骄纵，朱棣以书信召见，以共同患难的往事劝谕。朱榑不悔改，反而阴谋畜养刺客，招异人术士作咒诅，辄用自己的护卫军来守卫青州城，又将城墙与苑邸围墙并筑，隔离外界往来，不许守城的官吏登城夜巡。青州府官吏李拱、曾名深等官员向朱棣上书急告变故，朱榑则将他们拘留匿藏，意欲杀人灭口。

朱棣下诏索要李拱，并谕令朱榑改过。当时谣传周王朱橚也要谋反，周王于是向朱棣上书谢罪。朱棣将周王的书信封好后出示给齐王朱榑看。不久，齐王朱榑前往朝见朱棣，朝廷大臣弹劾朱榑的罪行，他反而厉声说道："奸臣喋喋，又欲效建文时耶！会尽斩此辈。"朱棣不悦，于是留置朱榑在京师府邸，着手削减其官属护卫，诛杀指挥柴直等人，并将所有被朱榑关押的人释放出来，同时在朱榑府邸搜出所造的不法器具。这年八月，朱棣将朱榑之子召至京城，一并废为庶人。

十月初二，成国公朱能死在军中，由张辅代替朱能统领其部众。朱能（1370～1406年），字士弘，怀远（今安徽怀远）人。朱棣起兵，朱能与张玉设计杀掉张昺、谢贵，夺取北平九门，任官为指挥同知。多次升迁至右军都督佥事。建史四军渡过长江，进入金川门。九月，论功行赏，拜授奉天靖难推诚宣力武臣、特进荣禄大夫、右柱国、左军都督府左都督，封成国公。永乐二年，兼任太子太傅。四年七月，诏令朱能佩戴征夷将军印，西平侯沐晟为左军副将军，由广西、云南分路讨伐安南，朱棣亲自送到龙江（今南京下关）。十月，朱能驻扎在龙州（今广西龙州），死于军中，时年 37 岁。朱棣下诏葬于昌平（今北京），追封东平王，谥武烈。

有诗赞曰：靖难功臣号朱能，克耿败李俘平安。殊死搏战救燕主，殒命军中讨安南。

十二月初六，张辅在嘉林（今越南河内）将安南反贼打败。十一日。攻克多邦（今越南谅山）。十二日，攻克东都（今越南古龙编城）。十八日，攻克西都（今越南古九真城）。

二十六日，瓯宁王朱允熥的府第发生火灾，瓯宁王薨。朱允熥（1391～1406年），是朱标第五子。洪武三十一年被建文帝封为徐王，朱棣入京后被“降为敷惠王”，和母亲吕太后一起居住在懿文太子的陵园。永乐二年被改封瓯宁王，“不遣之国”侍奉太子祀。但只过了两年，府第起火被烧死，时年 16 岁。谥曰哀简王。

永乐五年（1407 年）正月十四日，张辅大败安南军于木丸江。二月初五，放逐翰林学士解缙出京任广西参议。三月二十七日，张辅在富良江（今越南红河）将安南军打得大败。五月十一日，张辅擒获黎季犛、黎苍[①]父子，将他们献到京城，安南平定。六月初一，因平安南，朱棣诏告天下。设置交阯布政司（今越南河内）。第二年六月，张辅等班师回京，献上交阯地图，东西 1760 里，南北 2800 里。张辅进升英国公，沐晟[②]进封黔国公。

这年七月初四，朱棣徐皇后驾崩。徐皇后[③]（1362～1407 年）比朱棣小两岁，是中山王徐达的长女。幼年贞淑娴静，喜好读书，号称女秀才。朱元璋听说徐氏贤淑，召见徐达说：“朕与爱卿，是布衣之交。自古君臣意气相投的，大多结为姻亲。您有个好女儿，把朕的儿子朱棣与她相配吧。”徐达磕头谢恩。

洪武九年正月二十七日，朱元璋册封 15 岁的徐氏为燕王妃。高皇后[④]很喜欢徐氏。徐氏跟从燕王朱棣前往北平藩国，服孝慈高皇后丧期三年，粗茶淡饭一如礼节。高皇后的遗言有可称颂的，徐氏一一列举，没有遗漏。

---

① 又称胡汉苍，黎季犛次子。

② 黔宁王沐英次子。

③ 一说徐仪华。

④ 朱元璋皇后马氏。

平定国难起兵讨伐，朱棣率军袭击大宁，由世子朱高炽留守北平。凡是部署防卫诸事，多受命于徐氏。北平城最终得以保全。

朱棣即皇帝位，册封徐氏为皇后。徐氏说："南北每年交战，军队和人民疲惫困顿，应该让他们休养生息。"又说："当代的贤才都是高皇帝留下的，陛下不应因为新旧有所防备。"又说："帝尧实行仁政从亲人开始。"朱棣都听从采纳。

起初，徐氏之弟徐增寿常常将朝廷大事偷送给朱棣，被建文帝诛杀。是时，朱棣想要追赠徐增寿爵位，徐氏坚决反对。朱棣不听从，最终封为定国公，命徐增寿的儿子徐景昌袭位，这才告诉徐氏。徐氏说："这不是妾的意愿哪。"最终没有谢恩。曾经说汉王朱高煦、赵王朱高燧两王性情不顺，官吏僚属应该选择朝廷之臣兼任。一天，徐氏问："陛下和谁商议治理天下？"朱棣说："六卿掌管政务，翰林负责议论思考。"徐氏因此请求召见那些受封号的妇女，赐予冠带衣服钱财。告谕说："妇人服侍丈夫，哪里只是穿衣吃饭而已呢？一定要有所帮助。朋友之言，有的听从有的违背，夫妇之言，婉转和顺容易接受。我朝夕侍奉皇上，只以百姓为念，你们也要勉励。"曾经采辑《女宪》、《女诫》作为《内训》20 篇，又类编古人美好的言论优秀事迹，作《劝善书》，颁布发行于天下。

可惜徐皇后年寿不永，她只做了五年皇后。这年七月，徐皇后去世，时年 46 岁。朱棣非常悲痛，为她在灵谷寺、天禧寺（大报恩寺）两寺设斋超度，听任群臣祭奠。十月十四日，赠谥为仁孝皇后。永乐七年，朱棣建造陵墓于昌平（今北京昌平）的天寿山，又过了四年，陵墓建成，将仁孝皇后安葬在此，就是长陵。

仁孝皇后徐氏

据传，仁孝徐皇后驾崩后，朱棣曾想纳娶皇后的妹妹。当初，"中山王继夫人谢（氏），生四子四女，长女即仁孝皇后，第二女为代王朱桂妃，第三女为安王朱楹妃，小女儿尚未出嫁。仁孝皇后驾崩，朱棣对谢夫人说：'我将娶夫人小女儿继皇后之位。'谢氏说：'我的女儿配不上皇上。'朱棣说：'夫人女儿不许配给我，还想选择什么样的女婿呢？'后来，谢氏的小女儿竟然不敢受人聘娶，到南京中华门外的王姑庵当尼姑去了。”[①]于是，朱棣不再立皇后。

这年七月，西宁侯宋晟病逝。宋晟（1342～1407年），字景阳，定远（今安徽定远）人。父亲宋朝用、兄长宋国兴，曾一起跟随朱元璋渡江，两人都积功升迁到元帅。攻打集庆时，宋国兴战死，宋晟承袭了兄长的职务。不久，积功升为都指挥同知。洪武二十四年充任总兵官。三十一年出京镇守开平，跟随朱棣出兵塞外，夺回万全（今河北万全）各卫的城堡。建文年间，镇守甘肃。朱棣登位，进入朝廷，拜官平羌将军。永乐三年，封为西宁侯。第二年，宋晟灵柩至京师，葬于其父陵墓之侧。宋晟墓在南京中华门外能仁里郎宅山（又称雷家山）西麓。后迁移至雨花西路113号。

永乐五年（1407年）九月初二，郑和回朝。这是郑和第一次出使西洋回到南京。郑和（1371～1433年）原姓马，小名三保（三宝），云南昆阳（今云南昆明晋宁）宝山乡知代村人，元朝咸阳王赛典赤赡思丁的六世孙。“赛典赤赡思丁又名乌马儿，回族人……元大德元年（1297年）追封咸阳王”。[②]

郑和的父亲叫米里金，汉名马哈只[③]。马哈只“娶温氏，有妇德。子男二人，长文铭，次和（郑和）；女四人。”[④]

洪武十三年冬，明朝军队进攻云南，马三保（三宝）11岁，被明军副统帅蓝玉掠至南京，阉割成太监。之后，郑和随傅友德回到北平。

据袁忠彻《古今识鉴》载：“内侍郑和即三保也，云南人。身长九尺，腰大十围……眉目分明，耳白过面，齿如编贝，行如虎步，声音洪亮。”郑和因此被选入朱棣的燕王府。在四年“靖难之役”中，马三保以内臣身份“从燕王起兵靖难，出入战阵，多建奇功”。永乐元年，姚广孝收马三宝为“菩萨戒弟子”。

永乐二年正月初一，朱棣“御书郑字，赐以为姓，乃名郑和”。一说，朱棣赐马三保郑姓，是为了纪念马三保在郑村坝的战功。郑和有智略，知兵习战，朱棣对他十分信赖。

当初，“成祖（朱棣）疑惠帝（建文帝）亡海外，欲踪迹之，且欲耀兵异域，示中

---

① 《明朝小史》卷五。

② 《元史》。

③ 哈只，是当地人对朝拜过伊斯兰教圣地麦加的人的尊称。

④ 《郑和家谱考释·故马公墓志铭》。

国富强”。永乐三年六月命令郑和及他的同辈王景弘等人前往西洋为互通使臣。率士卒 27 800 余人，多带金币。造大船，长 44 丈[①]、宽 18 丈[②]的有 62 艘[③]。从苏州刘家河航海到福建，又从福建五虎门扬帆起航，首先到达占城（又称林邑，今越南中部）、暹罗（今泰国）和爪哇（今印度尼西亚爪哇岛）、苏门答腊（今印度尼西亚苏门答腊）、三佛齐（古称干陀利，宋朝称三佛齐，今马来群岛的一部分）等。以先后秩序遍游众多海外国家，宣布天子诏书，于是赏赐他们的郡长，不臣服就用武力威胁他们。永乐五年九月初二，郑和等回国，各国使臣跟随郑和来朝觐见皇帝。

初五，朱棣驾临奉天门，接受安南的俘虏，大赏将士。初八，“新建龙江天妃庙成（时间上似有误），遣太常寺少卿朱焯祭告。时太监郑和使古里、满加剌诸国还，言神多感应，故有是命”。之后，永乐十七年九月十二日，“重建天妃宫于南京仪凤门外”。

天妃宫位于南京下关仪凤门外狮子山下，是一座奉祀海神妈祖的庙宇。据《金陵玄观志》载，天妃宫依山腰而建，前至山麓，有龙江自宫前流过。宫内有正殿后殿、雨廓廊庑、三清殿、玉皇阁等建筑，宫后还植种了娑罗树。其中，在西侧廊庑中，还绘有郑和航海途中所见到的海中灵异。宫中的玉皇阁、宝盖珠幢，高可见江，与远近帆樯相映。

郑和第二次出使西洋。永乐六年九月，郑和船队再往锡兰山（也称狮子国，今斯里兰卡）。国王亚烈苦奈儿引诱郑和到他们国中，勒索金币，出兵抢劫郑和船队。郑和侦查到劫贼大部分已经出来，国内空虚，于是率领将士 2000 多人，攻克他们的都城，活捉亚烈苦奈儿及其妻子、儿女和官属。劫贼听到消息，立即回来救援，郑和率领官军又将他们打败。永乐九年六月，郑和献俘于朝廷。朱棣赦免不杀，释放回朝。

郑和第三次出使西洋。永乐十年十一月，郑和等又奉命出使到苏门答腊。苏门答腊以前的伪王子叫苏干剌，正要谋杀国君自立为王，又怀恨郑和不给自己赏赐，所以率领军队拦截郑和。郑和奋力作战，追击捉拿苏干剌于喃渤利（今苏门答腊西），并俘获他的妻子、儿女。永乐十三年七月，郑和回朝。朱棣大喜，奖

---

① 按明制一尺合今 31.1 cm 计算，约 136.8 米。

② 约 55.9 米。

③ 可乘千余人。

赏众将士各有不同。

郑和第四次出使西洋。永乐十四年，满剌加（今马来西亚马六甲）、古里（今印度卡拉拉邦的科泽科德）等19国都派使臣来朝拜进贡。十二月初十，朱棣又命郑和等人一同前往，赏赐他们的郡长。于永乐十七年七月归来。

为纪念郑和船队多次在海途中遭遇险风恶浪受到湄洲妈祖庇护，朱棣于永乐十四年四月初六日，敕命在南京天妃宫立《御制弘仁普济天妃宫之碑》，俗称天妃宫碑。碑文由朱棣亲撰，全文约820余字。

郑和第五次出使西洋。永乐十九年春天又前往西洋，第二年八月回朝。

郑和第六次出使西洋。永乐二十二年正月，旧港（今印度尼西亚苏门答腊岛巨港）酋长施济孙请求承袭宣慰使官职，郑和带着朱棣诏令印信赐给施济孙。“比还，而成祖已晏驾。”也就是说，郑和是这年七月十八日以后才回来，而此时朱棣已经去世。

郑和第七次出使西洋。宣德五年（1430年），皇帝朱瞻基因即位年久[①]，而各藩国路远的还没有来进贡，因此于六月十九日下诏，命令郑和、王景弘出使西洋，“凡所历忽鲁谟斯（今伊朗米纳布）、锡兰山、古里、满剌加、柯枝、卜剌哇等二十国”。

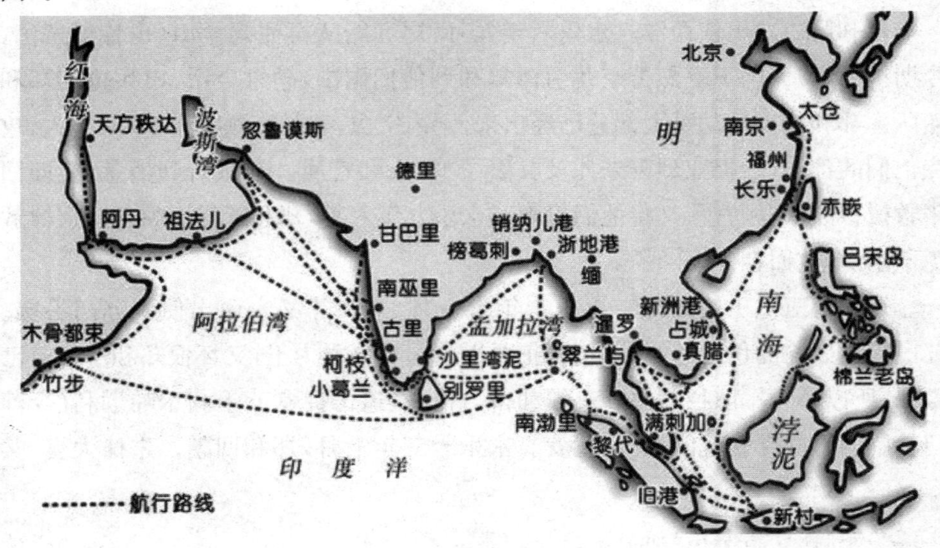

① 其实刚五年。

郑和、王景弘率船队于宣德八年(1433年)开始返航。四月初,郑和于返航途中,在印度西海岸古里国去世,终年63岁。

古里国,今印度卡拉拉邦的科泽科德,明朝时是西洋大国,也是众藩国的交通要道。郑和曾在古里立碑纪念,碑文说:“其国去中国十万余里,民物咸若,熙皡同风,刻石于兹,永昭万世。”这是郑和在国外最早立下的纪念碑。

【按:《天妃灵应之记》碑记载郑和七次下西洋的时间,与《明史、郑和传》记载的时间不同,有关事件也不尽相同。】

郑和一生,共经历并侍奉永乐、洪熙、宣德三个朝代,官至四品,地位仅次于司礼监。从永乐三年(1405年)至宣德八年(1433年)28年间,先后七次奉命出使西洋,经过30多个国家。

《明史》评价郑和下西洋:“所取得的珍宝,无法计算,而朝廷的耗费也无法计算。从宣德以来,远方国家时常有使者来朝拜,总不如永乐时期,而郑和也年老将死了。自郑和以后,凡是奉命出使海外的人,没有一个不盛赞郑和而向藩臣夸耀的,所以世间流传三保太监下西洋,是明朝初年的一件盛事。”

郑和像

为纪念郑和等人下西洋的功绩,捍卫中国对南沙群岛的主权,从1947年开始,先后命名了:永乐群岛、宣德群岛,以及景宏(王景宏)岛、马欢岛(曾跟随下西洋,著有《瀛涯胜览》)、费信岛(曾跟随下西洋,著有《星槎胜览》)和郑和群礁、屈原礁、东坡礁等等。

至今,一些亚、非沿海国家还留有许多有关郑和的遗迹。印度尼西亚的爪哇岛上有“三宝城市”和“三宝公庙”;泰国有“三宝庙”和“三宝塔”;斯里兰卡、锡兰、古里保存着郑和所立的纪念碑。此外,斯里兰卡、柯枝国等都有郑和遗迹,不一而足。

英国李约瑟博士在《中国科学技术史》中十分感慨地写道:“当世界变革的序

幕尚未揭开之前，即十五世纪上半叶，在地球的东方，从波涛万顷的中国海面，直到非洲东岸的辽阔海域，呈现出一幅中国人海上称雄的图景，这一光辉的景象就是郑和下西洋。”

为了表彰郑和出使西洋的功劳，永乐年间，今南京下关建了一座静海寺，取意四海平静，天下太平。“卢龙山（今南京下关狮子山）静海寺，在都城外，南去仪凤门半里，所统天界寺二十里，西城卢龙山之麓。文王（朱棣）命使海外，平服诸番，风波无警，因建寺，赐额静海。”①

据《郑和下西洋与朝贡体系》载：洪武朝共有 17 个国家 129 批次的朝贡使节来华，永乐朝共有 40 个国家 238 批次的朝贡使团来华。应该说，这就是“巨大的郑和效应”。

郑和在古里去世后，船队由太监王景弘率领返航。宣德八年（1433 年）七月初六抵达南京。宣德皇帝朱瞻基赐葬郑和于南京牛首山。

郑和墓

据清康熙二十二年纂修的《江宁县志・陵墓》载：“三宝太监郑和墓，在牛首山之西麓。永乐中命下西洋，有奇功，密知建文踪迹，回朝皆奏不闻，史称其有隐衷云。宣德初，复命入西洋，卒于古里国，此则赐葬衣冠处也。”

一般认为，位于南京江宁区谷里周昉村牛首山南麓的郑和墓是一个衣冠

① 《金陵梵刹志》。

冢[①]。当地人称为“马回回墓”。墓冢所在之山，亦称为“回回山”。修缮后的“郑和墓”上刻“明代伟大航海家郑和之墓”字样。郑和墓旁有一个郑家冲，冲里人都姓郑。据称都是郑和后代，600 多年来一直为郑和守墓。

另外，朱棣在位期间还进行了几项巨大的工程。

之一，阳山碑材。朱棣即位后，决定为父亲朱元璋立一巨型功德碑。永乐三年(1405 年)，征集全国十多万工匠到南京汤山西北的阳山开凿碑材，俗称“阳山碑材”或称“孝陵碑材”。经过 13 个月的开凿，三块巨型碑材成形。若此碑立起总高为 78 米，重达 31 167 吨，是当之无愧的世界第一碑。

阳山碑材

清代诗人袁枚在任江宁知县时曾作《洪武大石碑歌》一首：“青龙山前石一方，弓尺量之十丈长。两头未截空中央，旁有赑屃形更大。直斩奇峰为一坐，欲负不负身尚卧。相传高皇开创气概雄，欲移此碑陵寝中。大书功德告祖宗，压倒唐宋惊羲农。碑如长剑青天倚，十万骆驼拉不起。”[②]如今此碑材已在阳山上足足酣睡了 600 多年，至今尚未完工。

之二，武当宫观。永乐十年六月，“建湖广武当山宫观，命隆平侯张信、驸马都尉沐昕董(监督劳作)其役”。共征用军将、民夫 30 余万人。永乐十六年十二月，“武当山宫观成，赐名曰：‘太岳太和山’”。

之三，永乐大钟。永乐十八年，在北京西郊大钟寺铸造铜钟，高 6.75 米、钟

① 一说郑和的骨灰葬于南京牛首山弘觉寺。

② 《金陵胜迹志》。

口直径3.3米,重4.6万公斤。钟体铸有经文23万余字。

朱棣的这些巨大工程,虽有作秀之嫌,但也风风雨雨几百年,至今尚存。

永乐六年(1408年)正月初八,岷王朱楩又犯罪,朱棣罢免其官爵及属官。朱楩曾在建文元年、永乐元年两次被罢免爵位。

六月初十,张辅、沐晟回到京师。七月初七,议论平定交阯之功,提封张辅为英国公,沐晟为黔国公,王友为清远侯,封都督佥事柳升为安远伯,其余的赐爵赏赐各有差别。

八月初十,交阯简定①造反,沐晟为征夷将军,出使讨伐,刘俊仍旧参与协助军事。十二月二十四日,沐晟与简定在生厥江(今越南丰盈县)作战,大败,刘俊及都督佥事吕毅、参政刘昱死于此役。是月,柳升、陈瑄、李彬等率领水军分路沿海捕捉倭寇。

是年,浡泥国王前往南京朝见。浡泥国(今文莱达鲁萨兰苏丹国,简称文莱国),宋太宗(赵光义)时开始与中国交往。

早在洪武三年八月,朱元璋命御史张敬之、福建行省都事沈秩前往出使。自泉州航海,经过半年抵达阇(dū)婆国,又经过一个月到达该国。国王马合谟沙傲慢无礼,沈秩斥责他,马合谟沙才从座位上下来行拜礼接受诏书。当时浡泥国被苏禄侵略,国王以贫困推辞,请求三年后入贡。沈秩用大道理晓谕他,国王才答应。浡泥向来附属阇婆,阇婆人离间浡泥国王,浡泥国王的态度中途改变。沈秩指责马合谟沙说:“阇婆国称臣进贡已经很久了,你畏惧阇婆国,反而不畏惧大明朝廷吗?”于是浡泥派使者奉表笺,进贡鹤顶、生玳瑁、孔雀、梅花大片龙脑(龙脑香)、米龙脑、西洋布、降真香(降香檀)等。八月,浡泥使者跟从张敬之等入朝。表用金,笺用银,字形与回鹘字相近,把字都雕刻了来进献。朱元璋高兴,设宴,赏赐很丰厚。洪武八年,命令浡泥国的山川陪祀于福建山川之次。

永乐三年冬,浡泥国王麻那惹加那派使者前来进贡,朱棣派官员册封他为国王,赐官印及册封诏书、敕符、勘合所用的信符、锦绮、彩币。国王十分高兴,率领妃子他系邪,及弟妹子女、陪臣等150余人渡海来朝见。临时驻扎在福建,守臣奏报朝廷。朱棣派宦官前往设宴赏赐,经过的州、县都设宴款待。永乐六年八月二十日,国王一行入都城(今南京)朝见,朱棣嘉奖慰劳他们。国王跪着致辞说:

① 简定帝陈頠(wěi)。

"陛下接受上天的命令，统一万方。臣远在海岛，承蒙朝廷的恩惠，赐予封爵。从此国中风调雨顺……亲自率领家属和陪臣，到朝廷贡献以表谢意。"朱棣再三慰劳，命令将王妃所进贡的中宫笺以及本地产物，陈列在文华殿。朱棣在奉天门（今南京午朝门）招待国王和王妃，礼仪完毕后送回会同馆。

十月初一，浡泥国王留下遗言，死在馆舍中，终年28岁。按照国王生前"死又体魄托葬中华"的遗嘱，安葬于石子冈（今南京安德门外），谥曰恭顺。

浡泥国王墓，也称恭顺王陵。几经朝代兴废，从清末到民国，已经无人知晓。1958年5月12日，在开展文物普查时，才重新发现了一直被当地人称之为"回回坟"的浡泥国王墓。

浡泥国王墓

恭顺王陵位于南京石子冈之西，向花村乌龟山南麓。陵墓原有墓冢、神道石刻、祭祀祠庙三部分组成，重新发现时，祭祀祠庙早已坍毁殆尽，尚存石武将、石虎、石马、石羊、石马夫、石马各一对和浡泥国恭顺王墓碑①。碑文中，"浡泥王去中国"等字清晰可辨。

2006年4月7日，文莱玛斯娜公主殿下夫妇一行八人，专程来南京拜谒了浡泥国王墓。浡泥国王陵墓是南京地区唯一一座外国国王陵墓。

① 碑文由明朝文渊阁大学士胡广撰写，长达2000多字。

永乐七年(1409 年)正月初十,朱棣赐给百官上元节[①]假日 10 天,将此立为条令。二月初二,朱棣派使者在他离京巡行所经过的郡县慰问年纪高迈之人,80 岁以上的赐给酒肉,90 岁的再加上丝帛。

朱棣认为“家给人足”、“斯民小康”是天下治平的根本。曾对都御史陈瑛说:“国之本在民,民无食是伤其本。朕自嗣位以来,夙夜以安养生民为心。”(《皇明典故纪闻》)永乐七年,朱棣谕北京耆老曰:“朕惟古先帝王之治天下,以安民为务。”“如得斯民小康,朕之愿也。”[②]

二月初八,朱棣将去北方巡行之事祭告天地、宗庙、社稷。初九,朱棣从京师出发,皇太子朱高炽留守,代管国事。张辅、王友率领军队讨伐安南的简定帝。十五日,朱棣拜谒凤阳皇陵。

三月初一,朱棣临时驻扎东平州(今山东东平),遥望泰山而祭。初八,驻扎景州(今河北景县),遥望恒山而祭。十二日,平安自杀。

平安(? ～1409 年),滁(今安徽滁州)人,小字保儿。早先为朱元璋养子,骁勇善战,力举数百斤。承袭父职,迁升密云指挥使,晋升为右军都督佥事。建文元年,平安奉命讨伐朱棣,以列将身份随从出征。及至李景隆代替耿炳文为将时,任命平安为先锋。当时,在朝廷军的众将中,平安作战最勇猛。有一次,朱棣几乎被平安的槊刺中。后来平安被朱棣擒获,朱棣惜其才能和英勇,送到北平。朱棣即位,以平安为北平都指挥使,不久进升行后府都督佥事。这年,朱棣巡察北京,阅览奏章时偶尔见到平安的名字,对左右说:“平保儿尚在耶?”平安听说后便自杀。

十九日,朱棣到达北京。二十三日下诏,命令起兵时的将士及北京效力的人民中,有犯“杂犯”罪判死刑的,全部宽宥他们,充军的人都官复原职,军民或回原籍,或回军队。

闰四月初六,朱棣命令皇太子所决断的各种事务,六科每月分类陈奏一次。五月二十日,在昌平营建陵墓,封那座山叫天寿山。

早在永乐七年五月初,朱棣就命礼部尚书赵羾(gòng)和明悉地理的廖均卿等选择墓地,选中了昌平县(今北京昌平)东的黄土山,并亲自前往察看。五月初

---

① 即元宵节。

② 《明太宗实录》。

八开始营建陵墓。

六月初十，朱棣派给事中郭骥出使本雅失里[①]，被杀。七月初三，朱棣任命淇国公丘福为征虏大将军，武成侯王聪、同安侯火真为副将，靖安侯王忠、安平侯李远为左、右参将，征讨本雅失里。

八月十五日，丘福败于胪朐河（今蒙古克鲁伦河、饮马河），丘福及王聪、火真、王忠、李远全部战死。

丘福（1343～1409年），凤阳人。出生行伍。起初在燕王朱棣府做事。积累功劳授官燕山中护卫千户。朱棣起兵，丘福与朱能、张玉一同夺得北平九门。多次升迁至中军都督同知。丘福为人朴实憨厚，机警勇猛。每次作战获胜，众将争着向前献上俘虏和战利品，丘福独自在后。朱棣常常感叹说："丘将军的功劳，我自己知道。"朱棣即位，大封功臣，按照顺序以丘福为第一。授予奉天靖难推诚宣力武臣、特进荣禄大夫、右柱国、中军都督府左都督，封淇国公，俸禄2500石，给予世代享用的铁券，并以丘福为太子太师。这年，丘福出塞作战，与武城侯王聪、同安侯火真、靖安侯王忠、安平侯李远一同战死。

十一月，张辅在美良擒获简定帝陈頠，送到京城处斩。

---

① 又名完者秃，忽必烈的后裔，鞑靼首领之一。

第六章

屡征塞外平边患　迁都北京固江山

【本章自永乐八年(1410年)～永乐十八年(1420年)。朱棣51～61岁。主要讲述:一征鞑靼获全胜,解缙多言惹纷争。下诏重建天禧寺,长陵入葬第一人。二征随行皇太孙,军队凯旋奉天门。佞幸纪纲受刑死,陈珪督建北京城。太祖实录重修撰,妖妇叛乱作尼僧。文告迁都北京事,设置东厂察民臣。】

永乐八年(1410年)正月初四,朱棣召宁阳侯陈懋随征漠北。十二日,皇太子朱高炽代朱棣大祭天地于南郊。二月初四,朱棣将北征之事向全国颁发文告,命户部尚书夏原吉辅佐皇长孙朱瞻基留守北京。

朱棣亲率50万大军亲征鞑靼的本雅失里,既是为郭骥的死感到无比愤恨,更是为丘福等人的死而雪耻复仇。

初十,朱棣从北京出发。二十六日,祭祀所经过的名山大川。二十八日,举行大阅兵。四月初八,驻扎在鸣蛮戍。初九,誓师于军。

十六日,朱棣"车驾次擒胡山(今蒙古国境内)。上(朱棣)制铭刻石曰:'瀚海为镡,天山为锷,一扫胡尘,永清沙漠。'赐其泉名'灵济'。"[①]

---

① 《明太宗实录》。

四月二十日，朱棣率大军到达威虏镇，用骆驼运水供给将士，朱棣亲眼看到将士都吃上了，自己才开始用膳。

五月初一，朱棣改胪朐河（今克鲁伦河）为饮马河。初八，听说本雅失里向西逃窜，朱棣率军渡饮马河追击。十三日，追至斡难河（今额嫩河），大败本雅失里，本雅失里只带七名骑兵逃走。二十日，朱棣驻扎饮马河，颁诏调兵攻打阿鲁台[①]。二十一日，回族哈剌马牙杀都指挥刘秉谦，据守肃州卫（今甘肃酒泉）叛乱，被千户朱迪等平定。六月初九，阿鲁台假装投降，命诸将士严阵以待，果然又大举来犯。朱棣亲率精锐骑兵迎击，大败阿鲁台，并乘胜追击了100余里。二十日，又打败阿鲁台。二十二日，军队凯旋。七月十七日，朱棣第一次亲征[②]班师凯旋。阿鲁台经过这次打击，降服于明朝，每年向明朝进贡马匹。

九月十九日，朱棣驾临天寿山。十月初四，从北京出发。十一月十一日，朱棣回到京师（今南京）。十二月二十六日，安南陈季扩请求投降，朱棣任用他为交阯右布政使，陈季扩不接受任命。

永乐九年（1411年）正月十八日，张辅为征虏副将军，会合沐晟讨伐交阯。二十五日，下诏赦免交阯。六月，交阯右参议解缙被关进监狱。

解缙（1369～1415年），字大绅，吉水（今江西吉水）人。幼时颖悟敏捷，洪武二十一年考中进士。授职中书庶吉士。深得朱元璋的喜爱和器重，常常侍奉左右。一天，朱元璋在大庖西室，当面告诉解缙："朕与你从道义上讲是君臣，从恩情上讲如同父子，应当知无不言。"解缙当日上奏疏万言，朱元璋称赞解缙的才能。不久，解缙又献《太平十策》。

解缙曾进入兵部衙门索要差役，语气傲慢。尚书沈溍将此事上报。朱元璋说："解缙因为闲散无事就放纵自己吗？"命令改为御史。又说："十年后来，再派大用处也不晚。"

解缙返乡八年，朱元璋驾崩，他进京哭临。有关部门弹劾解缙违反诏令，况且母亲去世还没有安葬，父亲年已90岁，不应当舍下老父上路。被贬为河州卫（今甘肃临夏）的小吏。建文帝时期召为翰林院待诏。

朱棣进入京师，提升解缙为侍读，命他与黄淮、杨士奇、胡广、金幼孜、杨荣、

---

① 鞑靼太师。

② 自八年正月初十至七月十七日。

胡俨一起在文渊阁值勤，参与国家的机要事务。不久，解缙进升为侍读学士，奉命主管修纂《明太祖实录》和《列女传》，书成之后，赐银币。永乐二年，晋升解缙为翰林学士兼右春坊大学士。

解缙年轻时进入朝廷，才能优秀，做事坦率先行，表里透彻如一。引荐提拔读书人，发现优秀的便赞不绝口。但他喜欢褒贬他人，无所顾忌，朝廷的大臣多因他的得宠受到伤害。后来，又因陷入确定皇太子的事件中，遭到汉王朱高煦的忌恨，直到因廷试时评阅试卷不公正而获罪，贬为广西布政司参议。动身之后，又被改贬交阯，命他去化州（今越南凉州）督促军饷。

永乐八年，解缙有事上奏来到京师，正值朱棣出征北方，解缙拜谒了皇太子朱高炽就回去了。汉王朱高煦说解缙窥伺皇上出行，私自觐见太子，直接回去，没有人臣之礼。朱棣发怒，下令逮捕解缙并关进钦犯的监狱，遭到严刑拷打。永乐十三年，朱棣见到解缙名字说："解缙还活着啊？"于是纪纲用酒将解缙灌醉，将他埋在雪中而死。十一月，朱棣立皇长孙朱瞻基为皇太孙。

永乐十年（1412 年）二月二十五日，辽王朱植有罪，朱棣削除他的护卫亲兵。朱植（1377～1424 年），朱元璋第十五子。洪武十一年封卫王，二十五年改封辽王，就藩广宁州（今辽宁北镇）。三十五年迁荆州府。朱植熟习军旅，屡树军功。建文时，燕王起兵，建文帝担心拥兵自重的朱植会支持燕王，于是召他回南京。朱棣登位后，埋怨朱植在靖难之时不支持自己。是年，朱植被告有罪，朱棣削其护卫，只留下军校、厨役 300 人供他差使。

七月二十日，朱棣下令禁止宦官干政。八月初六，张辅在神投海将交阯贼寇打败。初七，命令守卫边境的将领从长安岭（今北京怀来）往西到洗马林（今河北万全）修筑石墙，深挖壕沟。八月，朱棣下诏重建天禧寺。①

永乐十一年（1413 年）正月初二，告谕通政使、礼科给事中，凡是入朝进见的官员其管辖境内发生灾害不及时报告，而被别人所陈奏的，治他的罪。二月十五日，朱棣驾临北京，皇太孙朱瞻基随同前往。尚书蹇义、学士黄淮、谕德杨士奇、洗马杨溥辅佐皇太子朱高炽留守代管国事。十六日，朱棣从京城出发，命给事中、御史所经过之处慰问高年长寿者，赏赐酒肉玉帛。十七日，将仁孝徐皇后葬于长陵。

---

① 《明太宗实录》。

是年二月，长陵地下玄宫建成，朱棣将仁孝徐皇后的梓棺从南京迁至北京，入葬于长陵。自永乐五年徐皇后去世一直到永乐十一年下葬，这期间徐皇后的棺椁一直被置于南京皇宫内未葬。徐皇后是入葬明十三陵的第一人。

二十二日，朱棣驻扎于凤阳，拜谒了皇陵。四月初一，朱棣到达北京。七月初一，封阿鲁台为宁和王。九月初六，下诏命令从今以后，郡县官员每年春天在境内巡回视察，有蝗蝻[①]伤害庄稼就捕捉灭绝它，不按诏书命令执行的郡县官员都予以治罪。十二月初七，张辅、沐晟在交阯的爱子江，将贼寇打得大败。这年，马哈木杀了他的君主本雅失里，立达理巴为可汗。

永乐十二年(1414年)二月初五，朱棣举行大阅兵。初六，朱棣亲征瓦剌。三月初十，张辅在老挝俘获陈季扩，并将他献给朝廷，交阯平定。十七日，朱棣亲征瓦剌的军队从北京出发，皇太孙朱瞻基同行。

朱瞻基(1399～1435年)，朱棣长孙，太子朱高炽长子，永乐九年十一月初十立为皇太孙，数度随朱棣出征。

四月初一，朱棣驻军兴和(今河北张北)，大阅兵。初六，颁布军中赏罚号令。初七，设立传达命令记载功勋之官。二十四日，驻扎屯云谷，元朝镇南王孛罗不花等前来投降。五月初五，命尚书、光禄卿、给事中为监督战阵之官，检查将士是否听从朱棣的命令。

六月初三，都督刘江与瓦剌兵相遇，刘江大败瓦剌兵于康哈里孩(今蒙古温都尔汗西北)。初七，朱棣驻军忽兰忽失温(即“杀胡镇”，今蒙古乌兰巴托东南)，马哈木率领部众来侵犯，明军将他们打得大败，追赶到土剌河(今蒙古乌兰巴托东北)，马哈木趁夜晚逃跑。初九，明军凯旋，向阿鲁台宣布战争胜利。十七日，明军驻扎三峰山，阿鲁台前来朝见。二十八日，朱棣因大败瓦剌兵而布告天下。

七月十七日，朱棣驻扎红桥。告知六军入关后如有践踏田里禾苗、拿取百姓畜产的，按军法论处。二十八日，朱棣驻扎沙河，皇太子派使臣来迎接。八月初一，到达北京，文武百官迎驾，由安定门进入北京城。朱棣驾临奉天殿接受朝见庆贺。初七，朱棣奖赏跟随出征的将士。

这是朱棣第二次亲征[②]返回北京。

---

① 又名跳蝻，是蝗虫的幼虫。

② 自十二年二月初六至八月初一。

永乐十三年(1415年)正月初八,马哈木谢罪,请求朝见进贡,朱棣同意。二月初五,朱棣派指挥刘斌、给事中张盘等12人巡回视察山西、山东、大同、陕西、甘肃、辽东的军队操练、屯田措施,让他们将情况核实予以上报。

四月,名臣金忠去世。金忠(1353~1415年),鄞县(今浙江宁波韩岭村)人。少年时读书,擅长于《易》的占卦之术。兄长戍守通州而死,金忠补戍。因贫穷不能成行,得相士袁珙资助。在北平的集市上算卜,多灵验,集市上的人相互传说,以为金忠是神仙。和尚道衍也在朱棣面前称赞他。当时,朱棣即将起兵,假托生病召见金忠占卜,得到的是"铸造印信,乘坐轩车"的卦,金忠说:"这卦象贵不可言。"此后,金忠自由出入朱棣王府中,常常以自己所占的卦劝说朱棣举大事。朱棣起兵后,将他安置在身边,有什么疑难就问他,占卜之术更加灵验,成为谋臣。

朱棣称帝,论功行赏,提升为工部右侍郎,辅佐世子守卫北京。不久召回南京,进升为兵部尚书。永乐六年,兼辅皇太孙朱瞻基。这年金忠去世。

永乐十四年(1416年)七月,锦衣卫指挥使纪纲有罪受死刑。纪纲,是临邑(今山东临邑宿安乡)人。在《明史》中名列佞幸[①]第一位,足以见其谄媚邀宠和溜须拍马之能事。当时,朱棣起兵经过临邑县,纪纲就叩首于马前请求为他效力。朱棣喜欢他。纪纲善于骑射,奉承拍马,诡诈狡猾,善于揣摩别人的意图。朱棣很宠信他,授予忠义卫千户。朱棣继承帝位后,提升他为锦衣卫指挥使,派他掌管亲兵,主管牢狱。

朱棣继承帝位,担心天下不依从自己,想用威势屈服天下人,特别任用纪纲做锦衣卫,委托亲近的人做耳目。纪纲常以刺探朝廷大臣的秘事,来迎合朱棣的心意。朱棣认为他忠心,但被他残酷杀害的人数不胜数。纪纲任用指挥庄敬、袁江、千户王谦、李春等人作为辅佐。凡朱棣所愤恨的宦官和武官都交给纪纲判处死刑。纪纲常将他们带回家,给予沐浴,好好招待他们吃饭,当面对他们说,拜见皇上一定请求赦免,骗取他们的钱财将尽,然后在街市上杀了他们。纪纲多次派他的仆役伪造皇帝的诏令,勒索富商的财产。他还骗取交阯使者的奇珍异宝,强夺官民的田地住宅,查抄旧晋王、吴王的家财,侵吞金银财宝不计其数。

吴县原大富豪沈万三,洪武年间被抄家没收入官,余下的资财还很富足。沈万三的儿子沈文度伏地爬行去见纪纲,进献黄金和龙角、龙纹被、奇宝异锦,愿意

① 以谄媚得到君主宠幸的人。

成为纪纲的弟子，一年四季奉养纪纲。纪纲就命令沈文度寻求吴县的美女。沈文度倚仗纪纲的权势，从中而分得十分之五。纪纲又蓄养了很多亡命之徒，制造刀、盔甲、弓弩以万计算。这年，宦官中仇恨纪纲的人揭发了他的罪行。朱棣命令给事、御史在朝廷上揭发纪纲，并交给都察院审查惩处。当天就在市上处以磔刑，家属不论年少年长，一概发配戍守边疆。

八月二十日，朱棣开始营建北京西宫。九月二十日，朱棣从北京出发，十月十九日驻扎在凤阳，祭祀皇陵。二十五日，朱棣到达京城（今南京），拜谒孝陵。十一月十五日，命令文武群臣集中议论营建北京事宜。二十一日，汉王朱高煦有罪，被削减两名侍卫亲兵。

永乐十五年(1417年)正月二十五日，平江伯陈瑄总督漕运，运送木材到北京。二月初六，谷王朱橞有罪，废黜为平民。与谷王同时被废的还有他的两个儿子，同时谷国也被撤除。

十五日，泰宁侯陈珪主持营建北京，柳升、王通辅佐他。三月初十，“杂犯”和死罪以下的囚犯，到北京罚做苦役赎罪。

二十日，汉王朱高煦有罪，调封乐安州（今山东惠民）。二十二日，朱棣从京城出发北巡，由皇太子朱高炽留守南京代管国事。

是年三月，姚广孝去世，时年84岁。“皇帝（朱棣）非常悲痛，两天没有上朝。命令主管官员治理丧事，以僧人的礼节安葬。追赠推诚辅国协谋宣力文臣、特进荣禄大夫、上柱国、荣国公，谥恭靖。赐葬在房山县东北。皇帝亲自制作神道碑纪念他的功劳。”姚广孝年少好学，擅长作诗。他与王宾、高启、杨孟载是好友。宋濂、苏伯衡也推举他。

有诗赞曰：姑苏异僧姚广孝，形如病虎有绝招。辅佐燕王成帝业，不求功名自逍遥。

四月二十七日，北京西宫建成。五月初一，朱棣到达北京。

永乐十六年(1418年)五月初一，重修的《明太祖实录》书成。初八，胡广去世。胡广(1369～1418年)，字光大，吉水（今江西吉水）人。建文二年朝廷会试，当时正在讨伐燕王，胡广的对策中有“亲藩猖獗，人心动摇”的话，建文帝亲自提拔胡广为第一名，赐名靖，授职翰林修撰。

朱棣登位，胡广和解缙一起迎接归附，被提拔为侍讲，恢复原名广，调任右春坊右庶子。永乐五年晋升为翰林学士，兼任左春坊大学士。朱棣出征北方，胡广、杨荣、金幼孜跟随左右。几次在帐幕殿中召见对答，有时直到夜半。胡广擅长书法，每次刻石碑，都命令他书写碑文。十二年再次出征北方，皇长孙朱瞻基在军中随从，朱棣命令胡广、杨荣、金幼孜在军中为皇长孙讲论经史。十四年，胡广升为文渊阁大学士，曾作《圣孝瑞应颂》、《却封禅颂》，深得朱棣喜爱。胡广去世后，赠礼部尚书，谥文穆。

七月二十日，朱棣下诏谴责陕西各官署："近来听说所属地区连年收成不好，导致百姓流浪饿死，官吏漠不关心，也不体恤，又不将灾情向朝廷报告，其罪责谁来承担？应当立即开仓发放储备的粮食，赈济灾民。"

十二月十三日，朱棣告谕掌管司法刑狱的官署："朕屡次命令朝廷内外官吏要自我廉洁爱抚百姓，可是不贤的官吏无所顾忌，百姓深受其苦。农民之所以要除掉粮田里的杂草，是因为它们损害禾苗。从今以后，犯了贪污受贿罪的一律按照法律论处。"

永乐十七年(1419 年)六月十七日，刘江在望海埚(今辽宁大连金顶山)全歼倭寇。从此倭寇受到了沉重打击，不敢再侵犯辽东。刘江被封为广宁伯。从这时开始，刘江改名刘荣。

十二月初十，朱棣告谕掌管司法刑狱的官署说："刑罚，是圣人所谨慎的。平民男女不能以寿终，足损伤害天地的和谐，招致水旱之灾，这很不符合朕宽大体恤的本意，从今以后，地方各官署判死罪的，都要送京城审讯，审核上奏三次，然后才能执行。"

永乐十八年(1420 年)九月初四，朱棣召见皇太子朱高炽。二十二日，命令从明年开始，改原国都为南京，北京为现国都。这样，朱棣已经为迁都北京做好了准备。

十一月初四，朱棣将迁都北京一事向全国发布文告。十二月二十五日，皇太子朱高炽及皇太孙朱瞻基来到北京。二十九日，北京郊庙、宫殿落成。是年，朱棣开始设置东厂，命令宦官刺探情报。东厂，即"东缉事厂"的官署。首领称为掌印太监也称厂公或督主，是宦官中仅次于司礼监掌印太监的第二号人物。东厂的权力在锦衣卫之上，只对皇帝负责，不经司法机关批准，可随意监督缉拿臣民，从此开启了明朝宦官干政之端。

第七章

宏建奇观报恩塔　五征刻石清水崖

【本章自永乐十九年(1421年)～永乐二十二年(1424年)七月。朱棣62～65岁。主要讲述：下诏迁都北京城，御驾三征又凯旋。四征王子降大明，赐名金忠又领衔。天禧更名报恩寺，琉璃宝塔称奇观。五征太师无踪影，回军刻石清水源。岂料殒命榆木川，永乐盛世史无前。】

永乐十九年(1421年)正月初一，朱棣将五位先祖的牌位安置到太庙。驾临奉天殿接受朝贺，大设宴会。这标志着北京宫殿已经建成，明朝国都将正式迁到北京。

朱棣于"永乐四年闰七月下诏建筑北京宫殿，修筑城墙。十九年正月完成。宫城周围六里十六步，也称紫禁城。城门八座：正南第一重名承天，第二重名端门，第三重名午门，东门名东华，西门名西华，北门名玄武。宫城的外面是皇城，周围十八里有余，城门六座：正南名大明，东门名东安，西门名西安，北门名北安，大明门向东转名长安左，向西转名长安右。皇城的外面名京城，周围四十五里，城门九座：正南名丽正，正统初年改名正阳；南门之左名文明，后改名崇文；南门之右名顺城，后改名宣武；东门之南名齐化，后改名朝阳；东门之北名东直；西门之南名平则，后名阜城；西门之北名彰仪，后来名西直；北门之东名安定；北门之西名得胜”。[①]

北京紫禁城，由工部侍郎吴中规划，泰宁侯陈珪督建。朱棣征调了二三十万工匠建筑宫殿，历经14年，才建成了这组规模宏大的宫殿群，是世界历史上最著名的建筑之一。明朝北京的皇宫“悉如金陵之制，而宏敞过之”，即规制参照南京宫殿，但更加宏大。占地72万多平方米，共有宫殿9000多间。其中太和殿，也称金銮殿，最为高大、辉煌，皇帝登基、大婚、册封、命将、出征等都在此举行盛大仪式。

北京故宫——太和殿

十一日，朱棣在南郊大祭天地。十五日，全国大赦。二月初二，朱棣下诏迁都北京。同时，将应天府改为南京，称作留都，仍然保留了一整套中央机构，包括六部等机构，委派皇族和内臣管理。即便是明都北迁，但南京依旧“是南半个中国的政治和军事中心”。至此，大明王朝的统治中心从南京转移到了北京。由此奠定了北京此后500余年的都城地位。同时，大明王朝祖孙三代在南京约54年的统治也宣告结束。

【按：为了故事的完整性，本文将延续到永乐二十二年(1424年)朱棣去世入葬长陵。】

---

① 《明史·地理》。

四月初八，奉天、华盖、谨身三殿发生火灾，朱棣下诏命令群臣直言朝政过失。耗费巨大财力，刚刚建成不久的三殿即被大火烧毁，这使得朝论沸扬，“台谏交口”。

十三日，朱棣命令停止不利于民众，以及不急需办理的各种事务，蠲免永乐十七年以前拖欠的赋税，免去去年受灾农田的税粮。十七日，万寿节[①]，因为三殿火灾，禁止庆贺。二十一日，命令蹇义等26人巡回视察全国，安抚军民。五月初四，外放建言给事中柯暹，御史何忠、郑维桓、罗通等人出任知州。

七月初九，朱棣准备北征，命都督朱荣领前锋，安远侯柳升领中军，宁阳侯陈懋统领皇上驾前的精锐骑兵，永顺伯薛斌、恭顺伯吴克忠统领马队，武安侯郑亨、阳武侯薛禄统领左、右哨，英国公张辅、成山侯王通统领左、右掖。

是年，朝臣商议北征军饷事宜。尚书夏原吉、吴中、吕震与方宾共同商议认为，应当暂时停止出兵，以使百姓休养生息。未及上奏，恰逢朱棣召见方宾。方宾上言说粮饷不充足。召见夏原吉，也以供给不足回答。朱棣大怒，将户部尚书夏原吉、刑部尚书吴中关进监狱，兵部尚书方宾自杀。二十二日，朱棣将反对迁都北京的侍读李时勉关进监狱。二十五日，朱棣征发直隶、山西、河南、山东及南畿、应天等地，滁州、和州、徐州三州的壮年男子运粮，预期明年二月运到宣府(今河北宣化)。

永乐二十年(1422年)正月十四日，丰城侯李彬在交阯去世。二月十八日，隆平侯张信、兵部尚书李庆分别督运朱棣准备北征的粮饷，差遣民夫20多万人，运输粮食37万石。

三月十八日，鞑靼太师阿鲁台侵犯兴和，明军都指挥王唤战死。二十日，朱棣率军亲征阿鲁台，皇太子朱高炽留守北京代管国事。二十一日，朱棣从京城出发。二十四日，驻扎在鸡鸣山(今河北怀来北)，阿鲁台闻风逃窜。

四月二十九日，朱棣驻扎云州(今河北赤城北云州镇)，大阅兵。十五日，驻扎在西凉亭(即白海行宫，今河北沽源县小红城子)。六月初七，命北征军队从应昌出发，结成方阵前进。初八，侦察情报说阿鲁台进攻万全(今河北万全)，诸将领请求分兵还击。朱棣说：“这是骗人的，他怕我们进攻其老巢，想用这个办法钳制我军，他敢攻城吗！”初九，朱棣驻扎在阳和谷，攻打万全的敌寇

① 这年是朱棣62岁生日。

果然逃走。

七月初四，阿鲁台将辎重丢弃，向北逃窜。朱棣于是回师。朱棣对诸将说："阿鲁台敢叛逆，是依靠兀良哈[①]为羽翼。应当回师剪除兀良哈。"于是选步、骑兵 20 000 人，分五路同时进兵。十五日，在屈裂儿河（今内蒙古洪儿河上游支流）与兀良哈相遇，朱棣亲自率军击败了兀良哈，追击 30 里，斩杀部落首领几十人。十六日，攻取河西，捕杀了很多敌人。十九日，兀良哈余部到朱棣军门来投降。

八月十四日，众将都献来俘虏和战利品。朱棣将军队凯旋之事告知全国。这是朱棣第三次亲征[②]胜利返回。但由于皇帝亲征代价巨大，所以大臣们都不赞成。

是年，名臣宋礼死于任上。宋礼（1358～1422 年），字大本，河南永宁（今河南洛宁）人。洪武年间，曾任山西按察司佥事。建文初年，曾任陕西按察佥事。朱棣即位，曾任代理礼部事、礼部侍郎、工部尚书。

九月二十四日，朱棣将左春芳大学士杨士奇关进监狱。又将吏部尚书蹇义、礼部尚书吕震关进监狱，不久又都释放。评定随军出征将士的功劳，封左都督朱荣为武进伯，都督佥事薛贵为安顺伯。十二月初八，命朱荣镇守辽东。

永乐二十一年（1423 年）三月十九日，御史王愈等人会审判决重犯，由于误杀了四个无罪之人，因此获罪在闹市被处死，并暴尸街头。可见，朱棣的"追责"十分严厉，错杀了人，自己抵死。

七月二十日，朱棣再次亲征阿鲁台。二十三日，命皇太子朱高炽监国。

朱高炽（1378～1425 年），朱棣长子，生母仁孝文皇后。朱高炽自幼端庄沉静，善于言辞，且擅长骑射，喜爱与儒臣讲论。洪武二十八年闰九月，朱高炽被册封为燕王世子，深受朱元璋喜爱。由于朱高炽喜静厌动，体态肥胖，行动不便，要两个内侍搀扶才能行走，且跌跌撞撞，故朱棣并不喜欢他。

汉王朱高煦（1385～1426 年），朱棣次子，生母仁孝文皇后。朱高煦性情凶狠剽悍。洪武时，朱元璋召诸王子到京城学习，朱高煦言语不逊，行为轻佻，为朱元璋所憎恶。朱元璋去世时，朱棣派儿子朱高炽和朱高煦入朝哭临。舅舅徐辉

---

① 又名朵颜三卫。

② 自二十年三月二十一日至八月十四日。

祖因他刁蛮放肆，秘密告诫他，他不听从。私自盗徐辉祖的良马，径直渡江返回北平燕王府。途中杀害官吏、百姓，到涿州（今河北涿州），又打死驿丞，于是朝臣都以此责怪朱棣。朱棣起兵，朱高炽留守北平，朱高煦跟从朱棣作战。白沟河之战朱棣差一点被瞿能追赶上，朱高煦率领精锐骑兵数千人，及时赶到，斩杀瞿能父子于阵前。朱棣东昌战败，只身逃走，恰逢朱高煦率军赶到，击退朝廷军。徐辉祖在浦口打败燕军，朱高煦率领蕃骑前来助阵。朱棣非常高兴，说："我的力量已经疲困，儿应当鼓足勇气再战。"朱高煦指挥蕃骑奋力作战，打退了朝廷军。朱棣屡次濒临危险而转败为胜，朱高煦的功劳最大。朱棣认为他像自己，朱高煦也以此自负，倚仗战功骄横恣肆，多做不法之事。

朱棣即位，当时议论建立储君，淇国公丘福、驸马王宁与朱高煦友善，时时称颂朱高煦的功劳大，差一点夺得嫡子之位。永乐二年，朱高炽立为太子，封朱高煦为汉王，封国于云南。

七月二十四日，朱棣从北京出发。三十日，到达宣府，朱棣嘱咐居庸关守将，不准各司前来进奉。八月初一，大检阅。十二日，堵塞黑峪、长安岭诸边险要关隘。九月初十，驻扎在西阳河。十五日，听说阿鲁台被瓦剌打败，余部溃散，于是朱棣驻师不再进军。

十月初七，朱棣驻扎在庄堡（今河北万全北），迤北王子①也先土干率师前来投降。朱棣封他为忠勇王，赐名金忠。二十三日，朱棣班师。十一月初七，朱棣回到京城。这是朱棣第四次亲征②，几乎是不战而胜，顺利返回。

永乐二十二年（1424年）正月初七，阿鲁台侵犯边境大同、开平。朱棣召见群臣讨论再次北征之事，命令边疆守军整兵待发。初九，征调山东、山西、河南、陕西、辽东五都司及西宁、巩昌、洮州、岷州各卫的军队，约定三月在北京以及宣府会合。

是年三月初一，"天禧寺将成，赐名'大报恩寺'。上（朱棣）亲制碑文"。朱棣曾于永乐十年下诏重建"天禧寺"，已历时十余年。

"报恩寺，一曰建初寺，一曰长干寺，一曰阿育王寺。在聚宝门（今南京中华门）外聚宝山。吴赤乌间（238～250年），天竺国（今印度）人康僧会东游至建业

① 鞑靼王子。

② 自二十一年七月二十四日至十一月初七。

(今南京),言阿育王役鬼神起塔事,吴大帝(孙权)诘难之。乃礼请,三七日(21天),得舍利。(孙权)始大嗟服。即为建阿育王塔①,号建初寺。言江南初建塔寺之始也。”②

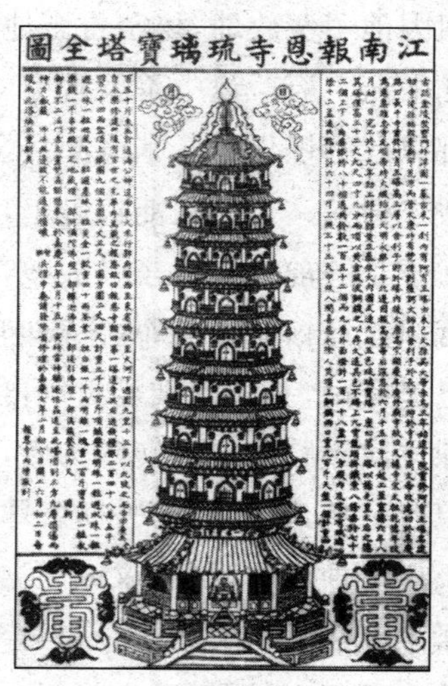

大报恩寺塔图

明朝永乐六年(1408年),寺塔全部毁于大火,十年(1412年)朱棣为纪念其父母朱元璋和马皇后,命工部重建大报恩寺及九层琉璃宝塔。

据《金陵大报恩寺塔志》载:大明永乐十年(1412年),朱棣北迁,因欲报高皇帝(朱元璋)深恩,于六月十五日午时起工,至宣德六年(1431年)八月初一日完工,共十九年。敕工部侍郎黄立恭依大内(皇宫)图式,造九级五色琉璃宝塔一座,曰第一塔,以扬先皇太后(高皇后马氏)之德。其塔高三十二丈九尺四寸九分③。面顶以黄金风波铜镀之以存久远,其色不晦。上九霄龙头,挂铁索八条,垂铃七十二个,上下八角,垂铁铃八十个,通共铃数一百五十二个。而九层外灯计一百二十八盏,下八方殿内及塔心有琉璃灯十二盏,通共点油六十觔(斤)……有百世之光华,存万载之报恩。故曰“报恩寺”,额曰“第一塔”。通身共用过钱粮银二百四十八万五千四百八十两正。“三宝太监郑和西洋回,剩金钱百余万”,也用于建大报恩寺塔。

大报恩寺的修造,由时任南京守备的太监郑和等人担任监工官。“起工之初,监工官内官监太监汪福等,永康侯徐忠、工部侍郎张信、军将夫役十万人。奉敕按月给粮赏。宣德三年(1428年)三月十一日,(皇帝朱瞻基)敕太监郑和等:南京大报恩寺……至今十六年之上,尚未完备。……今特敕尔等即将未完处,用心提督,俱限今年八月以里,都要完成。”④

建成后的金陵大报恩寺塔,十分宏伟壮丽。“但此塔未及竣工而永乐(朱棣)

① 以供奉舍利。
② 《金陵大报恩寺塔志》。
③ 约合102.5米。
④ 《金陵大报恩寺塔志》补遗。

南京大报恩寺塔存世照

已殂[①](cú)。……塔为八角形……塔之外墙用最精白瓷砖砌成。塔顶有铁棒，置以金球，棒之周围有铁圈九层。由塔顶至塔尖，联以铁绛，缀以五巨珠，所以镇南京全城之安宁。五珠为一避灾祸、一避火、一避风、一避雨、一避刀兵。……五色琉璃，合成顶冠，以黄金宝珠，照耀云日。夜篝灯百二十有八，如火龙，腾焰数十里，风铎相闻数里。群山大江，都城宫阙，悉在凭眺中。"[②]

大报恩寺塔被称作是"中国之大古董，永乐之大窑器"。[③] 如果没有像朱棣那样的开国之精神、开国之物力、开国之功令，以及胆略才智，则不能建成。"永乐时，海外夷蛮重译至者百有余国，见报恩塔必顶礼赞叹而去，谓四大部洲所无也。"[④]明清时，一些欧州商人、游客和传教士相继来到南京，称之为中世纪世界七大奇迹之一。

大报恩寺琉璃宝塔自宣德六年(1431 年)起，在南京城南巍然矗立了 425 年之久，毁于清咸丰年间。

清咸丰三年(1853 年)三月，"湘军克通济门外垒，复克七桥瓮，断钟山报恩

① 琉璃宝塔建成时，朱棣已经去世七年有余矣。

② 《金陵大报恩寺塔志》。

③④ 《陶庵梦忆》。

清朝时的大报恩寺塔(英人画)

寺往来路”。清咸丰四年(1854年)“发匪[①]观其塔顶为黄金所铸,用火药轰之,复挖空塔座下基地,数日塔倒,寺遭焚毁。当时有童谣曰:‘宝塔折,自相杀。’”[②]

一说,大报恩塔毁于清咸丰六年(1856年),“韦昌辉[③]犹欲负隅顽抗,他深恐翼王[④]凭借报恩寺古塔作为攻城炮垒,先下令毁之”。之后,报恩寺古塔仅存一青铜色塔刹和八米高的石碑。

晚清诗人何绍基感叹道:“六代风流到有明,欲凭佛力巩皇京。报恩寺塔成焦土,毕竟坚牢是石城。”[⑤]

相传,当时为建造大报恩塔烧造构建时,“具三塔相,成其一,埋其二,编号识之。今塔上损砖一块,以字号报工部,发一砖补之,如生成焉”。据此,南京民间一般认为,当年建大报恩寺塔时,所有构件都烧造成了相同的三套。一套用在塔上,另两套一一编号后,分别埋在窑址和大报恩寺里。此是后话。

三月初二,朱棣大阅兵,告诉诸将自己将再次亲征。这年朱棣已经65岁了。朱棣命令柳升、陈英领中军,张辅、朱勇领左掖,王通、徐亨领右掖,郑亨、孟瑛领左哨,薛禄、谭忠领右哨,陈懋、金忠领前锋。当年,忠勇王金忠,即蒙古王子也先

① 太平军皆长发。

② 《金陵大报恩寺塔志》。

③ 太平军北王。

④ 石达开。

⑤ 《金陵胜迹志》。

土干，自降明后，屡次请求出兵攻打阿鲁台，愿作前锋效力。于是朱棣批准了他的请求。

四月初三，朱棣命皇太子朱高炽留守代管国事。初四，朱棣从北京出发。二十五日，驻扎在隰（xí）宁（今内蒙古沽源南）。据情报说阿鲁台向答兰纳木儿河（今蒙古境内哈剌哈河下游）逃跑，于是朱棣率师前进。五月初五，暂住开平，派使臣诏谕阿鲁台各部，但未见踪影。

二十三日，朱棣在应昌（今内蒙古克什克腾旗西北达里诺尔西）大宴群臣，命太监唱《太祖》御制词五章，说："这就是先帝所以警诫后人，朕虽在军中也不能忘记。"二十五日，驻扎在威远州（今山西朔州）。又宴请群臣，朱棣亲自作词五章，命太监吟唱。六月十七日，前锋到达答兰纳木儿河（今蒙古境内之哈剌哈河下游），不见敌人，命张辅等彻底搜寻山谷，一无所得，便进军驻扎河上。二十日，陈懋带兵抵达白邙山，由于军粮已尽而返回。二十一日，军队回师。命武安侯郑亨等以步兵向西会合于开平。

七月初七这一天，朱棣率军来到清水源（今内蒙古马塔），命杨荣、金幼孜在清水源的山崖上刻石纪行曰："使万世后知朕亲征过此也。"又说："皇太子历涉年久，政务已熟，还京后，军国事悉付之。朕惟优游暮年，享安和之福。"朱棣这番话，冥冥之中仿佛在安排后事。这时朱棣在第五次亲征的返回途中。

至此，朱棣自永乐八年、十二年、二十年、二十一年和二十二年的五次亲征宣告结束。

十五日，朱棣派吕震将大军回师之事告诉皇太子朱高炽，让他以皇上的名义向全国发文告。十六日，朱棣驻扎苍崖戍，感觉身体不适。十七日，到达榆木川（今内蒙古多伦西北），不久病危。临终留下遗诏，传帝位给皇太子朱高炽。

永乐二十二年（1424年）七月十八日，朱棣驾崩，享年65岁。太监马云秘密与大学士杨荣、金幼孜商量，由于全军在外，决定隐瞒朱棣驾崩之事。用锡熔铸成内棺而入殓，将大行皇帝朱棣载在车驾上，所到之处早晚送饭如旧。十九日，杨荣偕同御马监少监海寿驰马向皇太子朱高炽报丧。二十九日，回师大军驻扎在武平镇，与郑亨的步兵会合。八月初二，杨荣等率先到达京城，皇太子朱高炽派皇太孙朱瞻基到开平奉迎朱棣灵柩。

杨荣（1371～1440年），初名子荣，字勉仁，建安（今福建建瓯）人。建文二年进士，授官编修。朱棣刚入京师，杨荣到朱棣的马前迎接谒见说："殿下先拜谒孝陵，还是先登位呢？”朱棣急忙去拜谒孝陵。从此，杨荣就受到朱棣的知遇。朱棣登位以后，选择杨荣进入文渊阁，为他改名杨荣。太子册立，晋升为右谕德，仍然兼任以前的职务，和在文渊阁执勤的大臣一起被赐予二品服。评定议论各部门的事务，都合乎朱棣意旨，又赐予衣物和钱币。永乐五年，杨荣受命前往甘肃筹划军队中的事务，所过之地察看山川的高低险易之势，调查军队和百姓的情况，检阅城池堡垒等军事设施，回来后在英武殿上奏。朱棣非常高兴，当时正是盛夏，亲自剖瓜给他吃。不久，晋升为右庶子，仍然兼任以前的职务。八年，朱棣命他侍奉各位皇孙在文华殿读书。十四年，和金幼孜一起晋升为翰林学士，仍兼任庶子，随从朱棣返回京师。十六年，胡广去世，命令杨荣掌管翰林院事务，更加受到亲近和信任。二十年，跟从朱棣出塞，军务全都命他参与决策。朱棣常常称他为杨学士，不呼其名。二十二年，再次跟从朱棣出征北方。大军抵达答兰纳木儿河，不见敌人。朱棣询问群臣是否应当再前进，群臣唯唯诺诺，只有杨荣、金幼孜从容不迫地说应当班师回朝。朱棣驾崩后，杨荣开列朱棣驾崩的月、日以及临终诏命传皇位的大意，启奏太子。抵达京师后，太子命令杨荣与蹇义、杨士奇一起商议治丧之事。

第八章

文皇帝后同墓寝 天寿山麓第一陵

【按：本章主要讲述：弥留之际方悔悟，遗言由衷赞贤臣。丧礼一如高皇帝，多少后妃殉长陵。】

永乐二十二年(1424年)八月初五，皇太子朱高炽将夏原吉等释放出狱。名臣夏原吉(1367～1430年)，字维喆(zhé)，祖籍德兴(今江西德兴)。父亲夏时敏，任官湘阴(今湖南湘阴)教谕，于是定居于此。夏原吉早年丧父，致力于求学奉养母亲。以乡荐的身份进入太学，选入宫中抄写制令诏书。朱元璋提升为户部主事。建文初年，提升为户部右侍郎。朱棣即位，将夏原吉与蹇义一起提升为尚书。

永乐十九年，朱棣准备再次大规模出征沙漠，命令夏原吉与礼部尚书吕震、兵部尚书方宾、工部尚书吴中等人商议，众臣均说不应当出兵亲征。朱棣发怒，将夏原吉打入狱中，并抄了夏原吉的家。第二年，朱棣出征北方，因为军粮告罄而引兵返回。

此后，朱棣又多次出兵塞外，都不见敌人。还军抵达榆木川，朱棣病倒，看着左右的人说："夏原吉爱惜朕。"朱棣驾崩的消息三天后传到京师，太子朱高炽跑到监狱，呼唤夏原吉，哭着告诉他这个消息。夏原吉伏在地上哭泣起不来。朱高炽令他出狱，参与商议丧礼的事，又问起大赦诏令中所应当做的事，夏元吉回答说，赈灾、减免税赋、停止宝船出使西洋，以及到云南、交阯采办等。朱高炽都听从了。

【按：夏原吉是朱棣一朝的九位名臣之一，前面介绍了郁新、金忠、宋礼、夏原吉四位。另五位，郑赐（曾任工部、刑部尚书）、金纯（曾任礼部、刑部尚书）、蹇义（曾任吏部尚书）、刘观（曾任礼部、刑部尚书）、吕震（曾任刑部、礼部尚书）等的介绍略。】

八月初七，皇太孙朱瞻基到军中发丧。初十，朱棣遗体运抵北京城郊，皇太子朱高炽迎入仁智殿，将朱棣遗体加殓入棺。

十五日，按照朱棣传位皇太子的遗诏，朱高炽即皇帝位，是为仁宗皇帝。成为明朝第四位皇帝。下诏大赦天下，改明年为洪熙元年。

朱高炽下令，停止向西洋派遣从事海外贸易的船只、往迤西（云南西部地区）买马及至云南、交阯采买物品。十六日，恢复夏原吉和吴中的官职。

朱高炽按照朱棣遗诏："丧礼一如高皇帝（朱元璋）遗制"办理丧事。当年，朱元璋死后，建文帝遵遗诏，依古制，凡没有生育过的后宫嫔妃，皆令殉葬，另有若干宫女从死。

朱棣去世后，朱高炽也令宫人为朱棣殉葬。"及帝（朱棣）之崩，宫人殉葬者30余人。当死之日，皆饷之于庭，饷辍，俱引升堂，哭声震殿阁。堂上置木小床，使立其上，挂绳圈于其上，以头纳其中。遂去其床，皆雉经（颈）而死。韩氏临死，顾谓金黑曰：'娘，吾去！娘，吾去！……'语未竟，旁有宦者去床，乃与崔氏俱死。"①

殉葬者的家属虽有优厚的抚恤，殉葬者也会得到好听的谥号，并被葬入皇陵，但这并不能弥补她们年轻的生命代价。

据不完全统计，朱棣一生共有后妃约24人，这里特别值得一提的是朱棣的权妃。恭献贤妃权氏（1391～1410年），又称显仁妃，朝鲜人。永乐年间，朝鲜进贡女子在妃嫔之地充任劳役，贤妃在内。资质美艳，善于吹玉箫，朱棣爱怜之。永乐七年，封为贤妃，任命她的父亲权永均为光禄卿。第二年十月侍奉朱棣北

① 《朝鲜李朝实录中的中国史料》。

征。胜利归来，薨于临城（今河北临城），葬于峄县（今山东峄县）。谥号恭献，朝鲜方面则谥为显仁。

权妃死后，朱棣怀疑权氏死因并不简单，继而在后宫引发一场大狱，有 2800 余宫人被诛。因此有人说朱棣“怒杀三千宫女”。关于这段历史，正史上没有记载。

据朝鲜李朝实录记载，当年高丽使臣说：前后选献的韩氏等人，都殉葬于大行皇帝朱棣。“先是，贾人（商人）子吕氏（贾吕）入皇帝（朱棣）宫中，与本国（朝鲜李朝）吕氏以同姓欲结好，吕氏不从。贾吕畜憾。及权妃卒，诬告吕氏点毒药于茶进之。帝怒，诛吕氏及宫人宦官数百人。……凡连坐者 2800 人。”[①]关于这段记载的真实性还有待于进一步考证。

朱棣和众后妃共育有四子五女，均出生于朱棣为燕王时期。

儿子：仁宗皇帝朱高炽、汉王朱高煦、赵王朱高燧，都是文皇后生。皇子朱高爔（xī）生母不详，幼殇，未封。女儿：永安公主、永平公主、安成公主、咸宁公主、长宁公主。

九月初十，朱高炽加朱棣尊号为体天弘道高明广运圣武神功纯仁至孝文皇帝，庙号太宗。

十二月十九日，文皇帝与仁孝文皇后合葬于长陵之中。[②]

长陵是朱棣和徐皇后的合葬陵寝。始建于永乐七年，宣德二年竣工。历时 19 年。占地约 12 万平方米。“凡山陵规制，有宝城，长陵最大，径一百一丈八尺。……长陵迤南有总神道，有石桥，有石像人物十八对，擎天柱四，石望柱二。长陵有《神功圣德碑》，仁宗（朱高炽）御撰，在神道正南。”[③]

长陵是十三陵中的祖陵。营建时间最早，建筑规模最宏大，工艺最考究，原建筑保护最完整的陵园。其他顺序是：献陵（仁宗朱高炽）、景陵（宣宗朱瞻基）、裕陵（英宗朱祁镇）、茂陵（宪宗朱见深）、泰陵（孝宗朱祐樘）、康陵（武宗朱厚照）、永陵（世宗朱厚熜）、昭陵（穆宗朱载垕）、定陵（神宗朱翊钧）、庆陵（光宗朱常洛）、德陵（熹宗朱由校）、思陵（思宗朱由检）。

---

① 《朝鲜李朝实录中的中国史料》。

② 今北京十三陵。

③ 《明史》。

长　陵

到了嘉靖十七年(1538年)九月十一日,嘉靖皇帝改加朱棣尊号谥号为启天弘道高明肇运圣武神功纯仁至孝文皇帝,庙号成祖。

嘉靖皇帝朱厚熜[①]继位后,为什么要将朱棣的庙号由"太宗"改为"成祖"呢?本来,嘉靖皇帝即位后,应尊孝宗皇帝朱祐樘[②]为皇考[③],但是嘉靖皇帝一定要追尊自己的生父、兴献王朱祐杬为皇考,这样嘉靖皇帝就可以将自己生父的皇考牌位衬祭太庙供奉,以传于后代。经过历时三年的"大礼仪之争",嘉靖皇帝取得了胜利。

嘉靖十七年九月十一日,皇帝朱厚熜"上太宗[④]庙号为成祖,献皇帝[⑤]庙号为睿宗。于是就奉睿宗牌位衬祭太庙,位居武宗之上。"[⑥]

于是,朱棣"太宗"的庙号在沿用了115年后,改成了"成祖"。这样一来,朱棣与朱元璋并称为"祖",同为"万世不祧"之君,在太庙正中供奉,而嘉靖皇帝朱厚熜之父、睿宗皇帝朱祐杬的牌位祔祭太庙也就名正言顺了。

后世对朱棣多有褒贬,除了《明史》的评价以外,清朝的乾隆皇帝称赞朱棣一

---

① 明朝第十一位皇帝。
② 嘉靖帝的伯伯、武宗朱厚燳的父亲、明朝第九位皇帝。
③ 先帝。
④ 朱棣。
⑤ 朱祐杬。
⑥ 《明史》。

朝为“远迈汉唐”。

有道是：一部大典证盛世，二个庙号不寻常。三皇四子焉正统，五次亲征固北疆。六遣郑和航大海，七岁始名又何妨。八字方针作根本，九位名臣有短长。永乐地域幅陨广，功勋卓著迈汉唐。（全文完）

主要参考书目

1.（战国）公羊高:《公羊传》(《春秋公羊传》)

2.（南宋）程大昌:《演繁露》卷三《十数改用多画字》

3.（宋末元初）徐大焯:《烬余录》

4.（明）如惺:《明高僧传》(卷第三)

5.（明）胡广等:《明太祖实录》

6.（明）朱元璋:《明太祖宝训》

7.（明）朱元璋撰,胡士萼点校,刘学锴审订:《明太祖集》(黄山书社,1991年11月第一版)

8.（明）朱元璋敕录:《逆臣录》(王天有、张何清点校。北京大学出版社1991年8月)

9.（明）朱元璋:《御制大诰》

10.（明）杨士奇等:《明太宗实录》

11.（明）宋濂、王祎:《元史》

12.（明）陈云瞻:《簪云楼杂话》

13.（明）毛奇龄:《彤史拾遗记》

14.（明）程敏政:《皇明文衡》

15.（明）沈德符:《万历野获编》

16.（明）王圻:《稗史汇编》

17.（明）谷应泰:《明史纪事本末》

18.（明）王文禄:《龙兴慈记》

19.（明）朱国桢:《皇明史概》(《皇明大政记》)

20.（明）陆容:《菽园杂记》(卷十四)

21.（明）徐纮:《皇明名臣琬琰录》

22. (明)郎瑛:《七修类稿》
23. (明)曾惟诚:《帝乡纪略》
24. (明)佚名氏:《非幻庵香火圣像记》
25. (明)谈迁:《国榷》卷首之一《天俪》
26. (明)李贽:《续藏书》
27. (明)葛寅亮:《金陵梵刹志》
28. (明)王世贞:《游报恩寺塔记略》
29. (明)袁褧:《奉天刑赏录·教坊录》
30. (明)邓士龙:《国朝典故》卷之一(无名氏:《天潢玉牒》)
31. 《国朝典故》卷之三(徐祯卿:《翦胜野闻》)
32. 《国朝典故》卷之四(刘辰:《国初事迹》)
33. 《国朝典故》卷之十二(不着撰人:《奉天靖难记二》)
34. 《国朝典故》卷之十九(不着撰人:《建文皇帝遗迹》)
35. 《国朝典故》卷之四十(宋端仪:《立斋闲录二》)
36. 《国朝典故》卷之四十三(郭勋:《三家世典》)
37. 《国朝典故》卷之五十一(梅纯:《损斋备忘录下》)
38. 《国朝典故》卷之一百三(薛俊:《日本国考略》)
39. 《国朝典故》卷之一百四(费信:《星槎胜览》)
40. 《国朝典故》卷之一百六(马欢:《瀛涯胜览》)
41. (明)张岱:《陶庵梦忆》
42. (明)周晖:《金陵琐事》(卷一)
43. (明)朱鹭:《建文书法儗》
44. (明)叶盛《水东日记》(卷十一)
45. (明)叶子奇:《草木子余录》
46. (明)陈云瞻:《簪云楼杂说》
47. (明)袁忠彻:《古今识鉴》(卷八)
48. (明)王士性:《广志绎》(卷之二)
49. (明)黄溥:《闲中今古录摘抄》
50. (明)吕毖:《明朝小史》
51. (明)李贽:《续藏书》(卷五《逊国名臣·方孝孺》)、(卷九《靖难功臣·荣

国姚恭靖公》)

52. (明)余继登:《皇明典故纪闻》

53. (明)焦竑:《国朝献征录》(卷七)

54. (明)金幼孜:《北征后录》

55. (明)杨荣:《后北征记》

56. (明)柳瑛:《(成化)中都志》

57. (明)李清:《三垣笔记》

58. (朝鲜李朝)郑麟趾:《高丽史》(卷四三)《恭愍王》

59. (明末清初)顾炎武:《金石文字记》(卷三)《岱岳观造像记》

60. (明末清初)萨囊彻辰:《蒙古源流》(卷八)

61. (明末清初)黄宗羲:《明夷待访录》

62. (清)张廷玉等:《明史》

63. (清)巴泰等:《世祖章皇帝实录》(卷七十一)

64. (清)褚人获:《坚瓠集》(坚瓠三集卷一)、(坚瓠余集卷之二)引周人龙:《挑灯集异》)

65. (清)赵翼:《廿二史劄记》、《陔余丛考》(卷四十一)

66. (清)顾炎武等:《明季稗史》

67. (清)刘献廷:《广阳杂记》

68. (清)范寅:《越谚》(卷上)

69. (清)史册:《隆平纪事》

70. (清)钱谦益:《国初群雄事略》(卷一)《宋小明王》、《列朝诗集》

71. (清)梁章钜:《楹联丛话》(卷一)

72. (清)佟世燕修,戴本孝纂:《(康熙)江宁县志》

73. (清)俞樾:《春在堂随笔》(卷五)

74. (清)傅维鳞:《明书》

75. (清)留云居士:《明季稗史汇编》

76. (清)欧人布列治门:《太平天国东北两王内讧纪实》

77. (清)李斗:《扬州画舫录》(卷五)

78. 柯劭忞等:《清史稿》

79. 朱偰:《金陵古迹图考》

80. 孟森:《建文逊国事考》

81. 李士厚:《郑和家谱考释》

82. 吴晗:《朝鲜李朝实录中的中国史料》

83. 李新成:《郑和下西洋与朝贡体系》

84. 季士家等:《金陵胜迹大全》

85. 张惠衣:《金陵大报恩寺塔志》(南京出版社 2007 年 9 月第 1 版)

86. 胡祥翰:《金陵胜迹志》

87. 汪永平:《大报恩寺及碑》

88. 内蒙古社科院历史所:《蒙古族通史》(民族出版社 2001 年发行版)

89. 范金民等:《南京通史・明代卷》

90. 南京市地名委员会编《江苏省南京市地名录》

91. 李树谦:《毛泽东的文艺世界》(辽宁教育出版社)

92. 《全明诗》(全明诗编纂委员会,上海古籍出版社,1990 年 12 月第 1 版)

93. 邓之诚:《骨董琐记》卷六)

94. 盛巽昌等:《毛泽东这样学习历史这样评点历史》(人民出版社,2005～2007 第 1 版)

附一：明朝皇帝简表

姓　名	庙　号	谥　号	年　号	陵　墓
朱元璋	太祖	高皇帝	洪武(1368～1398年)	孝　陵
朱允炆	惠宗	恭闵惠皇帝	建文(1399～1402年)	(待　考)
朱　棣	太宗、成祖	文皇帝	永乐(1403～1424年)	长　陵
朱高炽	仁宗	昭皇帝	洪熙(1424～1425年)	献　陵
朱瞻基	宣宗	章皇帝	宣德(1426～1435年)	景　陵
朱祁镇	英宗	睿皇帝	正统(1436～1449年) 1449年三月被俘退位	
朱祁钰	代宗	景皇帝	景泰(1450～1457年)	景泰陵
朱祁镇	英宗	睿皇帝	天顺(1457～1464年) 1457年一月复位	裕　陵
朱见深	宪宗	纯皇帝	成化(1465～1487年)	茂　陵
朱祐樘	孝宗	敬皇帝	弘治(1488～1505年)	泰　陵
朱厚照	武宗	毅皇帝	正德(1506～1521年)	康　陵
朱厚熜	世宗	肃皇帝	嘉靖(1522～1566年)	永　陵
朱载垕	穆宗	庄皇帝	隆庆(1567～1572年)	昭　陵
朱翊钧	神宗	显皇帝	万历(1573～1620年)	定　陵
朱常洛	光宗	贞皇帝	泰昌(1620年)在位一个月	庆　陵
朱由校	熹宗	悊皇帝	天启(1621～1627年)	德　陵
朱由检	思宗、毅宗	烈皇帝	崇祯(1628～1644年)	思　陵

附二：南明皇帝简表

姓　名	庙　号	谥　号	年　号	陵　墓
朱由崧	安宗	简皇帝	弘光（1644～1645年）	（待　考）
朱聿键	绍宗	襄皇帝	隆武（1645～1646年）	隆武陵
朱聿𨮁	文宗	节皇帝	绍武（1646年）	绍武陵
朱由榔	昭宗	匡皇帝	永历（1646～1662年）	永历陵

崇祯十七年（1644年），李自成攻入明朝首都北京，明思宗朱由检在煤山[①]自缢身亡。明亡后，明朝宗室先后在南方建立了一些政权，史称南明。其中朱由崧[②]于五月十五日，在南京建立了弘光政权，并坚持了一年，直到1645年五月出逃途中被清军俘获。由此可见，明朝在南京算是有始有终的了。

① 也称万寿山，今北京景山寿皇亭。

② 朱由检堂兄弟。

附三：明朝疆域图

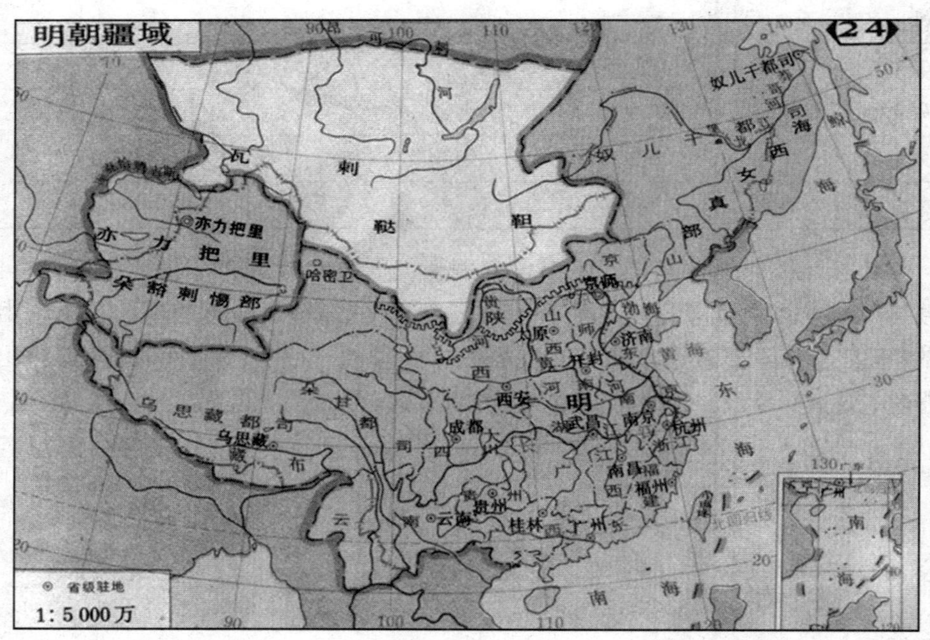

“计明初封略，东起朝鲜，西据吐番（青藏高原及当地土著的惯称），南包安南（今越南），北距大碛，东西 11 750 里，南北 10 904 里（1000 多万平方公里）。自成祖（朱棣）弃大宁，徙东胜，宣宗（朱瞻基）迁开平于独石，世宗（朱厚熜）时复弃哈密、河套，则东起辽海，西至嘉峪，南至琼、崖，北抵云、朔，东西万余里，南北万里。其声教所讫，岁时纳贽，而非命吏置籍，侯尉羁属者，不在此数。呜呼盛矣！”①

---

① 《明史 · 地理一》。

后　记

《闲聊大明三帝》一书，笔者自称“藤蔓体”小说，即以《明史》“本纪”为支架，以《明史》“列传”和其他史料为藤蔓，加以延伸、拓展。从元朝天历元年(1328年)至明朝永乐二十二年(1424年)，时间跨度约96年。但凡涉及南京的地方文化，尽力发掘、引用，不放过一个元素。同时，在历史小说的创作体例上进行了一些新的尝试。

在明朝历代开国皇帝之中，朱元璋的传奇堪称空前绝后。从洪武元年(1368年)到崇祯十七年(1644年)，明朝共历16位皇帝，国祚277年。其中，朱氏祖孙三代在南京当皇帝约54年。从时间上来看，大约占整个明朝国祚的五分之一，但就其历史意义和所留下的丰厚文化遗产而言，远远超出了时间的范畴，不仅在南京的历史上，乃至在中国历史上，也都具有巨大的影响。

在成书和出版之际，我要感谢南京出版社社长、史学专家卢海鸣博士对书稿的精心指点，赵育春主任的精心审校。感谢黄发长的大力帮助。感谢杨玲、汪振和、马巧生、刘建华、刘瑜、周益彬、管日辉、高安宁、骆培新、张解民、施国俊、徐智明、石磊、朱毅、郭镰、李家祥、冯芯、尹光帅、智白山等亲友和同事的大力支持。

在这里，我还要特别感谢南京大学历史系副主任、教授、博士生导师、中国经济史学会理事、中国明史学会副会长、中国商业史学会副会长范金民先生在百忙之中为本书作序。鉴于笔者水平有限，错误之处在所难免，敬请读者批评指正。

赵望晓

2013年9月10日